［第2版］
いじめ事件の弁護士実務

弁護活動で外せないポイントと留意点

高島 惇 著

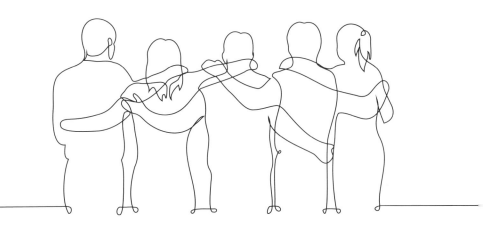

第一法規

第2版　はしがき

　2021（令和3）年12月に本書の初版が刊行されて3年を経過し、今回改訂する運びとなりました。初版の執筆時において、実際に業務を扱う弁護士がその流れをイメージできるようにとの思いから執筆しており、内容的にもわかりやすさを重視していた経緯があります。そのため、どれだけ専門家による実務上の利用に耐えられるかについては、大きな不安を抱きながらの出版となりましたが、おかげさまで筆者の見聞きする限りではおおむね好意的に受け止めていただけたものと理解しています。何より、教育委員会や学校関係者、さらには実際にいじめ被害を受けている児童生徒らの保護者も本書を購入し、個々のケース処理に際し参考としている旨ご意見をいただく機会が複数あったのは、筆者として望外の喜びでした。

　今回の改訂においては、初版において被害者側及び加害者側における各弁護活動の記載が薄かったとの反省から、より実務的な利用に資するよう、筆者の経験などを踏まえて重点的に記載を補充しています。また、この間新たに出版された書籍や下級審判例も適宜反映しているところ、この短期間でも興味深い議論が新たになされているところであって、いまだ理論的整備が不十分な分野であるとの認識を改めて抱く改訂作業となりました。特に強調すべきこととして、重大事態の増加に伴う学校現場の疲弊が生じている一方で、かかる疲弊を軽減したいとの思いからか、いじめ防止対策推進法制定時の理念から離れるかのごとき実務運用、さらには自治体レベルでの反発を散見する機会がますます増えているとの実感を有しています。この点は、法律の整備のみで解決されるものではなく、法律の理念が適切に実現されるよう学校及び教育委員会に対する人的経済的な支援が必要不可欠なのであって、今後は教育行政との対話がより重要になってくると理解しています。かかる包括的な視点からの検討は、筆者における今後の課題ではありますが、まずは現行法及び学校体制の中でのいじめによる被害回復及び再発防止に向けて、適切な弁護活動が実現できるよう本書が少しでもお役に立てば幸いです。

　最後に、今回も第一法規株式会社の菅野公平様、鈴木由真様から、多大

なるサポートを受けました。かかるサポートによる恩恵は初版時より一貫
しているところではありますが、改めて深く御礼申し上げる次第です。

2025（令和7）年2月

高島　惇

初版　はしがき

　平成25年にいじめ防止対策推進法が成立、施行し、8年もの年月が経過しました。この間、いじめの認知件数は増加の一途をたどっており、いじめの社会的関心が著しく高まるとともに、「どうすればいじめを早期に発見できるか」、「どうすれば深刻ないじめを未然に阻止できるか」という観点から学校現場でも多様な教育がなされてきたと理解しています。そして、いじめ防止対策推進法28条1項に基づき設置される第三者委員会に加えて、近年ではスクールロイヤーといった新たな制度も取り入れられるなど、学校現場だけで抱え込むことなく、複数の機関と共同していじめへ対応できる制度づくりも着実に進められてきました。このように、いじめ防止対策推進法の成立は、いじめ対応に向けた法制度を大きく充実させるとともに、学校現場におけるいじめへの意識や心構えを著しく変容させてきたのは間違いありません。

　その一方で、法制定に際し大きく期待された制度である重大事態について、毎年の発生件数はせいぜい数百件と、毎年数万単位で増加しているいじめ全体の認知件数に比べると著しく少なく、当初の想定に反して有効に利用されていない現状があります。実際、いじめを理由として自殺する児童生徒の数は、法制定後も残念ながら増加傾向にあり、「学校が重大事態の発生を見落としたがゆえに取り返しのつかない結果につながったのではないか」と考えられるケースも散見されるところです。また、いじめ防止対策推進法をめぐる法律論についても、文言上不明確な点が多く存在するにもかかわらず、その解釈に関する議論がいまだ十分に尽くされていないのであって、現時点では最高裁判例はおろか下級審判例でもほぼ意識的に検討された形跡がありません。そのため、代理人及び裁判所は、事件の都度手探りで法律論を検討している印象があり、その法的安定性が大きく害されているのは否定できません。

　このように、いじめ事件における弁護士実務は、法の制定後一定の年月を経過したにもかかわらず、その解釈や運用において不明確な領域が広範に及んでおり、改善すべき課題は山積みなのです。

本書籍は、いじめ事件における弁護活動について、いじめ防止対策推進法や従前の判例を踏まえつつ、実務的なポイントや問題点を解説検討したものです。とりわけ、被害児童等にとどまらず加害児童の代理人として活動する場合の留意点や、依頼者からの受任時に生じることが予想される疑問点に言及しており、実際に代理人として活動する際のイメージが具体的に生じるよう、受任からの業務終了まで流れに沿う形で執筆したつもりです。もちろん、かかる執筆に際して多くの書籍を参考としていますし、土台となる基本的な知識を読者へ伝えることが非常に重要ですので、読者が混乱しないよう筆者の個人的見解は一部にとどめています。その意味では、本書籍も従前の議論を整理したものにすぎず（そのため、一般的な実務本に比べると注釈はかなり多いと思います）、本書籍を踏まえて今後さらなる議論がなされることで、いじめ事件における運用がより改善されることを切に願っています。

　また、いじめ事件に対応する弁護士はいまだ少ないのが現状であって、筆者のもとにも全国から日々依頼が来ている関係で、筆者のみですべて対応するのは困難な状況です。そして、いじめ事件は代理人としても心労が重なりやすい分野であって、ビジネスの側面からみて割に合わないなと感じるケースは、率直に申し上げて一定程度存在します。その一方で、未来ある児童生徒を法的観点からサポートし、ときにその生命身体をいじめから守るという弁護活動には、弁護士として大きなやり甲斐があると考えていますし、その社会的意義が大きいのは明らかです。そのため、本書籍を通じて多くの法曹関係者に関心を抱いていただき、少しずつでもいじめ事件に関わる方が増えることで、いじめ防止対策推進法の理念をより実務に反映できれば幸いです。

　最後に、本書籍の執筆に当たり、第一法規株式会社の菅野公平様、鈴木由真様、及び三ツ矢沙織様には、多大なるサポート及び助言を受けました。とりわけ、鈴木様及び三ツ矢様においては、本書籍をご企画いただくとともに、筆者の執筆が著しく遅れる中で長期にわたり心温かくご指導いただき、感謝の念に堪えません。また、菅野様においては、文章表現や参考文献において正確なご助言を数多くいただき、かかる助言なしに本書籍

を完成するのは到底不可能でした。

　筆者の未熟な力量にもかかわらず、皆様のご支援のおかげでこのはしがきを執筆できるまで至ったことに、改めて深く感謝を申し上げます。

2021（令和3）年11月

　　　　　　　　　　　　　　　　　　　　　　　　　高島　惇

凡　例

裁判例には、原則として判例情報データベース「D1-Law.com 判例体系」
（https://d1l-dh.d1-law.com）の検索項目となる判例 ID を〔　〕で記載した。
例：最一小判令和 2 年 7 月 6 日裁判集民 264 号 1 頁〔28281845〕

判例出典略語

民集　　　　最高裁判所民事判例集
裁判集民　　最高裁判所裁判集民事
判タ　　　　判例タイムズ
判時　　　　判例時報

　　本文中に記載されている商品名及びサービス名は、各社の登録商標、商
標又は商品名です。なお、本文中ではこれらについて、TM などのマーク
を省略しています。

［第2版］いじめ事件の弁護士実務　目次

第2版　はしがき …………………………………………………………………… iii

初版　はしがき ……………………………………………………………………… v

凡　例 ………………………………………………………………………………… viii

第1　はじめに

1. いじめとは何か ………………………………………………………………… 002
  （1）　総　論 ……………………………………………………………………… 002
  （2）　いじめの定義に関する変遷 ……………………………………………… 003
  （3）　いじめの定義 ……………………………………………………………… 005
  （4）　小　括 ……………………………………………………………………… 009
  　コラム1　いじめと不法行為とはイコールか …………………………… 011
2. いじめの現状─認知件数や被害類型など ………………………………… 015
  （1）　いじめの認知件数など …………………………………………………… 015
  （2）　いじめの被害類型 ………………………………………………………… 023
3. いじめ案件を取り扱ううえで知るべきこと ……………………………… 031
  （1）　学校に関する諸規定 ……………………………………………………… 031
  （2）　法と条例 …………………………………………………………………… 035
  （3）　校長・教員 ………………………………………………………………… 039
  （4）　指定校変更及び区域外就学 ……………………………………………… 042
  　コラム2　スクールロイヤー制度 ………………………………………… 044
4. いじめ案件を取り扱ううえで心がけるべきこと ………………………… 047
  （1）　いじめ案件を業務として取り扱ううえでの特殊性 ………………… 047
  （2）　新件の受任方法 …………………………………………………………… 052
  （3）　委任契約における留意点 ………………………………………………… 055
  　コラム3　成功報酬に関する考え方 ……………………………………… 060

ix

第2　被害者側における弁護活動

1. いじめ防止対策推進法に基づく弁護活動 064
- （1）相談の問合せ〜面談時に確認すべき事項〜 064
  - コラム4　児童等が登校できている場合における弁護活動 071
- （2）法23条に基づく措置 072
- （3）法28条における重大事態 087
  - コラム5　2号事由は法改正を要するか 102
- （4）いじめに関する調査 104
  - コラム6　児童等への聴き取りを実現できない場合 120
- （5）第三者委員会〜調査報告書〜再調査 126
  - コラム7　適切な第三者委員会とは何か 134
  - コラム8　いじめ防止対策推進法の理念と現実 143

2. 損害賠償請求 147
- （1）加害児童等への法的措置 147
- （2）学校への法的措置 166

3. その他の法的措置 175
- （1）懲戒処分の促し 175
- （2）教育を受ける権利の実現 178
- （3）刑事告訴 180
- （4）マスメディア対応 181
  - コラム9　義務教育における加害児童等への退学対応 182

第3　加害者側における弁護活動

1. 損害賠償請求 186
- （1）はじめに 186
- （2）相談時の対応及び示談交渉 187
- （3）訴訟での弁護活動（総論） 190

| (4) | 訴訟における主なポイント | 191 |

| (5) | その他 | 194 |

コラム10 児童相談所が関与してきた場合における弁護対応 195

2. 退学処分及び自主退学勧告をめぐる弁護活動 197

| (1) | はじめに | 197 |

| (2) | 退学処分の法的性質 | 197 |

| (3) | 下級審判例の傾向 | 199 |

| (4) | 自主退学勧告の法的規律 | 202 |

| (5) | 相談時の対応及び示談交渉 | 206 |

| (6) | 退学処分後における弁護活動 | 208 |

| (7) | 訴訟におけるポイント | 210 |

| (8) | その他 | 212 |

コラム11 コロナ禍におけるいじめ 216

第4 その他 いじめ防止対策推進法では取り扱えない「いじめ」

1. 教員による体罰 220

| (1) | はじめに | 220 |

| (2) | 教員による体罰 | 220 |

| (3) | 主な弁護活動 | 223 |

| (4) | 部活でのハラスメント | 225 |

2. スクールセクハラ 228

| (1) | スクールセクハラとは | 228 |

| (2) | 主な弁護活動 | 229 |

| (3) | その他 | 231 |

3. 大学等におけるいじめ 232

| (1) | 総 論 | 232 |

| (2) | 弁護活動上の留意点 | 233 |

| (3) | 発達特性が関連するいじめ | 234 |

コラム12 いじめ重大事態の調査に関するガイドライン 236

著者プロフィール 239

第1

はじめに

1. いじめとは何か

(1) 総　論

　いじめ案件を扱うに当たり、まず、いじめとは何かを理解する必要がある。

　いじめの定義は過去何度か変遷を重ねた結果、いじめ防止対策推進法（以下、必要がない限りは「法」と表記する）において初めて法律上の定義を有するに至っており、現在の実務においても、かかる定義を前提として議論が進んでいる。また、いじめ防止対策推進法は、附則2条1項において「いじめの防止等のための対策については、この法律の施行後3年を目途として、この法律の施行状況等を勘案し、検討が加えられ、必要があると認められるときは、その結果に基づいて必要な措置が講ぜられるものとする。」と規定されていたものの、いじめの定義については今後変更の余地がほぼない旨摘されており、「最も広範で、ある意味極めてシンプルな、この定義を変えることは難しいと思います。今後、具体的な事例を示すなどして、いじめの定義の解釈の明確化を図り、法によるいじめの定義の意味するところを学校現場や保護者、地域に十分に浸透させていくことが必要なことだろうと考えています。」といった発言も見受けられるところである[1]。そして、いじめ案件はその性質上、学校の内外を問わず、学校や塾、スポーツクラブ等における人的関係を前提としたトラブルを主たる対象としており、企業やスポーツチームといった成人におけるコミュニティ内での紛争（さらにいえば、一般生活において用いられる広義の「いじめ」に該当するであろう人的トラブルやハラスメント）とは異なる特徴を複数有しているところ、なぜいじめ防止対策推進法におけるいじめの定義がこのようになったかを理解することは、かかる特徴を踏まえた形で弁護活動を進めるうえで必要不可欠である。

1　「〈インタビュー〉『いじめ防止対策推進法の施行状況に関する議論のとりまとめ』を読み解く」季刊教育法191号（2016年）10頁〔新井肇〕。

1. いじめとは何か

　もっとも、実際の運用においては、かかる定義を過度に重視して法的措置の検討を進めた場合、いじめの被害者とされる児童生徒への保護が偏重してしまい、ケース次第では結論のバランスに首をかしげることも否定できない。とりわけ、法施行後間もない時期より、いじめの調査報告において学校にかかる負担が非常に大きく、その負担の大きさから生じるであろう現場の疲弊感や通常授業への悪影響は多数指摘されてきた。そのため、最近ではかかる疲弊を回避すべく、いじめ防止対策推進法の理念を軽視して調査報告をおろそかにする学校、さらには自治体の動きも散見されているところである。

　このような観点からいじめの定義について理解し、法の範囲内で対応できる射程を理解することは、いじめ案件を既に取り扱っている弁護士はもちろん、これから取り扱うことを検討している弁護士にとっても非常に重要である。そこで、いじめの定義に関する変遷にも触れつつ、定義を定めた法2条の理解についてこれから言及していきたい。

(2) いじめの定義に関する変遷

　いじめの定義について、冒頭でも述べたとおり当初より法律の定めがあったわけではなく、まずは文部科学省が学校に対し毎年実施している「児童生徒の問題行動等生徒指導上の諸問題に関する調査」がそれを定めていた（なお、平成28年度以降は「児童生徒の問題行動・不登校等生徒指導上の諸課題に関する調査」（下線部は筆者）というタイトルに改められている）[2]。

　すなわち、児童生徒の問題行動等については毎年調査が実施されており、昭和60年には、「小学校、中学校、高等学校及び特別支援学校におけるいじめの状況等」という調査事項が新たに追加され、いじめの実態に関

2　「児童生徒の問題行動・不登校等生徒指導上の諸課題に関する調査結果」については、文部科学省のホームページにて毎年公表されており、そのデータ内において過去における調査経過やいじめの定義についても言及されている。「いじめの定義の変遷」については、https://www.mext.go.jp/component/a_menu/education/detail/__icsFiles/afieldfile/2019/06/26/1400030_003.pdf。その他、第二東京弁護士会子どもの権利に関する委員会編『どう使う どう活かす いじめ防止対策推進法〈第3版〉』現代人文社（2022年）10頁も参照。

| 003 |

第 1 はじめに

する本格的な調査が開始されるに至った。かかる調査の開始に際して、い
じめは「①自分より弱いものに対して一方的に、②身体的・心理的な攻撃
を継続的に加え、③相手が深刻な苦痛を感じているものであって、学校と
してその事実（関係児童生徒、いじめの内容等）を確認しているもの。な
お、起こった場所は学校の内外を問わないもの」という形で、法律ではな
いものの、初めて定義がなされた。この定義については、「自分より弱い
ものに対して」という児童生徒間における立場の固定化や「学校としてそ
の事実（関係児童生徒、いじめの内容等）を確認しているもの」との真実性
に関する留保が設けられており、いじめの被害実態とは必ずしも連動しな
い定義であるとして、当初より批判があったとされている。

　その後、「学校としてその事実（関係児童生徒、いじめの内容等）を確認
しているもの」という要件は削除されるとともに、「いじめに当たるか否
かの判断を表面的・形式的に行うことなく、いじめられた児童生徒の立場
に立って行うこと」という記載が補充された。そして、平成18年には、
「当該児童生徒が、一定の人間関係のある者から、心理的、物理的な攻撃
を受けたことにより、精神的な苦痛を感じているもの。」と、「一方的に」
「継続的に」「深刻な」といった文言を削除する一方で、「いじめられた児
童生徒の立場に立って」「一定の人間関係のある者」「攻撃」等について注
釈を付すなど、被害者とされる児童生徒の主観面に着目して定義が変更さ
れており、法の定義に近い形となっている。

　このように、いじめに関する定義は、攻撃の存在や深刻な苦痛を感じて
いるといった、不法行為の要件を多少なり意識したと目される客観的な要
件が含まれていたものが、次第に被害者とされる児童生徒の主観面を強調
する形へと変容していった[3]。そして、かかる変容に伴い、法における「い
じめ」の外縁は広がり続けていったのであって、一般社会におけるいじめ
の用法から次第に離れていったと評価することができる[4]。

3　なお、いじめ防止対策推進法の改正検討に際し、日本弁護士連合会「いじめ防止対策推進法『3
　年後見直し』に関する意見書」（平成30年1月18日）において、いじめの定義に、加害児童が被害
　児童に対し「心理的又は物理的に優位である」という要件を追加するよう提言があったが、反映に
　は至らなかった。

(3) いじめの定義

　いじめ防止対策推進法では、2条にていじめの定義が定められるとともに、かかる定義を理解するうえで出てくる用語も併せて定義付けられている。

（定義）
第2条　この法律において「いじめ」とは、児童等に対して、当該児童等が在籍する学校に在籍している等当該児童等と一定の人的関係にある他の児童等が行う心理的又は物理的な影響を与える行為（インターネットを通じて行われるものを含む。）であって、当該行為の対象となった児童等が心身の苦痛を感じているものをいう。
2　この法律において「学校」とは、学校教育法（昭和22年法律第26号）第1条に規定する小学校、中学校、義務教育学校、高等学校、中等教育学校及び特別支援学校（幼稚部を除く。）をいう。
3　この法律において「児童等」とは、学校に在籍する児童又は生徒をいう。
4　この法律において「保護者」とは、親権を行う者（親権を行う者のないときは、未成年後見人）をいう。

　いじめの定義に関する変遷を踏まえて、法律に明記されたいじめの定義については、以下の3点に大きな特徴があるとされている[5]。
　1点目として、「当該行為の対象となった児童等が心身の苦痛を感じているものをいう」と、いじめの範囲を被害児童等の主観的な判断で専ら認定する点が挙げられる。当該要件については、平成18年における定義変更においても「精神的な苦痛を感じているもの」と、被害児童等の主観面を重視する形になっていたものの、法において引き続き主観面を重視する

4　『広辞苑〈第7版〉』岩波書店（2018年）では、「いじめ」について「いじめること。弱い立場の人に言葉・暴力・無視・仲間外れなどにより精神的・身体的苦痛を加えること。1980年代以降、学校で問題化」と定められている。
5　坂田仰編『いじめ防止対策推進法──全条文と解説〈補訂版〉』学事出版（2018年）5頁以下。

| 005 |

第1 はじめに

考えを採用した点は、大きな意義を有する。この理解による場合、たとえ学校などの第三者から判断した結果いじめと評価できる程度の外形的行為が存在しなくても、被害児童等が心身の苦痛（身体的な苦痛を伴っている場合は、外形的にみてもいじめと評価できるケースは多いため、実際には精神的な苦痛のみが問題となっているケースが想定される）を感じている以上、いじめ防止対策推進法上はいじめと認定される。また、加害児童等がいじめを行っている認識がなく、被害児童等にて心身の苦痛を感じることが予見できなかった場合でも、被害児童等が心身の苦痛を実際に感じていれば、やはりいじめに該当する。

　裏を返せば、たとえ外形的にみたときにいじめと評価し得る行為であっても、被害児童等がそもそもかかる行為を把握していない場合（例えば、被害児童等が参加していないLINEグループにおいて被害児童等に関する悪口をメッセージとして発信している場合が考えられる）や、把握していても心身の苦痛を感じていない場合には、法の定義に照らしていじめには該当しないという結論になる[6]。また、喧嘩について、平成18年以降の定義においては「けんか等を除く。」と注記していじめの範囲から明確に除外しており、現在においても対等な立場での喧嘩であればいじめには該当しないと解する余地はある[7]。その一方で、いじめにおいては被害児童等が心身の苦痛を否定するケースが少なくないことに鑑み、当該児童生徒の表情や様子をきめ細かく観察するなどして「心身の苦痛を感じているもの」という要件が限定して解釈されないよう努めることが必要である[8]。

　その意味において、被害児童等が心身の苦痛を感じているかどうかの判断は、被害児童等の自己申告を踏まえつつ最終的に第三者が行うことも容

---

[6] いじめに該当しないとしても、学校として何ら対応しなくてよいという話ではなく、別途学校において教育的な指導が適切に行われるべきであろうという、笠浩史議員の発言（平成25年6月20日付け参議院文教科学委員会）がある。

[7] もっとも、児童間の人的関係は非常に流動的であって、当初は対等な立場だったとしてもそのバランスが崩れて一方的な加害被害の関係性に陥る展開は十分あり得るため、「これは喧嘩だからいじめではない」と即断してその後の見守りを怠るのは、現場教員の考えとして危険である。実際、平成29年3月に改正された「いじめの防止等のための基本的な方針」では、「けんかやふざけ合いでもいじめの有無を確認する」との文言が追記された。

[8] 文部科学省「いじめの防止等のための基本的な方針」（平成25年10月11日、最終改定平成29年3月14日）4頁以下。

認されているのであって、被害児童等がいじめを否定したからといって安易に調査を終了することは控えなければならない[9]。

2点目として、「当該児童等が在籍する学校に在籍している等当該児童等と一定の人的関係にある他の児童等」と、児童間におけるやりとりに限定している点が挙げられる。

この要件は、成人間でのいじめはもちろん、成人（教員等）と児童生徒間でのいじめについても、いじめ防止対策推進法の対象外にしたことが重要である。このように人的観点からいじめの対象を絞った趣旨は、いじめ防止対策推進法が被害を受けた児童生徒等に寄り添いつつ、加害者とされる児童生徒等についても教育的見地から第三者が関わって更生を促すことを法が期待していることの表れである。もちろん、教員からの体罰、スクールセクハラ、アカデミックハラスメントなど、不法行為と評価し得る行為について別途活動する必要性は高いものの、いじめ防止対策推進法を根拠として改善措置などを請求することはできない。また、「一定の人的関係」という文言がある関係で、例えば繁華街などで見ず知らずの児童同士がいざこざを起こした場合には、当事者間に何ら人的関係がないため「いじめ」には該当しない（見ず知らずの関係であればその場では対等な立場であることが予想されるため、その観点からもいじめと評価するのは社会通念に反するだろう）。

かかる要件に関連して、いじめ防止対策推進法における「学校」とは、「小学校、中学校、義務教育学校、高等学校、中等教育学校及び特別支援学校（幼稚部を除く。）」と定められている関係で、大学、高等専門学校、専修学校、幼稚園及び保育園におけるトラブルは、一定の人的関係が存在するにもかかわらず「いじめ」には該当しないことが重要である。いじめ案件を取り扱う中で、大学や高等専門学校、専修学校、幼稚園、保育園におけるいじめの相談を受けることは少なくなく、その際にいじめ防止対策推進法の適用があることを前提として受任してしまうと、後に苦労せざる

9　実際の相談においても、児童に複数のあざが生じていたため保護者が不審に思い尋ねたものの、体育の授業における怪我であるなどといじめの存在自体を否定したり、「友だちと遊んでたら怪我したんだ。いつものことだから全然大丈夫だよ」と加害児童を擁護するような発言を当初行っていることは、決して珍しくない。

第1 はじめに

を得なくなる[10]。

　最後に３点目として、「心理的又は物理的な影響を与える行為（インターネットを通じて行われるものを含む。）」という要件が挙げられる。

　従前の定義においては「心理的、物理的な攻撃」と記載されており、この「攻撃」については、「『仲間はずれ』や『集団による無視』など直接的に関わるものではないが、心理的な圧迫などで相手に苦痛を与えるものを含む。」[11]という注記が付されていた。この規定については、立法段階において無視などの不作為によるいじめを「攻撃」という文言から読み取るのは微妙であるという指摘があった関係で、不作為によるいじめについても明示的に対象とすべく「行為」という表現に修正した経緯がある[12]。

　そして、具体的ないじめの態様としては、以下の行為が文部科学省より例示されている[13]。

・冷やかしやからかい、悪口や脅し文句、嫌なことを言われる
・仲間はずれ、集団による無視をされる
・軽くぶつかられたり、遊ぶふりをして叩かれたり、蹴られたりする
・ひどくぶつかられたり、叩かれたり、蹴られたりする
・金品をたかられる
・金品を隠されたり、盗まれたり、壊されたり、捨てられたりする
・嫌なことや恥ずかしいこと、危険なことをされたり、させられたりする
・パソコンや携帯電話等で、誹謗中傷や嫌なことをされる

　実務においても、多くのケースがかかる例示の中に含まれているため、

10　なお、高等専門学校については、いじめに相当する行為の防止などに関し必要な措置を講じる努力義務を課している（法35条）。また、山口県周防大島町に所在する高等専門学校におけるいじめ被害について、高等専門学校が除外されているのはいじめ防止対策推進法の不備であるとして文部科学省へ要望書を提出したケースが存在する（教育新聞「高専のいじめ被害者が要望書　高専対象外は防止法の不備」2019年9月5日）。
11　https://www.mext.go.jp/a_menu/shotou/seitoshidou/__icsFiles/afieldfile/2013/05/24/1335366_1.pdf
12　前掲注5・坂田編7頁参照。
13　前掲注8・文部科学省5頁以下。

これから業務として取り扱ううえで概括的に把握することは、それなりに有益であると解される。もっとも、犯罪に該当する行為態様であって児童生徒等の財産、身体又は生命を侵害している場合には、例示への該当性を検討するまでもなくいじめであると常識的に理解できるし、むしろ行為への該当性が問題になるケース、具体的にはLINEでのグループ外しやすれ違うたびに舌打ちされるといった行為態様が含まれていない点で、かかる例示を絶対視するとかえって判断を誤る危険は否定できない。

そのため、「心理的又は物理的な影響を与える行為」に関する理解としては、たとえ外形的にみれば違法性を備えているとは言い難く、児童生徒間における日常的な交流の中で生じた些細ないざこざではないかと思う場合であっても[14]、児童生徒間における何らかのやりとりを原因として児童生徒等が被害を訴えている以上、まずは「心理的又は物理的な影響を与える行為」に該当するとの理解に基づいて他の要件を検討するのが基本的な姿勢となる。とりわけ、被害児童等が精神的疾患の診断を受けている場合には、かかる疾患を発症した機序を慎重に検討する作業が重要となるし、軽微ないじめであるとの理由で安易に相当因果関係を否定するのは望ましくない。

⑷ 小　括

以上のとおり、いじめの定義に関する変遷を踏まえつつ、いじめ防止対策推進法におけるいじめの定義の特徴について検討した。

冒頭でも述べたとおり、かかる定義については異論も複数あるところであって、実際に日本弁護士連合会が平成30年に定義の改正に関する意見書を提出した経緯があるものの、変更されることなく現在に至っている。そして、心理的事実を重視した現行の定義は、被害を受けた児童生徒等に対し教育的観点から手厚い保護を与えるという法の理念に合致しており、

14　とりわけ、教育者の観点からみた場合、そのようないざこざと向き合わせて主体的に解決させることで、学校という場を通じた児童生徒の成長を促せると解する余地も当然にあるところであって、そのような些細なものまでいじめの枠組みにのせることへの問題意識は、今後も有力に主張されるものと思料する。

第1 はじめに

まずは議論の俎上にのせてその深刻度を個別に検討できるという簡易スクリーニングの機能も備えている点で、妥当なものと解することができる。そのうえで、この後で検討する法23条と法28条の各適用や両条文の関係性などを踏まえて、ケースごとに具体的な対応を検討するのが有益である[15]。

　そして、いじめ案件を扱ううえで重要なのは、いじめに関する定義を踏まえて、これから講じようとする法的措置が何を目指しているのか、具体的には教育的見地からの事実関係の調査や学校環境の改善を図っているのか、それとも加害児童等又は学校への損害賠償請求や刑事告訴を検討しているのか（逆に加害児童等から受任している場合は、被害児童等からの法的措置や学校からの懲戒処分に対しどれだけ備える必要があるのか）を、明確に整理して対応することである。すなわち、いじめ防止対策推進法は、その目的を「児童等の尊厳を保持するため」（1条）としており、かかる尊厳を保持するための手段として、刑事罰や金銭面での解決ではなく、どうすればいじめを防止し早期発見を実現できるかといった観点から様々な規定を設けている。その一方で、実際には被害児童等及びその保護者は、加害児童等に対する法的責任の追及を視野に入れて弁護士へ依頼することが多く、とりわけ被害児童等が死亡し、又は重篤な後遺障害を負っている場合には、その保護者が有する処罰感情も苛烈であって、代理人もかかる感情にある程度寄り添う必要がある。そして、学校についても、いじめへの対応が不適切であったり、逆に行為態様と比べて過度に厳しい措置を下している場合には、当事者として不満を抱きその妥当性を争いたいと考えるのは自然である。仮に、かかる妥当性を裁判所で争うとなれば、損害賠償請求や在学地位確認請求（公立学校であれば国家賠償請求や退学処分の取消訴訟）、安全配慮義務の履行請求といった従前の法制度を利用することになる。本来的には、いじめ防止対策推進法において訴訟面に関する法整備もなされるのが望ましいが、少なくとも現行法では解釈に委ねられている部分が大きい。

15　鬼澤秀昌＝小野田正利＝嶋﨑政男「〈鼎談〉どうなる！いじめ防止対策推進法」季刊教育法205号（2020年）86頁〔鬼澤発言〕。

1. いじめとは何か

　結局、いじめ防止対策推進法によって実現できる依頼者の利益は限定的であって、今後も度々言及するように、法の不備と評価すべき側面が少なからず存在している。この点は今後の法改正が望まれるものの、代理人としては、どうすれば児童等の教育を受ける権利が保障され、その心身に負った損失を回復できるかといった観点から、現時点では他の法律も含めて総合的に検討しなければならないのである。

　いじめ防止対策推進法は平成25年9月28日に施行されており、その後10年以上もの期間を経過したものの、法律上の解釈に関する最高裁判例はいまだほぼ見かけない状況である[16]。そのため、具体的な弁護活動を検討するうえで法の解釈に悩んだり、法制定によって教育紛争に関する過去の教育法関連の判例に与える影響を考えたりすることは少なくなく、筆者も真新しいケースに当たった場合にはどうしても手探りで進めざるを得ないというのが率直なところである。その場合でも、最終的には法の理念、さらには「いじめ」の定義という揺るがない部分に立ち戻ることで適切な解決を目指せるものと考えるし、実際の事案においても法曹間での共通認識を抱くに至りやすい。これからいじめ案件を取り扱うことを検討されている読者においては、いじめの定義やかかる定義に含まれる問題意識を常に考慮しつつ、次章（「第2　被害者側における弁護活動」）以降で記載している具体的な対応手段について、その妥当性を各々検討していただければ幸いである。

コラム1　いじめと不法行為とはイコールか

　以上で述べてきたとおり、いじめは、当該行為の対象となった児童等が心身の苦痛を感じているかどうかを中心に判断するため、たとえ加害児童等にていじめを行っている認識がなく、又は被害児童等への行為態様として社会通念上問題が見当たらない場合でも、被害児童等

16　直近であれば、最一小判令和2年7月6日裁判集民264号1頁〔28281845〕において、いじめ防止対策推進法の規定に言及しつつ、公務員への停職6月という懲戒処分が裁量権の範囲を逸脱又は濫用したということはできないとして、懲戒処分の取消しを求めた原告の請求を最終的に棄却している。

第1 はじめに

が心身の苦痛を感じている限りいじめに該当する。そして、学校としても、いじめの存在を認識した以上放置することは許されず、当事者への指導や管理職への報告といった対応を検討しなければならない。

では、いじめに該当した場合当然に不法行為が成立するのか。

この点については、東京高判平成29年5月11日平成28年（ネ）5551号〔28260508〕が見解を示している。すなわち、加害児童等が被害児童にぶつかっても謝らなかったり、スマートフォンの画面を見せないといった行為を行ったところ、被害児童が心身の苦痛を感じて自殺を図り意識障害や四肢麻痺などの障害が残り四肢体幹機能障害1級と認定されたケースにおいて、「同法は、いじめ防止の観点からいじめが行われないように、同時に、いじめを受けた児童等の生命及び心身が保護されるように、『いじめ』の定義を特に幅広いものとした上で、これを行ってはならないとの規範を設定しているものということができる。一方、民法上の不法行為は、法律上保護されるべき権利利益を違法に侵害されて損害を被った者がその被害の回復を求めるために設けられた制度であって、被害者の請求は、その目的に沿った加害行為、行為の違法性、加害者の故意又は過失、損害等といった要件を充足した場合に認められるものである。したがって、いじめ防止対策推進法の『いじめ』に該当する行為が認められる場合、これが同時に不法行為の要件を満たすこともあり得るのは当然のことであるが、そうであるからといって、上記『いじめ』に該当する行為がいかなるものであっても当然に被害者に対する民法上の不法行為を構成するとまで認めることはできないというべきである。」と判断した。端的にいえば、いじめへの該当性をもって当然に損害賠償責任が成立するわけではなく、加害行為、行為の違法性、加害者の故意又は過失、及び損害との相当因果関係といった不法行為責任における他の要件を満たさない限り、損害を賠償する責を負わないのである。

この見解は、いじめ防止対策推進法が損害賠償などの法的責任を直接課す目的で制定されたわけではない事実を踏まえており、法律によって違法性に関する判断が相対的になされることも許容される以上

（法4条において「児童等は、いじめを行ってはならない。」と規定している以上、少なくともいじめ防止対策推進法上違法であることは争いがない）、結論として妥当であって先例的価値も多分に有する。また、いじめの定義が存在する事実をもって、不法行為に関する責任面での要件、例えば加害児童等の過失に関する認定などを緩やかに解することも通常難しい（いじめに関する諸規定をもって、被害児童等が心身の苦痛を感じるという結果を回避すべき義務が生じるかといわれると、そのような規定は見受けられない）。その意味では、いじめ防止対策推進法におけるいじめの定義制定は、不法行為法に関する従前の理解へほぼ影響しないという結論になろう。

　その一方で、損害論において、いじめ防止対策推進法が制定された事実をもって自殺との相当因果関係をより緩やかに認定する余地があり、いじめ防止対策推進法の制定経過やいじめによって自殺することも十分あり得るとの社会一般の認知を根拠として、自殺との相当因果関係を認めた下級審判例も複数存在する[17]。また、慰謝料の算定に当たって、法4条が訓示規定であって違反行為に対する罰則等の制裁措置を伴わないとはいえ[18]、法1条において児童等の尊厳を保持することの重要性をうたっており、その手段として一切の例外なくいじめを行ってはならない旨厳格に示している以上、かかる尊厳が傷つけられた場合には、身体生命に対する侵害によって生じた精神的苦痛に加えて、慰謝料の増額事由ととらえることは可能であるように思える[19]。

　このように、いじめへの該当性をもって直ちに不法行為が成立しないとしても、不法行為責任を追及するに当たりいじめの存否を全く考慮しなくていいという話にはならない。むしろ、いじめに対する社会的関心が高まる中で、「些細ないじめでも被害児童等が不登校に陥っ

17　例えば、大阪高判令和2年2月27日判時2474号54頁〔28281202〕。
18　前掲注5・坂田編15頁。
19　例えば、クラスメイトの前で奇声を発したり奇妙な振る舞いをしたりするよう強要されたといったケースにおいては、学校という狭い人的関係の中で多大なる屈辱を感じたことが想定される以上、被害児童等の尊厳が傷つけられたと評価できるため、その慰謝料算定に当たり一般社会とは異なる特殊性としてより考慮すべき事情となる。

第1 はじめに

たり自殺したりすることがあり得る」という社会的認識が高まっており、その結果、行為の違法性がより緩やかに認定される可能性はある。このように、いじめに対する社会の理解も変容しているのであって、法の解釈において当時の立法経過に拘束されることなく、今の世論に合致する形で解釈して適宜主張立証する姿勢が、代理人として何より重要である。

2. いじめの現状
―認知件数や被害類型など

(1) いじめの認知件数など

　現代社会におけるいじめの現状はどうなっているか。この点を検討するうえで、文部科学省が毎年「児童生徒の問題行動・不登校等生徒指導上の諸課題に関する調査結果」として公表しているため、かかる公表結果を示したうえで解説する[1]。

① いじめの認知件数の合計（1000人当たりの認知件数）

年　　度	件数（1000人当たりの認知件数）
平成 25 年度	18 万 5803 件（13.4 件）
平成 26 年度	18 万 8072 件（13.7 件）
平成 27 年度	22 万 5132 件（16.5 件）
平成 28 年度	32 万 3143 件（23.8 件）
平成 29 年度	41 万 4378 件（30.9 件）
平成 30 年度	54 万 3933 件（40.9 件）
令和 元 年度	61 万 2496 件（46.5 件）
令和 2 年度	51 万 7163 件（39.7 件）
令和 3 年度	61 万 5351 件（47.7 件）
令和 4 年度	68 万 1948 件（53.3 件）

1　文部科学省のホームページにて、平成23年度以降における調査結果が公表されており、平成22年度以前についても統計が別途公表されている。

第1 はじめに

② **重大事態発生件数**[2]

年　　度	件　　数
平成 25 年度	179 件
平成 26 年度	449 件
平成 27 年度	314 件
平成 28 年度	396 件
平成 29 年度	474 件
平成 30 年度	602 件
令和 元 年度	723 件
令和 2 年度	514 件
令和 3 年度	705 件
令和 4 年度	923 件

③ **小中学校における不登校児童生徒数**

年　　度	生徒数
平成 25 年度	11 万 9617 人
平成 26 年度	12 万 2897 人
平成 27 年度	12 万 5991 人
平成 28 年度	13 万 3683 人
平成 29 年度	14 万 4031 人
平成 30 年度	16 万 4528 人
令和 元 年度	18 万 1272 人
令和 2 年度	19 万 6127 人
令和 3 年度	24 万 4940 人
令和 4 年度	29 万 9048 人

2　いじめ防止対策推進法が平成 25 年 9 月 28 日に施行されている関係で、平成 24 年度以前において
　は重大事態に関する調査がなされていない。

④ 高等学校における不登校生徒数

年　度	生徒数
平成 25 年度	5 万 5655 人
平成 26 年度	5 万 3156 人
平成 27 年度	4 万 9563 人
平成 28 年度	4 万 8565 人
平成 29 年度	4 万 9643 人
平成 30 年度	5 万 2723 人
令和 元 年度	5 万 0100 人
令和 2 年度	4 万 3051 人
令和 3 年度	5 万 0985 人
令和 4 年度	6 万 0575 人

⑤ 自殺した児童生徒数（うち高校生の人数）

年　度	生徒数（うち高校生の人数）
平成 25 年度	240 人（173 人）
平成 26 年度	232 人（171 人）
平成 27 年度	215 人（155 人）
平成 28 年度	245 人（172 人）
平成 29 年度	250 人（160 人）
平成 30 年度	332 人（227 人）
令和 元 年度	317 人（222 人）
令和 2 年度	415 人（305 人）
令和 3 年度	368 人（415 人）
令和 4 年度	411 人（368 人）

第1 はじめに

⑥　出席停止措置（うち小学校及び中学校の各件数）

年　度	件　数
平成 25 年度	47 件（0 件、47 件）
平成 26 年度	25 件（0 件、25 件）
平成 27 年度	15 件（1 件、14 件）
平成 28 年度	18 件（4 件、14 件）
平成 29 年度	8 件（1 件、7 件）
平成 30 年度	7 件（0 件、7 件）
令和 元 年度	3 件（1 件、2 件）
令和 2 年度	4 件（0 件、4 件）
令和 3 年度	4 件（1 件、3 件）
令和 4 年度	5 件（1 件、4 件）

　既に述べてきたとおり、いじめとは「児童生徒に対して、当該児童生徒が在籍する学校に在籍している等当該児童生徒と一定の人的関係のある他の児童生徒が行う心理的又は物理的な影響を与える行為（インターネットを通じて行われるものを含む）であって、当該行為の対象となった児童生徒が心身の苦痛を感じているもの」を意味する。そのため、被害者とされる児童生徒が心身の苦痛を感じて学校へ申告した場合、その苦痛の有無や程度、学校における調査態様を問わずいじめとして認知されるのであって、民事上又は刑事上の法的責任が生じるかどうかとは全く別の問題である。実際、文部科学省も、社会通念上のいじめとは乖離した行為、例えば「ごく初期段階のいじめ」や「好意から行ったが意図せず相手を傷つけた場合」についてもいじめとして認知すべきである旨見解を示しており[3]、「反対に、いじめの認知がなかったり、いじめの認知件数が極めて少なかったりする学校は、いじめを見逃していないかと心配しています。」と、いじめの認知件数が少ない自治体を問題視するかのようなコメントさえ出している。

3　「いじめの認知について」（https://www.mext.go.jp/b_menu/shingi/chousa/shotou/124/shiryo/__icsFiles/afieldfile/2016/10/26/1378716_001.pdf）

2. いじめの現状

　当該コメントの妥当性はともかく[4]、平成23年に発生した大津いじめ事件がニュースとして大々的に報道されて以降、いじめの認知件数が劇的に増加したのは統計からも容易に読み取れるところであって、いじめ防止対策推進法施行後もかかる認知件数は増加の一途をたどっている。この間、新型コロナウイルス感染症感染拡大防止に伴う臨時休校などの措置が講じられた関係もあってか、令和2年度こそいじめの認知件数や重大事態の発生件数が減少しているものの、当該措置が緩和された令和3年度以降は再び増加傾向を示している。そして、現行法におけるいじめの定義が今後も変わらない蓋然性が高い以上、いじめの認知件数は引き続き増加することが予想され、学校もかかる増加に対応できるよう体制をより充実しなければならない。その意味では、平成28年に導入されたスクールロイヤー制度は、まさにかかる体制を充実させるべく弁護士が第三者的な立場からサポートできる点で非常に有益なのであって、今後その重要性は増す一方であるし、なり手となるべき弁護士の需要は甚だ大きい。

　また、「第2・1(3) 法28条における重大事態」にて詳細に検討するが、いじめ防止対策推進法においては「重大事態」という概念が極めて重要であり、重大事態に該当するかどうかによって弁護士として検討すべき事項も大きく変動してくる。その一方で、いじめの認知件数と異なり、重大事態の発生件数は全体として緩やかな増加にとどまっており、令和4年度においても923件と、あいかわらずいじめの認知件数の0.1パーセント前後にとどまっている。重大事態への該当性に関する要件が決してハードルは高くない事実を考慮すると、この件数はあまりにも少ない印象を受けるし、いじめ防止対策推進法の立法時に想定していた状況ではないと解されるところ、この主たる原因としては、①重大事態の規定が国民に周知されておらず利用を検討する機会がない、②学校が重大事態を見逃している、③重大事態としての申告があるにもかかわらず学校が重大事態として処理していない、といった理由が考えられる。

4　究極的にはいじめの撲滅を目指すのが教育理念としては正しいし（法3条1項においても、基本理念としてのいじめの撲滅を規定している）、現に、たとえ一時的にせよいじめの撲滅に成功している学校が存在するのであれば、それに越したことはない。その意味で、当該コメントは現場教員に対し誤ったメッセージを伝え得る危険性がある。

| 019 |

第1 はじめに

　この点、①国民への周知については、今後の法教育やスクールロイヤーからの助言に期待できるし、昨今の報道においても重大事態や第三者委員会といった単語を見かける機会は増えているため、時間の経過とともに解決することが予想される。これに対し、②重大事態の見逃しや③重大事態の意図的な放置については、本来重大事態として適切に調査改善措置を講ずべきケースであるにもかかわらず、学校側が何らかの理由で一連の措置を怠ったことを意味しており、いじめ行為の深刻さや被害児童等が被っている心身の苦痛次第では、自殺など取り返しのつかない結果につながりかねないため、決して看過すべきではない。確かに、重大事態としての申告があればすべて重大事態として扱うという文部科学省のガイドラインは、法28条の文言からはやや離れた解釈であって、「30日以上欠席している児童生徒も少なくない中で、保護者がいじめの疑いについて訴えただけで重大事態となってしまうと、『重大事態』の範囲が広すぎてしまうので、問題だと感じています。」との発言も見受けられる[5]。また、学校の立場として、重大事態における第三者委員会の立ち上げや調査報告書への関与、これに伴う教育現場の疲弊を根拠として、重大事態として認定することに対する潜在的な拒否感はあるのかもしれない。

　しかしながら、真に重大事態に該当するかどうかは、被害児童等からの申告のみでは把握しきれないことも少なくなく、かかる申告や被害児童等の特性を根拠として安易に「重大事態には該当しない」と判断するのは、法の理念に反するといわざるを得ない。実際、「いじめの防止等のための基本的な方針」においても、「また、児童生徒や保護者から、いじめにより重大な被害が生じたという申立てがあったときは、その時点で学校が『いじめの結果ではない』あるいは『重大事態とはいえない』と考えたとしても、重大事態が発生したものとして報告・調査等に当たる。」[6]との考えを示しており、被害児童等の心身の苦痛に寄り添うという観点からも妥当だろう。そのうえで、重大事態への対応による学校現場の疲弊について

5　鬼澤秀昌＝小野田正利＝嶋﨑政男「〈鼎談〉どうなる！いじめ防止対策推進法」季刊教育法205号（2020年）83頁〔鬼澤発言〕。
6　文部科学省「いじめの防止等のための基本的な方針」（平成25年10月11日、最終改定平成29年3月14日）32頁。

は、将来的には人員の補充や学校ごとにおけるいじめ対応専門の教員を配置するといった対策を講じつつ[7]、かかる対策が間に合わない当面の間、重大事態としてとらえたうえで事実関係に応じて調査報告の程度を簡潔に済ませるといったことが考えられる。

　もちろん、学校には加害者・被害者以外に多数の生徒が関わっており、特定のいじめ対応を偏重するあまりに教育の準備や他の人的トラブルへの対応がおろそかになり、学校現場が崩壊する事態は避けなければならない。また、実務家として、法の理念を過度に追求して実現可能性に乏しい提案を行えば学校現場との乖離や対立を誘発しかねず、かえっていじめ防止対策推進法を形骸化させてしまうおそれがある。そのうえで、法が定められた理念を尊重するとともに、法解釈や運用においてかかる理念をどう反映するかを常に意識することが、加害児童・被害児童いずれかの代理人を問わず重要である。

　その他、本書第2版においては、新たに出席停止措置の件数を掲載している。この点、いじめ防止対策推進法26条において、いじめを受けた児童等その他の児童等が安心して教育を受けられるようにするために、学校教育法35条1項に基づく出席停止措置を講じることができる旨規定されている。しかしながら、実際の運用上かかる出席停止措置が講じられるケースは極めて少なく、統計からもわかるとおり令和元年以降毎年3〜5件程度で推移するなど、むしろ学校としてほぼ利用しない方向で運用が固まりつつある。当該現象が生じている要因について、「第2・1(2)法23条に基づく措置」でも言及しているとおり、自宅謹慎措置の方が制度上利用しやすいなど複数の事情が考えられるものの、自宅謹慎や別室指導といった任意の教育的措置と一般的に評価される対応にとどまる場合、加害児童等において事態の深刻さを理解できずなかなか内省を深められないという問題がある。教育再生会議の提言においても、「学校は、いじめている子供に、その行為が人権侵害にもなり、不正義で人間として恥ずべき愚かな行為であることを認識させる」と、いじめへの対応として性行不良に基づく

7　例えば大津市においては、各学校にていじめ調査担当の教員を年度ごとに選定しているという話を、筆者は以前うかがったことがある。

第1 はじめに

出席停止措置の活用を打ち出しており[8]、学校としていじめ防止に向けて毅然と対応するというメッセージ性を含むのは、出席停止措置の大きなメリットであると思料する。そして、弁護士としての活動においても、被害児童等として加害児童等への出席停止措置を希望するケースは一定数存在するところであって、一定期間経過後何事もなかったかのように加害児童等の通常登校を再開させるといった曖昧な解決を図る場合に比べて、より被害児童等へ寄り添った対応であると評価できる。そのため、学校教育法35条1項とは別にあえていじめ防止対策推進法26条を制定した経緯を考慮すると（「本法が、ことさらに『性行不良に基づく出席停止』に言及せざるを得なかった要因は、この学校現場に存在する消極姿勢にある」との指摘もある[9]）、同法が形骸化しないよう今後より積極的に活用する姿勢が望まれる次第である。

---

8 坂田仰編『いじめ防止対策推進法─全条文と解説〈補訂版〉』学事出版（2018年）90頁。
9 前掲注8・坂田編90頁。

2. いじめの現状

（2）いじめの被害類型

　いじめの態様についても毎年調査がなされており、いじめ防止対策推進法施行後である平成 26 年度以降の統計を示す。なお、調査に際しては複数回答可とされているため、いじめの認知件数に比べて件数はより多く計上されている[10]。

① 　冷やかしやからかい、悪口や脅し文句、嫌なことを言われる。

年　　度	件　　数
平成 26 年度	12 万 1251 件
平成 27 年度	14 万 2805 件
平成 28 年度	20 万 1971 件
平成 29 年度	25 万 7996 件
平成 30 年度	34 万 1270 件
令和 元 年度	37 万 9417 件
令和 2 年度	30 万 4111 件
令和 3 年度	35 万 5947 件
令和 4 年度	39 万 1112 件

10　そのため、「児童生徒の問題行動・不登校等生徒指導上の諸課題に関する調査結果」にて各行為態様の認知件数に対する構成比も示されているところ、各構成比を合計すると 100 パーセントを超える内容となっている。

第 1　はじめに

② 仲間はずれ、集団による無視をされる。

年　度	件　数
平成 26 年度	3 万 5932 件
平成 27 年度	3 万 9703 件
平成 28 年度	4 万 9349 件
平成 29 年度	5 万 8290 件
平成 30 年度	7 万 4190 件
令和 元 年度	8 万 3671 件
令和 2 年度	6 万 7786 件
令和 3 年度	7 万 3729 件
令和 4 年度	7 万 9898 件

③ 軽くぶつかられたり、遊ぶふりをしてたたかれたり、蹴られたりする。

年　度	件　数
平成 26 年度	4 万 1839 件
平成 27 年度	5 万 1059 件
平成 28 年度	6 万 9907 件
平成 29 年度	8 万 7170 件
平成 30 年度	11 万 6311 件
令和 元 年度	13 万 1232 件
令和 2 年度	11 万 3919 件
令和 3 年度	14 万 1085 件
令和 4 年度	15 万 9633 件

2. いじめの現状

④　ひどくぶつかられたり、たたかれたり、蹴られたりする。

年　度	件　数
平成 26 年度	1 万 4050 件
平成 27 年度	1 万 7934 件
平成 28 年度	2 万 0305 件
平成 29 年度	2 万 4066 件
平成 30 年度	3 万 0023 件
令和 元 年度	3 万 3120 件
令和 2 年度	2 万 9546 件
令和 3 年度	3 万 7018 件
令和 4 年度	4 万 4181 件

⑤　金品をたかられる。

年　度	件　数
平成 26 年度	3863 件
平成 27 年度	4152 件
平成 28 年度	4723 件
平成 29 年度	4896 件
平成 30 年度	5700 件
令和 元 年度	6160 件
令和 2 年度	5096 件
令和 3 年度	5652 件
令和 4 年度	6231 件

第1 はじめに

⑥ 金品を隠されたり、盗まれたり、壊されたり、捨てられたりする。

年　　度	件　　数
平成 26 年度	1 万 3356 件
平成 27 年度	1 万 4758 件
平成 28 年度	1 万 9830 件
平成 29 年度	2 万 4017 件
平成 30 年度	2 万 9939 件
令和 元 年度	3 万 3965 件
令和 2 年度	2 万 6600 件
令和 3 年度	3 万 1356 件
令和 4 年度	3 万 6848 件

⑦ 嫌なことや恥ずかしいこと、危険なことをされたり、させられたりする。

年　　度	件　　数
平成 26 年度	1 万 4655 件
平成 27 年度	1 万 7611 件
平成 28 年度	2 万 3409 件
平成 29 年度	3 万 1351 件
平成 30 年度	4 万 2172 件
令和 元 年度	5 万 0129 件
令和 2 年度	4 万 5578 件
令和 3 年度	5 万 7342 件
令和 4 年度	6 万 7948 件

⑧　パソコンや携帯電話等で、ひぼう・中傷や嫌なことをされる。

年　　度	件　　数
平成 26 年度	7898 件
平成 27 年度	9187 件
平成 28 年度	1 万 0779 件
平成 29 年度	1 万 2632 件
平成 30 年度	1 万 6334 件
令和 元 年度	1 万 7924 件
令和 2 年度	1 万 8870 件
令和 3 年度	2 万 1900 件
令和 4 年度	2 万 3920 件

⑨　その他

年　　度	件　　数
平成 26 年度	8224 件
平成 27 年度	9247 件
平成 28 年度	1 万 4092 件
平成 29 年度	1 万 7225 件
平成 30 年度	1 万 3222 件
令和 元 年度	2 万 6591 件
令和 2 年度	2 万 4718 件
令和 3 年度	2 万 7011 件
令和 4 年度	3 万 0722 件

　認知件数が毎年増加するのと同様に、いじめの各行為態様に関する回答件数も年々増加する一方である。そして、行為態様のうち「冷やかしやからかい、悪口や脅し文句、嫌なことを言われる」が圧倒的に多く、構成比でみても例年 60 パーセント前後を維持している状況であって、かつ小中高及び特別支援学校を問わず高い構成比を示していることから、学校における主たるいじめとなっているのは間違いない。

　その一方で、悪口や脅し文句、嫌なことを言われるといった行為は、深

刻なものであれば名誉毀損や脅迫といった形で警察が介入する余地はあるものの、その多くは刑事事件化できないような軽微なものであって、当時のやりとりをICレコーダーやスマートフォンにて秘密録音でもしない限り、立証においても多大な困難を伴いがちである。そのため、被害児童等が暴言によって心身の苦痛を感じているにもかかわらず、損害賠償請求などの法的措置を講じてもなかなか裁判所に理解されず、仮に不法行為として認定された場合でも慰謝料額は低廉にとどまる傾向は否定できない[11]。また、実際に受任の問合せを受けた段階においても、児童が精神的苦痛を被っているにもかかわらず（暴言を理由として統合失調症に陥ったり自殺を図るケースは、決して珍しくない）、暴言のみでは不法行為として立証できず、又は仮に認定されても損害との相当因果関係が否定される蓋然性は低くないとして、費用倒れに終わる危険があることは十分説明すべきだろう。この辺りの悩みは、「仲間はずれ、集団による無視をされる」行為や「軽くぶつかられたり、遊ぶふりをしてたたかれたり、蹴られたりする」行為でもしばしば生じるところであって、加害児童等が「無視したつもりはない」とか「お互いにふざけあっており、○○くんもやり返していた」といった弁解が出てきたときに対応できるかどうか、常に検討しなければならない。

　これに対し、傷害や器物損壊、窃盗、恐喝、さらにはわいせつ行為といった、犯罪を構成し得るいじめ行為については、損害賠償請求はもちろん刑事事件での立件も比較的目指しやすく、診断書や外傷に関する写真、壊された物など客観的証拠も整っていることが多い。かかるいじめ行為については、加害児童側もいじめ（さらには犯罪行為）であるという認識を明確に抱きやすく、事前の段階で行為規範に直面して躊躇することもあってか、統計的には横ばい又は微増という状況であって、今後いじめの認知件数が引き続き増加したとしてもこの傾向は変わらないものと思料される。もちろん、被害の程度としては傷害などのいじめ行為の方がより深刻な事態になりやすく、いったん身体や財産に対する侵害行為が始まってしまう

11　千葉県弁護士会編『慰謝料算定の実務〈第3版〉』ぎょうせい（2023年）304頁以下の一覧表をみても、暴行や強要といった身体的行為を伴っているいじめが多いようである。

2. いじめの現状

と、クラス内での容認する空気感もあってその行為態様が過激化するのも時間の問題である[12]。そのため、生命への危害など取り返しのつかない事態になる前に、弁護士として加害児童等及び学校に対し介入する必要性は高いのであって、仮に生命への危害が既に生じてしまった場合でも、実際に何があったのか事後的に検証して法的措置を尽くすことは、残されたご家族が少しでも人生を前向きに進むためのきっかけをつくるという観点からも、極めて重要な作業である。

　最後に、いじめの行為態様に関する分類は、平成25年度に定められて以降、現在に至るまで変更されていない。かかる分類については、犯罪への該当性の有無を区別しつつ（同じ有形力の行使であるにもかかわらず、「軽くぶつかられたり、遊ぶふりをしてたたかれたり、蹴られたりする」と「ひどくぶつかられたり、たたかれたり、蹴られたりする」を区別しているのは、傷害行為への該当性を意識したものと思われる）、児童生徒にもわかりやすく回答しやすい形で記載されており、いじめの実態を把握するうえで適切な内容であると思料する[13]。その一方で、インターネットが普及した現代において、SNSを利用したいじめは全国的にみても多発していると解され、その行為態様もLINEグループ外しやなりすまし、交流アプリを利用した売春の強要、いじめ行為に関する動画の拡散（AirDropなどを用いて多数に拡散することが可能である）と多岐にわたるところ、現在の選択肢だと「パソコンや携帯電話等で、ひぼう・中傷や嫌なことをされる」又は「その他」に集約されてしまう。とりわけ、インターネットを活用したいじめの場合、被害児童が認識していないケースも決して珍しくなく、この場合心身の苦痛を感じていないことを理由に定義上は「いじめ」に該当しないという結論になってしまう。しかしながら、例えば公開されているウェブ

12　森田洋司教授が提唱された「いじめの４層構造」は、いじめが起きるメカニズムを端的に示しており、1986年の発表後に文部科学省も取り入れて全国的にもこの理解を念頭にいじめ対応がなされていると解される。この中では、「いじめの持続や拡大には、いじめる生徒といじめられる生徒以外の『観衆』や『傍観者』の立場にいる生徒が大きく影響している。『観衆』はいじめを積極的に是認し、『傍観者』はいじめを暗黙的に支持しいじめを促進する役割を担っている」と解説している。なお、東京学校臨床心理研究会運営委員「いじめへの対応のヒント」も参照。

13　調査方法としては、アンケート調査の実施、個別面談の実施及び個人ノート等という形がとられている旨過去の調査結果にて明記されている。

第1 はじめに

サイト上で社会的評価を低下させる事実を投稿する場合や、被害児童等の盗撮した裸体をアップロードした場合などは、被害児童等が把握しているかどうかにかかわらず権利侵害が生じているのであって、たとえ現時点では心身の苦痛を感じていないとしても、仮に本人が把握すれば心身の苦痛を感じる蓋然性は非常に高い以上、調査してその件数を把握する必要性はあるというべきである（いじめアンケートなどで、第三者からの申告を受けて当該行為が発覚する事態は十分に想定できるため、他のいじめ類型に比べて調査方法が大きく変動するとも思われない）。また、実際にはある程度調査がなされて統計として反映されている可能性はあるものの、現行の選択肢では被害児童等が把握しているかどうかで区別されていないため、やはり不十分であると解される。

　今後、SNSをめぐるインターネット環境がますます改善されるのは必然であって、その結果新たないじめ態様が生まれる事態は大いに予想できる以上、現状に合わせる形での選択肢の追加変更は検討すべきではなかろうか[14]。

14　この疑問は、いじめの定義を変更すべきであるという趣旨ではなく、被害児童等の心身の苦痛へ配慮した現行の定義を維持したうえで、客観的な権利侵害を伴っている行為態様についても、対策を講じる観点から調査対象に含めるべきではないかという趣旨である。本文でも記載したとおり、被害児童等が把握できないという行為態様の特性上、調査してもどこまで件数を把握できるかという問題はあるものの、それと調査の必要性を認めるかどうかは別の問題である。

3. いじめ案件を取り扱ううえで知るべきこと

　次に、いじめ案件を取り扱ううえで知るべきこと、主に学校に関する基本的な知識に触れる。

　これは、いじめ案件に限らず、懲戒処分や学校事故、スクールセクハラなど学校案件全般に共通する事項ではあるものの、そもそも学校案件自体が分野としての特殊性を有しており、その基本的な事項について一般の民事事件では知る機会があまりない。そこで、いじめ案件を取り扱っていくうえでしばしば利用するであろう法的知識について、総論の形で概括的に言及する。

(1) 学校に関する諸規定

　学校教育法上、学校とは、幼稚園、小学校、中学校、義務教育学校、高等学校、中等教育学校、特別支援学校、大学及び高等専門学校を指す（学校教育法１条。本項目（「３．いじめ案件を取り扱ううえで知るべきこと」）に限り、以下「法」と略す）。これらはいわゆる一条学校（一条校と呼ばれることもある）と呼ばれており、専修学校及び各種学校については学校教育法上別途定められている。なお、「１．いじめとは何か」において述べたとおり、いじめ防止対策推進法における「学校」とは、学校教育法第１条に規定する小学校、中学校、義務教育学校、高等学校、中等教育学校及び特別支援学校を意味するのであって、幼稚園、大学及び高等専門学校はその対象外であるので、注意を要する。

　そして、子の満６歳に達した日の翌日以後における最初の学年の初めから、満12歳に達した日の属する学年の終わりまで、これを小学校、義務教育学校の前期課程又は特別支援学校の小学部へ就学させ、同様に、小学校などの課程を修了した日の翌日以後における最初の学年の初めから満15歳に達した日の属する学年の終わりまで、中学校、義務教育の後期課程、中等教育学校の前期課程又は特別支援学校の中学部に就学させる義務

第 1 はじめに

を保護者は負っている（法 17 条）。いわゆる義務教育であって、かかる教育課程については年齢主義が採用されており、教育課程の習得状況にかかわらず年齢の到達をもって卒業又は義務教育期間を終えることになる[1]。

　この義務は、あくまで保護者のみが負っており、児童等が心理的、情緒的、身体的、社会的などの理由で登校できない場合は、正当な理由による欠席とみなして保護者の義務履行も免れる。すなわち、児童等が登校を希望しているにもかかわらず保護者が正当な理由なく就学させなかった場合に、初めて義務違反が生じ得るのであって、児童等が「教育を受ける義務」を負っているわけではない[2]。この点、文部科学省が令和元年に公表した「不登校児童生徒への支援の在り方について」においても、基本的な考え方として「不登校児童生徒への支援は、『学校に登校する』という結果のみを目標にするのではなく、児童生徒が自らの進路を主体的に捉えて、社会的に自立することを目指す必要があること。また、児童生徒によっては、不登校の時期が休養や自分を見つめ直す等の積極的な意味を持つことがある一方で、学業の遅れや進路選択上の不利益や社会的自立へのリスクが存在することに留意すること。」との見解を示している[3]。

　ここで、17 条にて記載されている「義務教育学校」に言及すると、平成 27 年法改正において新たに定められたものであり（法 49 条の 2 以下）、いわゆる小中一貫校を設立することが可能となった。これは、子どもの身体的な成長の早まりや、不登校の増加などを生むといわれる中 1 ギャップの問題[4]、さらには学力の向上等の課題を考慮して、従来の 6・3 制の壁を取り払い、施設一体型の 9 年制で一貫した計画的な教育を行うとの考えで定められたものであって[5]、平成 27 年 6 月 16 日付け「学校教育法等の一部を改正する法律案に対する附帯決議」においても、「義務教育学校の設置

1　入澤充ほか編著『学校教育法実務総覧』エイデル研究所（2016 年）108 頁。
2　なお、正当な理由なく続けて 7 日以上欠席した場合は、校長は教育委員会に対し報告する義務を負っており、教育委員会は保護者に対し就学督促をすべきである（法 17 条 3 項、学校教育法施行令 20 条、21 条）。そのうえで、保護者が就学義務を履行しない場合は、10 万円以下の罰金に処せられる（法 144 条）。
3　平成 15 年に公表された文部科学省「今後の不登校への対応の在り方について」も参照。
4　中 1 ギャップについてここでは詳細に触れないが、文部科学省「小中一貫した教育課程の編成・実施に関する手引」（平成 28 年 12 月 26 日）など多くの文献で言及されている。
5　前掲注 1・入澤ほか編著 781 頁。

に当たっては、我が国の教育の基本原則である機会均等を確保するとともに、既存の小学校及び中学校との間の序列化・エリート校化・複線化等により児童生徒の学びに格差が生じることのないよう、万全を期すること」との視点が示されている。小中一貫校は、文部科学省の推進もあって全国的に年々増加しており、平成29年3月の調査時で合計301校であって、今後実施を検討している市区町村は174と、全体の12%に上ったという報告が出ている[6]。もちろん、小中一貫校であっても小学校卒業時に私立の中学校へ進学することは可能であって、これから少子化が進むであろう地方においては、充実した教育体制の確保という観点からも有益であることが予想される。

　また、学校の設置者は、国、地方公共団体、及び学校法人のみが設置することができ（法2条1項）、国が設置する学校を国立学校、地方公共団体の設置する学校を公立学校、学校法人の設置する学校を私立学校とそれぞれ呼称している（法2条2項）。そして、公立学校については、都道府県又は市町村の教育委員会が管轄しているところ、市町村の教育委員会が管轄している場合でも都道府県の教育委員会が重複する形で管轄しており、何かトラブルが生じた場合には都道府県の教育委員会が主導する形で対応してくるケースも少なくない。この点、いわゆる県費職員制度に関する理解が重要である。すなわち、県費職員（正式には「県費負担教職員」という）とは、市町村立学校の教職員でその給与等について都道府県が負担するものをいい（地方教育行政の組織及び運営に関する法律37条、市町村立学校職員給与負担法1条）、この任命権についても都道府県の教育委員会が有する。そして、教職員は、都道府県の任命に基づいてその都道府県内における学校に配置されるところ、かかる配置後は当該学校を管轄する市町村の教育委員会の監督を受ける（都道府県立の学校である場合は、引き続き都道府県の教育委員会が直接監督する）。その一方で、平成18年の市町村立学校職員給与負担法の改正によって、都道府県から市町村に対し給与負担

6　文部科学省「小中一貫教育の導入状況調査について」（2017年）。なお、厳密には「義務教育学校」と「小中一貫型小学校・中学校」とは異なる制度なのだが、ともに小中一貫教育を目的としている点で共通しており、詳細に論じると本書のテーマからも離れてしまうため、便宜上まとめて説明した。

第1 はじめに

や任命権に関する権限委譲を行うことが可能となり、実際に一部の政令指定都市では教職員の費用を直接負担することで、都道府県の監督を離れて独自の教育行政を行っているのである[7]。

　なぜこの規定が重要かというと、公立学校でのトラブルに関する国家賠償請求の根拠条文が異なるからである。例えば、教職員による児童生徒に対する体罰やわいせつ行為がなされた場合、これが都道府県立の学校であれば当然に都道府県が国家賠償法上の法的責任を負う[8]。これに対し、市町村立の学校である場合、まず教職員の服務を直接監督する市町村は国家賠償法上の請求対象になるのだが、これに加えて、当該教職員の給与などを負担している都道府県についても、国家賠償法3条1項に基づいて賠償責任を負う。この場合、請求権者である児童生徒（実際には、その法定代理人である親権者）は、都道府県若しくは市町村、又は都道府県及び市町村双方を被告として訴訟提起することが可能であって、特に学校事故で死亡又は重篤な後遺障害が残存した場合には、市町村の財政状況次第では損害を負担しきれない可能性があり得るため、都道府県への請求を一次的に検討することとなろう[9]。

　なお、市町村に対し費用負担及び任命権に関する権限委譲がなされている場合は、当該市町村の教職員につき都道府県は費用などを負担していないため、市町村のみが被告となる。また、遊具など学校に設置されている物の破損などが原因で事故が生じた場合には、営造物責任として国家賠償法2条1項が適用される関係で、当該学校を管理している自治体のみが被告となる（かかる遊具などについては、仮に市町村立であってもその管理費用

7　財政的に余裕がある市町村であれば、都道府県の監督を受けることなく柔軟に教育方針を立てられ、その市町村の特性に応じてより丁寧な教育を実施できるため、メリットが大きいようである。
8　もちろん、教職員の行為が公権力の行使に当たらない場合には、当該教職員個人が損害賠償責任を負うのみで自治体は責任を回避できる。もっとも、実際の裁判においては、学校内で起きた出来事であればほぼ問題なく公権力の行使であると認定されるだろうし、筆者の経験上も、体罰などについて公権力の行使への該当性が実質的な争点となったケースはない。
9　現在においてはあまり懸念する必要はないのかもしれないが、地方の過疎化が今後も進むことが予想され、学校事故による損害認容額も高額化している傾向を考慮すると（例えば、龍野高校テニス部熱中症事件（大阪高判平成27年1月22日判時2254号27頁〔28230512〕）において約2億9000万円もの損害賠償が命じられている）、今後地方自治体の財政破綻は深刻な問題であるように思える。

034

を都道府県が負担していないからである）。

　いじめの定義上、教職員による児童生徒への暴言や暴行はいじめに該当しない関係で、いじめ防止対策推進法の観点からは直接問題にならない。もっとも、体罰などによって児童等の生命身体につき権利侵害が生じている場合は、当然に法的措置を講じられるため、その際は国家賠償法（私立学校であれば使用者責任）に基づいて適宜法的責任を追及するという話になる。実務上においても、いじめの相談という形で教職員による体罰やわいせつ行為に関する問合せを受けるケースは少なくないため、その場合でも対応できるに越したことはないし、児童等の教育を受ける権利を確保するという観点からすれば、弁護士が対応する必要性に変わりはない。

　最後に、学校のうち幼稚園については、学校教育法2条の規定にもかかわらず学校法人以外の設置が認められており、現に財団法人や宗教法人、個人などが設置したケースも散見される[10]。また、国立学校のうち大学については、平成15年に定められた国立大学法人法によって国立大学法人の所管になっているため、法的措置を講じるに際しては留意しなければならない。

(2) 法と条例

　周知のとおり、地方公共団体は、法律の範囲内で条例を制定することができる。そして、いじめ案件においても、法律に加えて各自治体が制定した条例がそれぞれ適用されるのであって、その処理に当たって当該条例の具体的内容を都度調査する必要がある。もっとも、条例の適用が問題となるのは主に公立学校であって、私立学校の場合、例えば個人情報の開示をめぐる処理については個人情報の保護に関する法律が適用されるため、各自治体の個人情報保護条例を確認する必要は通常存在しない。また、いじめ防止対策に関する条例についても、多くの条例において公立学校に加えて私立学校についても適用の対象となる旨規定しているものの、現実的に

10　前掲注1・入澤ほか編著20頁。

第1 はじめに

は専らいじめ防止対策推進法に基づき処理しており、学校としてもあえて
条例の存在を持ち出してくる展開は稀であるため、同法に基づき粛々と処
理すれば足りるように思われる。

　上記を踏まえて、主に公立学校における条例適用をめぐる問題について
検討するのだが、近年非常に重要な法改正がなされた関係で、実務上の処
理、とりわけ個人情報の開示請求をめぐる学校との協議も従前より大きく
変化することが予想される。すなわち、「第2・1⑵ 法23条に基づく措
置」でも言及するとおり、個人情報の保護に関する法律においては、「人
の生命、身体又は財産の保護のために必要がある場合であって、本人の同
意を得ることが困難であるとき」（同法27条1項2号など）、「公衆衛生の
向上又は児童の健全な育成の推進のために特に必要がある場合であって、
本人の同意を得ることが困難であるとき」（同法27条1項3号など）との
免責規定が複数の局面で存在しており、第三者である加害児童等の氏名な
ど個人情報を本人の同意なく開示請求できる余地があるし、かかる免責規
定の適用を肯定する見解が多い。これに対し、各条例の場合必ずしも同種
の免責規定が存在するとは限らず、もともと第三者の個人情報開示に対し
自治体として消極的な姿勢を維持していることもあいまって、いじめで重
大な被害が生じている旨説明しても「人の身体の保護のために必要がある
場合」といった免責規定が存在しないなどといった理由で、不開示決定を
受けるケースが散見されたのが従前の状況だった。

　しかしながら、令和3年5月19日に「デジタル社会の形成を図るため
の関係法律の整備に関する法律」が公布されており、この中で個人情報の
保護に関する法律も改正された。その結果、個人情報の取扱いについて全
国的に運用が統一されることとなり、自治体に対し個人情報の開示請求な
どを行う場合でも原則として同法に基づき検討すれば足りることとなっ
た。そのため、今後は各自治体が定める条例を踏まえて個人情報をめぐる
対応を変える必要もなくなっており、この点は弁護活動を進めるうえで大
変便宜であろう。

　次に、いじめ防止対策推進条例については、自治体によって様々な規定

が見受けられるところである[11]。この点、全国で最初に条例名で「いじめ」という言葉が使われたのは兵庫県小野市の「小野市いじめ等防止条例」であるといわれている。当該条例においては、「いじめ等」の定義として「言葉、文書（電子媒体を含む。）、暴力等による心理的及び物理的な攻撃、無視、差別的な扱い等による精神的な苦痛を与えるもの並びに児童虐待の防止等に関する法律（平成12年法律第82号）、高齢者虐待の防止、高齢者の養護者に対する支援等に関する法律（平成17年法律第124号）及び配偶者からの暴力の防止及び被害者の保護に関する法律（平成13年法律第31号）に規定する虐待、暴力等をいう。」と、いじめに加えて暴力や児童虐待をまとめて「いじめ等」と定めて以後条文を定めており、いじめに特化した形では規定していない点に大きな特色がある。そして、いじめ防止対策推進法を制定するきっかけとなった滋賀県大津市においては「大津市子どものいじめの防止に関する条例」が制定されている。当該条例においては、市立学校の責務（第5条）、保護者の責務（第6条）及び子どもの役割（第7条）と、各当事者のあるべき姿を具体的かつ詳細に定めるとともに、関係者に対する市長からの是正要請の権限を定めている点が特徴的である。当該条例は、その後の自治体においてモデルケースとして採用されているのか、同様の構造で定められている条例も散見されるところである。

　また、最近できた条例として興味深いのは、令和6年4月1日に施行された「品川区いじめ防止対策推進条例の一部を改正する条例」である。この点、東京都品川区は、かつて教育長がその教育行政において独自の対応を行ってきた経緯があり、文科省が定めるガイドラインにもかかわらず重大事態としての認定が正当な理由なく拒否されたケースも存在した。その後、第三者委員会からの苦言などの要因もあってか[12]内部での改革が進め

11　以下の記述は、一般財団法人地方自治研究機構の設置するウェブサイト（『いじめ防止に関する条例』）を参照している（http://www.rilg.or.jp/htdocs/img/reiki/035_bullying_prevention.htm）。
12　令和2年に起きたいじめについて、再調査した区の第三者委員会より「重大事態への理解不足があった」、「区教委で重大事態の該当性が検討、判断されておらず、仕組みも不十分だった」との厳しい指摘がなされた（令和5年9月2日付け東京新聞『重大事態への理解不足』20年の品川いじめ　第三者委、区長に報告書」）。

第 1 はじめに

られており、「区長は、いじめに関する情報の一元化を図り、教育委員会と連携し、いじめに迅速かつ適切に対処することができるよう組織体制を整備するものとする。」（同条例 16 条 5 項）、「区長は、区立学校に係るいじめまたはいじめと思われるものに関する通報および相談を受けたときは、その事実を確認し、および解決を図るために、必要に応じて、調査等を行うことができる。」（同条例 19 条 2 項）、「区長は、第 2 項の規定による調査等の結果、いじめの事実またはいじめの疑いがあり、かつ、教育委員会または区立学校が法に基づく適切な措置を講じていないときその他特に必要と認めるときは、いじめを受けた児童等を救済するため、教育委員会に対し、次に掲げる措置を講ずるよう勧告を行うことができる。」（同条例 19 条 4 項）と、区長を主体とした様々な権限が強化された。かかる改正は、教育委員会がいじめ防止対策推進法の理念に基づき適切に機能しなかったことを内省した教育行政改革の結果と評価できるのであって、被害児童等の代理人としては好意的に受け止め得るものである。

　その他、苦言を呈すべき条例として「酒田市いじめ防止対策の推進に関する条例」が挙げられる。筆者は、かつて第三者委員会の進行状況を確認すべく教育委員会に対し議事録などを開示請求したところ、「会議及び調査の手続は、公開しない」（同条例 16 条）との規定を理由として、教育委員会より一部不開示決定を受けたことがある。この点、被害児童等として個人情報の開示請求を行っている以上、そもそも「公開」に該当しないという疑問もあるし、会議及び調査の手続が適正に行われているかは関心の高い事柄であって、仮に対象児童等が死亡しているなど被害結果が重大である場合はなおさらである。そのような状況において、手続の非公開を理由として被害児童等からの個人情報開示請求を拒否するのは、いじめ調査に関する情報提供を不当に拒否するにとどまらず、その調査をブラックボックス化させて被害児童等の調査組織に対する信頼を失わせるものであって、非常に不適切というほかない [13]。筆者の知る限り、同種の規定を定めている条例は他に見当たらず、その存在を正当化すべき理由も特段見いだ

13　本件については、被害児童等がその公開を拒否しているにもかかわらず、ほぼ黒塗りされることなく調査報告書が公表されるなど、行政の対応にその他多くの問題があった。

3. いじめ案件を取り扱ううえで知るべきこと

せないため、いじめ調査の適正を担保する観点からも速やかに削除すべき
ものと思料する。

　以上のとおり、いじめ防止対策に関する条例については、各自治体の特
色が反映されたものとなっており、その内容面で疑問を抱く条例も少ない
ながら存在する。個人情報の取扱いとは異なり、いじめ対応については地
域の特色を踏まえて若干の修正がなされるのはやむを得ないものと思料す
るが、その一方で被害児童等の救済が不当に妨げられないよう（まして
や、いじめ防止対策推進法の理念を没却するような条例の規定は、憲法上の問
題も生じ得るところである）、代理人として適切にチェックする姿勢が望ま
れる。

(3) 校長・教員

　学校には、校長及び相当数の教員を置かなければならない（法7条）。
そして、小学校には、校長、教頭、教諭、養護教諭及び事務職員を置かな
ければならず（法37条1項）、それ以外に副校長、主幹教諭、指導教諭、
栄養教諭その他必要な職員を置くことができる（法37条2項）。当該条文
は、中学校、義務教育学校、高等学校及び特別支援学校にも準用される
が、その構造上大学には準用されない。

　そして、既に述べてきたとおり、市町村立学校の教職員は、都道府県に
よる任命を経てその市町村に所属し、公立小学校の教職員定数は、都道府
県ごとに条例で定められることとなる。また、少なくない学校において副
校長が任意で配置されているところ、教頭との違いとして、教頭が校務を
整理するだけであるのに対して、副校長は自分の権限で処理することがで
きる。この場合、教頭は、校長・副校長の両方を補佐することとなる[14]。

　ここで、校長及び教員は、教育上必要があると認めるときは、文部科学
大臣の定めるところにより、児童、生徒及び学生に懲戒を加えることがで
きる（法11条。ただし、体罰を加えることは条文上絶対的に禁止されてい

14　前掲注1・入澤ほか編著225頁。

第1 はじめに

る）。そして、懲戒のうち、退学、停学及び訓告の処分は校長（大学にあっては、学長の委任を受けた学部長を含む）が行うとされており（学校教育法施行規則26条1項）、小学生及び中学生に対しては退学処分又は停学処分を下すことができない（ただし、私立又は国立の児童生徒に対しては退学処分を下すことが可能である）。

なお、退学、停学及び訓告以外の懲戒とは、注意、叱責、居残り、別室指導、起立、宿題、清掃、学校当番の割当て、文書指導などが挙げられている[15]。そして、体罰についても、あらゆる有形力の行使が禁止されるわけではなく、最三小判平成21年4月28日民集63巻4号904頁〔28151362〕においても、他人を繰り返し蹴るという悪ふざけを行っていた児童に対し、追いかけて捕まえたうえでその胸元を右手でつかんで壁に押し当て「もう、すんなよ」と叱った行為につき、「本件行為は、その目的、態様、継続時間等から判断して、教員が児童に対して行うことが許される教育的指導の範囲を逸脱するものではなく、学校教育法11条ただし書にいう体罰に該当するものではないというべきである。」として、体罰への該当性を否定している。

いじめとの関連では、「校長は、校務をつかさどり、所属職員を監督する」（法37条4項）という規定が重要である。すなわち、校長のつかさどる校務の中で最も大切なことは、学校に通う児童生徒が日々安心して楽しく生活できる学校をつくることである。そして、いじめの問題は、日常の教育活動の中で子どもたちの心情を育てるとともに、大きな問題になる前に、小さな芽のうちに摘み取ることが大切である[16]。そのため、仮に学校内にていじめが生じた場合、校長としては児童生徒が再び安心して楽しく生活できるよう速やかに学校環境を改善しなければならず、仮にかかる改善を怠った場合には、学校の安全配慮義務違反を追及する余地がある。また、各自治体が定めるいじめ対策基本方針においても、仮に職員が事実の隠ぺいを行った場合には地方公務員法に基づく懲戒処分を示唆しているも

15　文部科学省「体罰の禁止及び児童生徒理解に基づく指導の徹底について（通知）」平成25年3月13日24文科初1269号。個人的には、懲戒として宿題や清掃を命じるというのは時代錯誤的なものを感じるところであって、時代に合わせる形で懲戒概念を見直す実益はあるように思える。
16　前掲注1・入澤ほか編著719頁。

のが少なくなく[17]、管理職である校長についても、担任から報告が上がった場合に対応しなかった場合はもちろん、担任が隠ぺいした結果いじめを把握できていなかった場合でも、情報共有に関する管理体制がおろそかだったとの理由で懲戒処分が検討される傾向にある。この点、文部科学省における有識者会議において、「いじめの情報共有は法律に基づく義務であり、公立学校の教職員が怠ることは地方公務員法上の懲戒処分となりうることを周知する」[18]との提言がとりまとめられ、各自治体に対し通知がなされている。そのため、校長としては、教職員に対し積極的な情報提供を呼び掛ける必要があるし、情報共有をしやすい環境づくりを普段から心がけることが重要だろう。

　このように、校長及び教員の職務がどこまで及ぶかについては、学校の安全配慮義務違反を検討するうえで重要な事情である。その一方で、とりわけ校長について、いじめとの関連でどこまで職務上の監督義務が生じるかは事実関係に応じて個別に検討すべきところ、従前の判例ではあまり意識的に検討されていない印象を受ける。この点、児童生徒との在学関係又は在学契約に基づく学校の安全配慮義務を検討するうえで、学校を法律上管理掌握している校長の監督義務が一切問題にならないとは解し難い（例えば、校長が担任への指示を漫然と放置した結果いじめ被害が悪化したような場合は、安全配慮義務違反に加えて校長の監督義務違反も明示的に指摘すべきように思える）。一部の学校においては、生活指導主任など現場の教職員が実質的な決定権限を有しており、校長は職員会議において事後的な報告を受けるにとどまるケースも散見されるが[19]、だからといって校長の監督責任が否定されるわけではない以上、今後議論を要するものと思料する。

17　例えば、大阪市教育委員会が定めるいじめ対策基本方針では、「いじめ事案の発生後の教育委員会や学校の対応として、被害児童生徒・保護者に対する自己防衛的な対応、いわんや事実の隠蔽は、決してあってはならない。本市職員による隠蔽行為に対しては、非違行為として厳正に対処するものとする」と明記している。なお、菱村幸彦著『Q&A スクール・コンプライアンス 111 選』ぎょうせい（2017 年）142 頁。
18　朝日新聞「いじめ情報共有、怠れば懲戒処分—文科省、教員に周知へ」2016 年 10 月 12 日付け。
19　外部から赴任してくる校長の場合、学校の実情をほぼ把握できていないからか、現場の教職員に事実上一任しているような印象を受ける。このようなケースだと、訴訟において校長へ証人尋問しても、当時の事実関係をほぼ把握していないことが少なくない。

第1 はじめに

⑷ 指定校変更及び区域外就学

　指定校変更及び区域外就学について、いじめ対応において転校を検討するケースが少なくないため、簡潔に触れる。

　市町村は、その区域内に住所がある学齢児童・学齢生徒を就学させるために必要な小・中学校を設置する義務を負う（法38条、49条）。そして、市町村内に小学校又は中学校が2校以上ある場合には、保護者に対する入学期日の通知において就学予定者が就学すべき小学校又は中学校を指定しなければならず（学校教育法施行令5条2項）、大多数の教育委員会は就学校の指定に当たりあらかじめ通学区域を設定している[20]。この就学校の指定に当たっては、あらかじめ保護者の意見を聴取することができ（学校選択制。学校教育法施行規則32条1項）、市町村教育委員会が相当と認めるときは、保護者の申立てにより、当該市町村内の他の学校に変更することができる。これが指定校変更の申立てである[21]。

　そして、仮にその住所の存する市町村以外の小学校又は中学校へ就学しようとする場合は、受入先の教育委員会より就学を承諾する書面を添えて、住所の存する市町村の教育委員会へ届け出なければならない（学校教育法施行令9条1項）。これを区域外就学といい、私立学校への就学を希望する場合においても、その住所の存する市町村の教育委員会に対し届出を要する。指定校変更及び区域外就学は、必ずしも進学時に行う必要はなく、いったん在学した後に転校を希望する場合は申し出ることが可能である。

　実務において、指定校変更の申立てを検討する機会は多く、教育委員会としても、同一の市町村における児童生徒の人員調整ということもあって問題なく応じてもらえるケースが多い。指定校変更の理由としては、いじめによる不登校や加害児童等に会いたくないといった理由のほかに、通学の負担や引越し後も引き続き在籍したいといったいじめとは無関係の理由も考えられ、ある程度合理性があれば相当と認められるようである[22]。こ

20　富澤賢一郎「学校関係をめぐる紛争」定塚誠編著『行政関係訴訟の実務』商事法務（2015年）399頁。
21　前掲注20・富澤400頁。

3. いじめ案件を取り扱ううえで知るべきこと

れに対し、区域外就学の場合、私立学校であればともかく公立学校間での転校となると、受入先の了承を得なければならないこともあって必ずしも実現できるわけではない。とりわけ、受入先の市町村が人気の高いエリアである場合、いったん受け入れてしまうと他の児童生徒からの要請が相次ぐおそれがあるからかほぼ応じておらず、例えば東京都だと区域外就学を認めている特別区はほぼ存在しないといって差し支えない。筆者の経験上、マンションがたまたま区境に建っていた関係で区域外就学が認められたケースは例外的に存在するものの、一般論としては、現在の学校にていじめを受けているという理由だけではまず認められないのが実情である。

指定校変更や区域外就学が希望どおりに実現されない場合は、かかる変更又は就学に関する承諾を義務付けるべく、義務付け訴訟を提起することが考えられる。もっとも、訴訟提起に至っているケースのほとんどは、特別支援学校への就学を希望し、又は特別支援学校ではない学校への就学を希望するものであって、通常の小学校又は中学校間での指定校変更を争っているケースは見当たらず、ましてや区域外就学の承諾を争ったケースは皆無である[23]。これは、学校教育法施行令の文言からも容易にわかるとおり行政の裁量権が極めて広範であって、仮に訴訟提起しても仮の義務付けが認められない場合には訴訟係属中ずっと転校できないため、当事者として訴訟提起するほどのメリットを感じないことが主たる理由だろう。また、いじめを理由として不登校が長期化している場合は、少なくとも指定校変更については各教育委員会も柔軟に対応している現状があるため、結局いじめを理由とした区域外就学の必要性がどれだけあるかといった議論に収れんするのかもしれない[24]。

実際に法的措置を講じるべきケースにはなかなか当たらないものと思料

22　文部科学省「就学校の指定変更」によると、高知県高知市にて空手部の不存在を理由とした指定校変更の申立てを認めたケースが紹介されており、現在まで 33 名が部活動の有無（バスケットボール部など）を理由に指定校変更しているとのことである。

23　ただし、学校の統廃合に伴い新たに設置された学校への指定校変更について、その取消しを求める訴訟は複数存在している。前掲注 20・富澤 409 頁以下。

24　既に若干述べたが、過疎化した自治体においては、住所を管轄する市町村内での指定校変更だとかえって距離が遠くなり、通学に困難が生じてしまうケースも少なくないようで、その結果としていじめを理由とした区域外就学にも柔軟に応じているようである。

第 1 はじめに

するが（少なくとも筆者は、いまだ指定校変更をめぐる義務付け訴訟を提起したことがない）、任意の交渉において指定校変更又は区域外就学を要請するケース自体は決して珍しくないため、その際は代理人としても適宜対応すべきであろう。

コラム2 スクールロイヤー制度

　昨今、スクールロイヤーという言葉を頻繁に見かけるところであって、学校案件をほぼ扱ったことがない実務家においても、スクールロイヤー制度について刊行物などで目に触れた機会はあると思われる。文部科学省は、令和2年度からスクールロイヤーを全国に配置する方針を示しており、実際多くの自治体において順調にスクールロイヤー制度が導入されているようである。

　もっとも、スクールロイヤーについて、法律上明確な定義は存在しておらず、その理解は必ずしも統一されていない。例えば、文部科学省は、「いじめ防止等対策のためのスクールロイヤー活用に関する調査研究」といった資料を公表しているところ、概要として「法律の専門家である弁護士が、その専門的知識・経験に基づき、学校において法的側面からのいじめ予防教育を行うとともに、いじめなどの諸課題の効率的な解決にも資する、学校における相談体制の整備に関する調査研究を実施する」と掲げている。この趣旨は必ずしも明確ではないものの、いじめの防止等を主眼に弁護士が教育現場に対して法的サポートを行うのがスクールロイヤー制度であると理解される[25]。

　これに対し、日本弁護士連合会が作成した「『スクールロイヤー』の整備を求める意見書」によると、「各都道府県・市町村の教育委員会、国立・私立学校の設置者において、学校で発生する様々な問題について、子どもの最善の利益を念頭に置きつつ、教育や福祉等の視点を取り入れながら、法的観点から継続的に学校に助言を行う弁護士」

25　神内聡著『スクールロイヤー—学校現場の事例で学ぶ教育紛争実務 Q&A170』日本加除出版（2018年）2頁。

がスクールロイヤーであるとされている。この場合、いじめにとどまらずスクールセクハラや学校事故、体罰といった学校内で生じる様々な法的紛争について、中立的な立場から法的助言を行うのがスクールロイヤーであるという理解になろう。また、令和4年には文部科学省より「教育行政に係る法務相談体制構築に向けた手引き（第2版）」が公表されているところ、法律相談体制を担う弁護士の業務として「助言・アドバイザー業務」、「代理・保護者との面談への同席等」、「研修」、「出張授業」の4つが紹介されており、研修業務としては「いじめ、体罰、児童虐待、生徒指導等」に関する研修が、出張授業としては「いじめ予防授業」が具体例として紹介されている[26]。

いずれの理解にも一定の合理性はあるところであって、スクールロイヤー制度をどのように理解すべきかについて、筆者は主に児童生徒側の代理人として活動している関係でその是非を論じるべき立場でもない。そのうえで、スクールロイヤー制度を検討するうえで重要なのは、児童生徒側でもなく学校側でもない第三者的な立場から、紛争を総合的に解決することのように思われる。すなわち、スクールロイヤーも学校から委託を受けている点で顧問弁護士と類似しているところ、仮に訴訟へ移行した場合は学校の代理人となることはなく、むしろ児童等から相談を受けていた場合には利益相反の問題が生じるおそれすらある[27]。そして、スクールロイヤーは、法的観点のみでなく、教育現場の実情に応じた相談や助言を行うことが求められているのであって[28]、ときには学校と教師との間のトラブルに対しても総合的な視点から介入することが望まれよう。

その意味では、法律にとどまらず教育学や児童福祉学にもある程度精通している必要がある点で、学校案件を代理人として取り扱う弁護士以上に、スクールロイヤーはより高度な専門性を備えていなければならない。そして、それだけの専門性を備えている弁護士は現状ごく

26　坂田仰編集代表『学校のいじめ対策と弁護士の実務』青林書院（2022年）274頁。
27　前掲注25・神内著7頁以下。
28　前掲注25・神内著10頁以下。

第1 はじめに

わずかといわざるを得ず、これを全国の自治体に配置するというのは非常に高いハードルであろう。さらにいえば、報道によると多くの自治体においてスクールロイヤー制度の予算を十分確保できていないのであって[29]、仮に適切な能力を有する弁護士を見つけられたとしても、その弁護士にとって到底採算に合わない業務となれば長期にわたり維持するのは不可能である。

　スクールロイヤー制度は、今後ますます充実されるべきであるし、むしろこの制度が縮小しないよう、予算面や人材育成といった観点から積極的に働きかけなければならない。そのうえで、児童等の代理人としては、既に紛争化している場合だとスクールロイヤーと直接交渉する機会は少ないものの（当事者同士、すなわち学校側又は自治体側の代理人と交渉する機会の方がどうしても多くなってしまう）、できればスクールロイヤーとも積極的に関わり情報共有することで、より多角的な観点から解決を目指せると思料する。このようなアプローチは、児童の健やかな成育を目標とするいじめ防止対策推進法の理念にも合致しているのであって、スクールロイヤー独自の存在意義が発揮される局面ではなかろうか[30]。

29　極端な例であるが、上毛新聞「学校に弁護士、前橋市と大泉町—新年度にスクールロイヤー導入」（2020年3月22日）によると、年間予算が24万円しか付かなかったとのことである。

30　筆者の見解として、スクールロイヤーが真に中立的な立場で活動するのは現実的ではなく（そもそも、何を持って中立的と評価されるのかという問題がある）、どうしても学校の利益をある程度考慮せざるを得ない（私立学校であれば、顧問弁護士への引継ぎのタイミングも視野に入れる必要がある）のが実際だろう。その意味では、学校側代理人とのすみ分けが必ずしも明確ではないものの、そのような立場が理念上望ましくないという話であれば、会社における監査役に近い立場で学校の活動を中立的にチェックする立場に置くというのも、とりわけ初期のいじめ案件の場合は妥当性を有すると考える。なお、反対意見として前掲注22・神内著9頁。

4. いじめ案件を取り扱ううえで 心がけるべきこと

　本書は、これからいじめ案件を扱うことを検討している、又は既にいじめ案件を扱っている実務家の方々に読んでいただくことを想定している。そして、実際にいじめ案件を扱う中で、どうやって新件を受任するか、また問合せを受けた場合にどのような事実関係を聴き取り相談者に対し今後の方針を示すか、さらにいえば弁護士事務所の経営の観点からどうやって採算を確保するかといった、業務として取り扱ううえでしばしば生じるであろう疑問に対し、正面から検討している書籍は見当たらないように思える。これらの疑問は、いじめ防止対策推進法や関連する法律に関する理論的な検討事項ではないものの、その善悪について一定の議論を重ねて共通の認識を得ることは弁護士業界全体にとって望ましいことであるし、何より依頼者にとっても安定した弁護活動を期待できる点で有益である。

　そこで、いじめ案件を取り扱ううえで心がけるべきことについて、筆者が思うことを示す。もっとも、以下に述べることは筆者がいじめ案件を取り扱う中で個人的に感じている事柄にすぎず、今まで論じてきた項目とは異なり、文部科学省の通達や他の文献にて具体的な指針が示されているわけでなければ、弁護士会などで明確なマニュアルを作成しているわけでもない[1]。そのため、あくまで筆者の一意見として、参考程度に受け止めていただければ幸いである[2]。

(1) いじめ案件を業務として取り扱ううえでの特殊性

　いじめ案件において、何をもって解決とするかは非常に難しい。

1　もちろん、各委員会の内部においては、研修や弁護団による活動などが随時なされており、その際に受任における悩みなども必要に応じて共有されていると思われる。
2　学校案件に関する筆者の考えについては、北周士編『弁護士「好きな仕事×経営」のすすめ―分野を絞っても経営を成り立たせる手法―』第一法規（2018年）114頁以下でも記載している（この書籍では、学校案件に加えて筆者が普段取り扱っている児童相談所案件にも言及している）。本項目は、かかる記載をベースとしつつ、より各論的に検討する趣旨である。

第1 はじめに

すなわち、例えば貸金を返金してほしい旨請求する場合、代理人としての主たる活動は貸金の返金をめぐる交渉や訴訟提起であって、一括で回収できるか又は分割払になるか、元金のみならず遅延損害金まで回収できるかという問題はあるものの、基本的には貸し付けた金銭をめぐる争いに尽き、かかる金銭を回収できた時点で業務は終了するのが通常だろう。また、刑事弁護においては、自白事件又は否認事件のすみ分け、容疑をかけられている犯罪の性質によってその方向性は大きく変わるものの、おおまかな方針としては、起訴前であれば不起訴をめぐる活動や早期の身柄開放が主たる目標となるだろうし、起訴後であれば無罪を目指して活動したり、仮に自白事件であってもできる限り量刑が軽くなるよう情状弁護を尽くすという話になろう[3]。このように、多くの事案においては、受任段階で依頼者の意向を踏まえて具体的な目標が設定されており、かかる目標の実現に向けて代理人が相手方（相手方がいないケースも当然存在する）との間で示談交渉や裁判所での弁護活動を行うことが多いと思われる。

これに対し、いじめ案件においては、最終的には損害賠償請求や刑事告訴（14歳未満であれば児童相談所への通告）、高等学校や大学、小中学校であっても私立又は国立である場合は加害児童等に対する退学処分の促しといった法的措置を検討するものの、このような法的措置を講じても終局的な解決に至ることは少ない。なぜなら、いじめの定義からも理解できるとおり、被害児童等が心身の苦痛を受けている事実をもって、いじめ防止対策推進法に基づく弁護活動が開始されるのが通常であるところ、かかる心身の苦痛はいじめが止まった後でも完全に癒えることはなく、ケース次第では代理人が最善を尽くしてもなおPTSDや統合失調症を患ったり、長期の不登校に陥ったりすることは珍しくないからである。そして、親権者としては、加害児童等の法的責任を追及することでわが子に少しでも前向きに生きてほしいとの思いから弁護士へ依頼するのであって、加害児童等に対する処罰感情や精神的苦痛の賠償というよりは（もちろん、加害児童

---

3 もっとも、性犯罪や薬物事犯においては、いたずらに被疑者又は被告人を拘禁するのではなく、再発防止の観点から治療的アプローチを試みる弁護活動が活発化しているところである。また、いわゆるクレプトマニアに関する刑事弁護について、前掲注2・北編130頁以下〔林大悟〕。

等への処罰感情を強く抱いているケースも少なくないが）、法的措置を講じて1つの区切りをつけることに主眼を置いている方が多いように思える。

さらにいえば、仮に被害児童等が自殺したり重篤な後遺障害を負ったりしてしまい、いじめの具体的態様や被害状況を供述できない場合において、わが子に何が起きたのか真実を知りたいというのは親権者として当然の要求であって、かかる要求を実現するために代理人が活動する意義は大きい。この場合、専ら親権者のために活動している側面は否定できず、その意味では被害児童等の健やかな成育を促すという法の理念にはそぐわないのだが、少なくとも加害児童等に対し真実と向き合って反省するよう法的側面から促すことで、加害児童等の健やかな成育を実現していると評価できる[4]。

以上のとおり、いじめ案件においては、被害児童等がどうすればその心の傷を少しでも回復できるか、不登校に陥っている場合は教育を受ける権利をどのように実現していくかといった観点から弁護活動を進める必要があり、とりわけいじめの調査報告段階においては、専らこの視点から学校や加害児童等へ働きかけるのが適切である。そのうえで、いじめの調査報告結果を踏まえて損害賠償請求や刑事告訴といった法的措置を講じていくのだが、かかる措置も結局は被害児童等の健やかな成育を実現するための手段にすぎない。そして、仮にすべての法的措置が無事に成功したとしても、被害児童等の心の傷が完全に癒えることはないのだが、それでも代理人が手段を尽くすことで、被害児童等が将来いじめを振り返ったときに一定の納得感を得られる可能性はあると考える。その意味では、現時点における教育を受ける権利の実現に加えて、将来振り返ったときにおける一定の納得感という長期的な観点で弁護活動を進めるのが、いじめ案件の性質上適切なアプローチであるものと思料するし、依頼者の満足度も結果的に高まるものと理解する。

なお、既に若干言及したが、いじめ案件に限らず学校案件を取り扱うう

4　条文に引き付けて検討すれば、「保護者は、国、地方公共団体、学校の設置者及びその設置する学校が講ずるいじめの防止等のための措置に協力するよう努めるものとする」（法9条3項）との規定に基づき、二度と深刻ないじめが生じないよう学校に対し再発防止を促すという理解になろう。

第1 はじめに

えで、誰の意向で活動するかはしばしば悩むところである。すなわち、法の理念を踏まえれば児童等の立場で活動するのが基本的姿勢となるのは疑いようがないし、仮に加害児童等（及びその親権者）から依頼を受けた場合でも、どうすれば児童の健やかな成育を促せるかといった観点を常に抱くのはとても重要である。その一方で、民法の規定上、未成年者である児童の法定代理人として、親権者が各法律行為に同意するかどうかを判断する権限を有しており、児童等の利益のために監護及び教育をする権利及び義務も負っている。そのため、実際に弁護活動を進める際には、適切に事実関係を分析・説明して合理性のある判断を下すことが可能であろう親権者との間で協議した方が、児童等の利益に資する形で円滑に弁護活動を進めやすいのも事実である。さらに、経済的側面からみても、実際に弁護士費用を支払うのは多くの場合親権者であって、加害児童等が事理弁識能力を備えていない場合はその監督義務者である親権者が専ら損害賠償責任を負う事実を考慮すると（学校に監督代行者責任が生じる場合は別であるが）、代理人として親権者の意向を全く無視することは難しいだろう。

　このように、親権者の意向が児童等の意向と一致しているとの前提に基づいて、親権者に対し事件の進捗状況を報告し、その都度協議しながら弁護活動を進めるケースは現実的に少なくないのであって、かかる活動方法につき弁護士倫理上の問題が直ちに生じるとは思われない。とりわけ、被害児童等が激しい精神的苦痛を受けている場合には、たとえ代理人弁護士に対してであっても事実関係を説明することに抵抗を示し、記憶喚起による負担からフラッシュバックが生じる事態も想定し得るのであって、信頼関係を十分築けていない状況で事実関係を聴き取ろうとするのは、ケース次第では児童の福祉を害するおそれがある。その場合は、親権者が、児童等の安心できる環境下で、児童等から聴き取りを行い、その事実関係を弁護士へ説明するのが、少なくとも初期の対応としては適切だろうし、その後における信頼関係もスムーズに構築しやすい[5]。

5　ただし、陳述書の作成や尋問の打合せの段階においては、代理人弁護士として児童等に過度な負担が生じない範囲で面談し、その意向を直接把握する必要はあるだろう。準備書面の作成段階とは異なり、尋問となれば児童等に裁判所へ出廷してもらう必要がある以上、この打合せまで親権者を通じて一切行うのはリスクを伴う。

4. いじめ案件を取り扱ううえで心がけるべきこと

その一方で、依頼者が児童等であることは間違いなく、児童等の明確な意向に反してまで活動するのは許されない。この点、弁護士職務基本規程でも「弁護士は、委任の趣旨に関する依頼者の意思を尊重して職務を行うものとする。」（22条1項）と規定されているところ、「未成年者は、行為能力がないため弁護士との委任契約は親権者が行ない、また弁護士費用についても親権者が負担することが多いであろうが、その場合の依頼者は親権者ではなく、未成年者本人である。」と解説されている[6]。そのため、親権者が委任契約を締結して費用負担しているとの一事をもって、児童の意向を何ら考慮することなく弁護活動を進めるのは弁護士倫理上問題がある[7]。

この点、どのように理解すべきかは難しい問題であるものの、親権者は児童の意向に基づいて弁護士へ依頼しているのが通常であって、いじめ案件の性質上児童等との間で利益相反が生じるおそれも見当たらない。そして、児童等は、措置入院や不登校が原因で弁護士との協議が不可能である場合はもちろん、仮に日常生活を一応支障なく過ごしている場合でも、心身がいまだ成熟していないために電子メールなどの連絡手段を利用できなかったり、勉学又は部活動で多忙のため代理人と協議する時間的余裕がないことも十分想定される。このような場合において、代理人が児童と毎回直接やりとりするというのは現実的でなく、親権者が児童の意向をくみ取って代わりに事実関係を説明したり要望を伝えたとしても、さほど問題はないだろう。

結局、懸念すべき事態としては、親権者らが児童の意向と称して依頼したり法的措置を要望していながら、実際には児童がかかる意向を一切有していないケースである。このような事態が生じないよう、できれば受任時に児童等と直接面談してその意向を確認するのが望ましく、仮に児童等が

6　日本弁護士連合会弁護士倫理委員会編著『解説 弁護士職務基本規程〈第3版〉』日本弁護士連合会（2017年）51頁。
7　例えば、児童等がいじめの存在を否定しており法的措置も一切希望していないにもかかわらず、いじめを受けていると親権者が思い込んで相談してきた場合には、たとえ親権者が真にわが子のためを思っている場合でも、児童等の意向に明確に反している以上受任すべきではない。もっとも、これを問合せ段階で見極めるのは非常に難しいため、受任すべきかどうか悩んだ際にはとりあえず児童と面談して、その意向を直接確認するに越したことはない。

第1 はじめに

精神的疾患を患っているなどの理由で直ちに面談するのが難しい場合でも、親権者を通じたやりとりの中で信頼関係を築いていき、かかる信頼関係が構築できた時点で速やかに面談したり電話でやりとりすべきである。さらに、既に児童等と面談してその意向をいったん確認している場合でも、親権者とのやりとりを通じて真に児童が望んでいるかどうか疑義が生じた場合には、その時点で改めて児童と直接連絡をとるのが1つの選択肢として考えられる[8, 9]。

(2) 新件の受任方法

いじめ案件の特殊性として、前記「第1・2. いじめの現状」で示した統計からも推測できるとおり、いじめは小中高を問わず全国的に生じており、少なくとも認知件数としては年々増加の一途をたどっている。そして、スクールロイヤー制度が今後整備される事実を踏まえてもなお、児童等の代理人として活動することへのニーズは変わらないのであって、むしろ多くのいじめ案件において代理人の関与がないまま学校内で処理され、又はいじめによる取り返しのつかない事態が生じた後に代理人がようやく介入していた事実を踏まえると、児童等の代理人として活動すべき局面はむしろ多様化している。すなわち、法の制定やいじめに対する社会的関心の高まりに伴い、いじめ案件における児童等代理人が活躍できる局面はより増えているのであって、このような役割がスクールロイヤー制度で代替できるわけではない。

---

8 もっとも、児童がそもそも意思表示できず、又はその意向を正確に表現できないような年齢の場合は、どうしても親権者の要請が児童の意向と合致しているとの前提で進めざるを得ないように思われる。この点は難しい問題であるが、いじめ案件の場合は被害児童等がいじめを明確に訴えているケースが多いため、学校事故やスクールセクハラに比べるとそこまで悩む機会はないかもしれない。

9 神内聡著『スクールロイヤー—学校現場の事例で学ぶ教育紛争実務Q&A170』日本加除出版（2018年）222頁以下では、「いじめの適切な解決のためにも、学校が保護者の申立てや要求のみに基づいて対応することは絶対に避けるべきであり、必ず被害者本人の意思を確認した上で対応すべきである。」としつつ、「しかし、実際のいじめ紛争では、被害者や保護者と学校や教員との間の信頼関係が破たんしており、被害本人が教員との面談を拒否する場合も多いため、学校や教員が被害者本人の意思を確認するのは必ずしても容易ではない。」との悩みを示している。児童等の代理人である場合と第三者的立場であるスクールロイヤーとでは、前提となる児童等との信頼関係が異なるものの、児童等からの聴き取りにおける困難を示している点で参考になる。

| 052 |

4. いじめ案件を取り扱ううえで心がけるべきこと

　その一方で、仮にいじめ案件を本格的に取り扱うにしても、どうすれば新規の問合せを受けることができるのかといった疑問は生じるだろうし、案件の受任に際してどのような委任契約を締結すればよいのかわからないといった実務家は多いと思われる。また、いじめ案件を継続的に受任することを考える場合、1件当たりどれくらいの負担感があるのか、他の業務への影響はどの程度生じ得るのか、そもそも事務所経営の観点から採算を確保できるのかというドラスティックな視点は、弁護士も民間である以上避けて通ることはできない。このような視点は、いじめ案件に関する法的知識とは別に検討すべき事柄であるし、採算を度外視して事件に取り組める弁護士だけがいじめ案件を扱えるわけでもない[10]。

　そこで、新件の受任方法やいじめ案件を受任する場合の留意点について、筆者の経験を踏まえて簡単に記載する。

　まず新件の受任方法について、筆者は全国から受任していることもあって、インターネットでの集客が中心となっている。具体的には、弁護士ドットコム（最近は、他にも同種サイトが存在するようであるが、筆者は弁護士ドットコム以外のサイトを利用したことがない）における法律相談に対し回答し、かかる回答を見て関心を抱いた相談者から電話やメールで問合せを受けるというのが初期における中心的な営業スタイルであって、この方法自体は今も有益であると思われる。とりわけ、相談者からすれば、今まで弁護士に依頼したことがなく、それどころか弁護士の知り合いもいない方が圧倒的に多いのであって、仮に地元の弁護士と懇意にしている場合でも、いじめ案件を取り扱っていないという理由で専門的に取り扱っている弁護士に相談するようアドバイスされることが多いようである。この点、学校案件自体が比較的ニッチな分野であるところ、その中でさらにいじめ案件となると専門的に取り扱える弁護士は限られてしまうため、その意味では集客面で苦労することは少ないというのが率直な印象である。

10　スクールロイヤー制度も含めて、学校案件を取り扱える弁護士は現状少ないのであって、一定の人員を確保できない限り発展的な議論も期待できない。その意味では、刑事事件における国選弁護制度が多くの弁護士によって支えられ、被告人のみでなく被疑者も対象にするなどその制度が次第に発展したのと同様に、いじめ案件をめぐる各制度についても、幅広い弁護士に関心を抱いてもらう必要がある。

| 053 |

第1 はじめに

また、筆者は「学校から法律を見てみよう」[11]というブログも作成しており、日ごろ事件を取り扱う中で疑問に思う出来事や法的な関心について、不定期で記事を掲載している。このブログについては、当初こそ集客の一環として開始しており、実際に当該ブログを見て依頼される方も一定数存在するのだが、例えば法的な関心に関する記事などは内容的に一般の方には専門性が高いものであって、むしろ同業者からの信頼という観点から有益に機能しているという印象を受けている。ブログは、自身にとっても備忘録の役割を果たすなど複数のメリットがあるため、特に新人の弁護士の場合は開設することで多くのメリットを享受できるものと思料する。

その他、弊所に所属する北周士弁護士などが運営している YouTube 番組「弁護士 四方山話」にて筆者の業務内容を口頭で説明しており、検索サイトなどでも上位にヒットするからか当該番組を見て問い合わせたという依頼者も最近は増えてきたように思える（もっとも、番組においては児童相談所案件に関する説明が主であるため、いじめ案件への影響がどれだけあるかは筆者も把握しきれていない）。逆に、いじめ案件の性質上、他士業からの継続的な紹介というのは想定し難く、異業種交流会などへ参加してもいじめ案件を受任できる可能性はまずないだろう。また、いじめ案件に関するNPO団体は複数存在しており、かかる団体から継続的に案件を紹介してもらうといったルートは想定し得るし、実際にこのようなルートを確立している弁護士も存在するものと思料する。この点については考えが分かれるところであるが、NPO団体のいじめ案件に対するアプローチは、必ずしも法的観点から常に妥当性を有するとは限らないため（被害児童等へ寄り添う意識はとても強く、法的観点のみでなく児童福祉や被害者心理の観点も含めて総合的にサポートしている印象がある）、結局理念的な部分で共感できるかどうかが重要であるように思われる。もちろん、被害児童等に寄り添うのは極めて重要であるし、その姿勢を代理人として徹底するのも1つのあり方であるが、筆者の場合は加害児童等の代理人として活動することもままあるため、立場的にそこまで徹底できないというのが率直なところ

11　https://ameblo.jp/atsushitakashima/

4. いじめ案件を取り扱ううえで心がけるべきこと

である。

このように、筆者の集客スタイルは比較的インターネットに依存しており、全国からの問合せに対応するという観点からも親和性は高いように思われる。もちろん、委員会での活動などを通じて受任するのも1つの選択肢であって、経験豊富な弁護士と共同受任して対応するのは、多くのメリットがあるのは疑いようがない[12]。そのため、委員会に参加して子どもの権利に関する知見を得るのは非常に有益であると思われるものの、仮にそこまで本格的に取り扱う意向を有していない弁護士であってもいじめ案件を扱うべきであるし、むしろより多角的なアプローチを見いだせる可能性もあるため、機会があれば思い切って受任いただければ幸いである。

(3) 委任契約における留意点

次に、いじめ案件を受任する場合の留意点について、何より重要なのは一度に多数のいじめ案件を受任しないことである。すなわち、いじめを理由に弁護士へ相談されるような依頼者は、それだけ児童等が追い詰められているケースがほとんどであって、長期の不登校や精神的疾患の発症、時には自殺を図り児童等が死亡したり重度の後遺障害が残存したりしているケースもある。また、そのような児童等を抱える中で、親権者も日常生活に支障が生じてしまい、むしろ被害児童等よりも疲弊して心療内科へ通院されているケースも散見するところである。そのため、いじめ案件の代理人に生じる負担は非常に大きく、他の学校案件と比べてもその負担は重いといわざるを得ない。実際、筆者がかつて受講した委員会の研修において、いじめ案件を受任する場合には必ず複数名で対応することを推奨していたぐらいである。

比較的軽微な事案やいじめ案件の経験をある程度積んでいる場合はともかく、初めてのいじめ案件を1人で受任した結果、弁護活動の方針や児童

---

12 なお、東京弁護士会子どもの人権救済センターでは「子どもの人権110番」という活動を行っており、いじめ案件を問わず子どもや保護者からの子どもに関する相談に対し、無料で電話対応している（日曜を除く）。

第1 はじめに

等の心の傷に悩んで抱え込むことは、代理人自身のメンタルにも支障をきたしかねない[13]。そのような理由から、いじめ案件の問合せを受けた際には、他に共同で受任できそうな友人の弁護士へ依頼したり、場合によっては地元の子どもの権利委員会へ相談すべきである。そのうえで、どうしても1人で受任しなければならないような場合であっても、いきなり被害児童等が自殺を図ったような重大なケースではなく、客観的にみれば軽微ないじめ行為が原因で数週間程度の不登校に陥ったというケースから入るのが無難だろう。そして、弁護活動としても、まずは登校を再開するための手段の模索や加害児童等との交渉（例えば、学校の場で謝罪を求めるというのは、加害児童等が任意で応じる限り比較的容易に実現可能な目標である）から進めていき、学校の調査状況や依頼者の意向を踏まえて訴訟提起などの本格的な措置を講じるという流れがわかりやすく、依頼者の満足度も高まりやすいものと思料する。

　そして、委任契約を締結する場合のポイントとして、基本的には一般的な民事事件と同内容で足りると考えるし、いじめ案件であるとの理由で守秘義務や善管注意義務といった法的義務が加重されるわけでもない。そもそも、弁護士が負っている法的義務は一般的にみても十分重いのであって、かかる義務違反をもって損害賠償請求や懲戒処分を受けるケースも散見される以上、いじめ対応であるとの理由でわざわざ特約を定めなくても、適切に活動する弁護士が圧倒的多数であろう。また、いじめ案件を実際に扱う中で児童等のセンシティブな情報を取得する機会は多々あるものの、適切に管理すれば何ら問題なく処理できるのであって、いじめ案件だからという一事をもって過度に警戒する必要性はない。

　そのうえで、締結するに当たり考慮すべきポイントとしては、業務としてどこまで受任するか、活動期間をいつまでに設定するかという点である。すなわち、いじめ案件であっても弁護士である以上法的な活動が中心であるが、実際には学校からの聴き取りへの立会いやかかりつけ医との協

13　もっとも、いじめ案件において法的観点から最も負担が大きいのは学校であって、児童等の代理人は一方当事者の利益に資する形で活動すれば足りる点で、いったん方針さえ決まれば主張としてはわかりやすい。

議、さらには不登校が長期化している場合には転校の手続に関する支援と
いった様々な活動を行う必要が出てくる。また、学校がいじめ調査に関す
る情報を不当に不開示決定とした場合には、かかる不開示決定をめぐって
法的措置を検討しなければならないところ、情報開示請求についてはいじ
め対応に関する業務とは別途委任契約を締結する必要があろう（訴訟はと
もかく、審査請求については業務の範囲内と理解される依頼者は一定数存在し
ており、筆者も場合によっては契約の範囲内で対応するものの、本来的には別
業務だろう）。くわえて、いじめ調査を進めていく中で、被害児童等も把
握していなかったインターネット上の誹謗中傷などが発覚することもあ
り、その場合に同一の事件として委任契約の範囲内で扱うべきかどうかは
一考を要するように思える。

　そのため、できれば委任契約の締結時に業務範囲を明確に定めるのが無
難なのだが、その一方で、いじめ案件の場合、受任の段階でどこまで対応
を要するか完全に見通せないケースがほとんどである。そこで、「いじめ
防止対策推進法に基づく調査改善請求」などと包括的に定めてしまうのは
１つの選択肢であるし、この内容だと事態の進展に応じて柔軟に対応でき
るメリットはある。その一方で、やはり業務範囲を明確にしたいという弁
護士も多いと思われるため、「ただし、審査請求や訴訟提起などの法的措
置を要する場合を除く」などと明記するのも１つの対応策だろう。この点
については、筆者もケースごとに都度業務範囲を検討しているのが実情で
あって、一律的な指針を定めるのはなかなか難しいのだが、いじめ案件に
おける解決がそもそも総合的かつ抽象的であるため、手段となる業務範囲
もどうしても広範化してしまうのは理解されたい。

　そして、受任期間についても、明確にしないと依頼者との間でトラブル
が生じるおそれがある。具体的には、いじめが慢性的に発生してその都度
不登校に陥っている場合において、学校にて改善措置を講じて登校をいっ
たんは再開できたにもかかわらず、学校を卒業するまで弁護活動が継続す
るとの前提で引き続き代理人へ対応を求めてくる依頼者は想定し得る。も
ちろん、学校という狭い人間関係であっていじめは再発しやすい以上、卒
業まで継続的に対応するという弁護活動がより丁寧であるものと思料する

第1 はじめに

が、現実的には代理人の負担が大きいし、仮に対応するのであればその分弁護士費用を多く請求しないと採算がとれないおそれがある。また、「第2　被害者側における弁護活動」で検討するが、学校から提出された調査報告書に対し不服がある場合は、都道府県知事などに対し再調査を事実上上申することが可能であるところ、委任契約の締結段階で再調査の上申まで対応するかどうか明確にしておかないと、やはりトラブルが生じ得る[14]。

　このような理由から、業務の範囲としては「児童が登校を再開した場合」とか「学校の調査報告書が提出された場合」といった形で、客観的に特定できる事実の発生をもって終期とすべきである。この点、ケースによっては児童等の卒業後も調査が継続する展開はしばしば存在するし、同じ教育委員会が管轄する公立学校であれば調査委員会との連携にもほぼ支障は生じないため、「児童等の在学期間中」という形で受任期間を設定すると依頼者の不満へつながりやすい。何より、いじめ案件の場合学校の調査にどれだけ時間を要するかが受任段階ではみえないため、日時で終期を特定してしまうと調査期間中に業務が終了しかねない。もちろん、調査報告後の加害児童等への損害賠償請求なども同時に受任している場合は、かかる請求に関する第一審の判断が出るまで対応する形となろうが、いじめ対応のみに限ればその終期は必ずしも明確ではないため、ケースに応じて検討する必要がある。

　最後に、着手金・報酬金方式を前提として今まで検討していたが、タイムチャージ制や顧問契約方式で委任契約を締結することも考えられるところであって、長期かつ継続的に学校などへ働きかけるいじめ対応の性質を考慮すると、むしろタイムチャージ制などの方がより適切かもしれない。この点について、筆者が総じて着手金・報酬金方式にて委任契約を締結している関係であまり検討したことがないものの、既に述べてきたとおりいじめ対応は経済的利益の算定が難しい分野であるため、検討する余地は大いに存在するように思われる。もっとも、事実関係の聴き取りや学校との

14　その一方で、再調査の上申が法律上の請求権ではなく、教育委員会としてかかる請求に対応する法的義務が生じないことを受任段階で説明すれば、実際には多くの依頼者も問題なく理解する印象である。

協議などは、待ち時間も含めて長時間拘束されることが少なくなく、当初の想定に反して報酬が高額になる危険性もあることから、時間単位の料金の設定や執務時間の計算方法について、より一層丁寧に説明して上限を設定するなどの工夫が必要となろう[15]。

　また、近年の傾向として、かつていじめ被害が生じていたものの現在は収束している、又は児童としてはふざけ合いという認識にとどまっており客観的にも行為に違法性を見いだせない状況において、保護者がいじめの再発や深刻化する展開を懸念して相談してくるケースが増えている。この点、弁護士の立場としては、相談者が学校や加害児童等に対し直ちに法的措置を講じるのを希望しておらず、児童も現在は問題なく登校できている関係で、仮に受任した場合でも調査改善措置を含めて何か法的措置を講じられるものではないし、代理人として学校と面談しても特段協議すべき事項もない。その一方で、相談者としては、今後も卒業まで安心して学校生活を過ごせるよう、何かトラブルが生じた際には弁護士のアドバイスを得たいとか、学校内における出来事について法的に何か問題ないかその都度相談したいとして、現時点で対応すべき事項がない旨説明してもなお弁護士への依頼を希望してくるわけである。かかるケースは、予防法務としての意味合いが強く、何より「学校で何か問題が起きたときに相談できる弁護士がいる」という安心感が依頼者（とりわけ保護者）へ与える好影響は、非常に大きいものと思料する（いじめ案件に限らず子どもの権利をめぐる紛争においては、児童はもちろん保護者のメンタルへのケアについても、代理人としては重要な業務の1つになり得る）。また、弁護士の立場としても、継続的な関わりを通じて児童や学校の特性をあらかじめ十分に把握できるため、仮にその後いじめが発生した場合において、ケースに応じた迅速かつ適切な活動を実現しやすいというメリットもある。そのため、このような依頼を受けた場合には、顧問契約に準ずる形で弁護士報酬を設定のうえ委任契約を締結するのは望ましいと理解しているし、学校紛争に対し法的に介入することについて昨今積極的な世論が創出されていることも相まっ

15　東京弁護士会編『事務所経営・事件受任のポイント―若手弁護士のための法律事務所運営術―』創耕舎（2015年）107頁。

第1　はじめに

て、今後はこのような依頼がますます増えてくるのではないかと予想する
次第である[16, 17]。

コラム3 **成功報酬に関する考え方**

　いじめ案件における成功報酬というのは、実は請求しづらい側面が
ある。

　というのも、加害児童等の不法行為や学校の安全配慮義務違反を理
由として損害賠償を請求し、かかる請求が認容され和解が成立した場
合には、経済的利益として回収した金銭の一部を成功報酬として請求
できる。また、刑事告訴が受理された場合や加害児童等に対する懲戒
処分が下された場合も、客観的な結果がみえる以上、当該結果の発生
をもって成功報酬を想定することは考えられよう（もちろん、事前に
成功報酬の合意を要する）。

　これに対し、法に基づく一連の交渉段階においては、事実に関する
説明や被害状況に関する資料の提出、被害児童等として希望する改善
措置の要望書の作成など、様々な活動を行うものの、これらの活動は
充実した調査報告書の作成、さらにいえば被害児童等の教育を受ける
権利の実現に向けた手段であって、即時的な成果がもたらされるわけ
ではない。そして、調査報告書が完成した段階においても、ほぼすべ
てのケースにおいて、被害児童等が主張していたいじめ行為のうち一
部が認定されないという展開は考えられるのであって、かかる報告書
を見た依頼者から「どうしてこのいじめが認められないのか」、「他に

16　この点、予防法務としての役割をスクールロイヤーに委ねる考えもあり得るところであって、実
　際スクールロイヤーに期待されている役割の1つだと考える。しかし、「コラム2　スクールロイ
　ヤー制度」でも言及したとおり、スクールロイヤーに関する理解はいまだ統一されていないし、仮
　に中立的な立場から学校への助言を中心として活動する立場であると想定した場合、一方児童の利
　益のために継続的な助言などを行うのは、その立場に反し限界があろう。
17　逆に、いじめが収束しているにもかかわらず、学校生活を制限されたり被害児童等の保護者から
　過度なクレームを受けたくないとして、加害児童等から卒業までの継続的な助言などを要請される
　ケースもある。この点については、被害児童等と同様に顧問契約に準じる形で受任することも考え
　られるが、仮に学校生活を制限されている場合には、教育を受ける権利の侵害を理由として法的措
　置を積極的に検討すべきようにも思われる。「第2　被告者側における弁護活動」にて詳述。

060

もいじめた児童はいるのに、彼らはどうして責任を逃れるのか」といった不満を訴えられがちである。このような状況において、調査報告書が完成したなど、いじめの一部が認定された事実をもって成功報酬を請求するのは、依頼者との信頼関係を考慮するとやや抵抗があるのは否めず、紛争の解決という観点からも不適切と評価すべき印象を受ける。

　もちろん、代理人が適切に働きかけたからこそ調査が開始されて一定の調査報告書が完成したと評価することも可能であるため、この段階で成功報酬を観念したからといって何ら問題があるわけではない（被害児童等が主張したとおりのいじめ行為が認定された場合は、まさに代理人の尽力によるところが大きいだろう）。ただ、現実的に成功報酬を請求した際に、調査報告書の内容に対し不満を持っている依頼者との間でトラブルになり得るのではないかとも懸念するところであって、その後の法的措置についても既に受任している場合には、信頼関係の観点からあえて成功報酬を請求しないのも一案であるように思える。この場合、いじめ対応における代理人の負担の大きさを考慮すると、着手段階において弁護士費用を多めに請求するという発想にならざるを得ないだろう。

　また、成功報酬の条件として「いじめが終了したとき」といった条件を設定するのはリスクがある。なぜなら、法の定義上児童等が心身の苦痛を感じている限りいじめに該当し得る関係で、たとえ客観的にみればいじめ行為が収まった場合でも、被害児童等がいじめ行為がまだ継続している旨訴える限り、いまだいじめは終了していないとして条件の成就を否定されるおそれがあるからである。また、被害児童等の主観面を置いておくとしても、「心理的又は物理的な影響を与える行為」が収まったかどうかを学校外部から把握するのはやはり困難であって（冷やかしやからかい、無視や悪口が完全に収束したかどうか判断するためには、被害児童等の認識をどうしても考慮しなければならない）、どちらにしてもいじめが終了したかどうかを一義的にとらえるのは難

第1 はじめに

しい[18]。

　そのため、仮にいじめの終了を成功報酬の条件として設定する場合には、「学校へ1か月間継続して登校できた場合」、「加害児童等から直接謝罪を受けた場合」など、いじめ被害と関連する客観的事実の発生をもって成功報酬を請求すべきである。これでも、条件としてやや不明確な側面があるのは否めないが、少なくとも「いじめが終了したかどうか」という認識のズレで依頼者ともめる展開は避けられるため、委任契約の締結に当たり有益と解する。

18　なお、文部科学省「いじめの防止等のための基本的な方針」（平成25年10月11日、最終改定平成29年3月14日）30頁においては、いじめに係る行為が止んでいるかどうかの判断基準として、少なくとも3か月を目安としている。

第2

被害者側における
弁護活動

1. いじめ防止対策推進法に基づく弁護活動

(1) 相談の問合せ～面談時に確認すべき事項～

いじめ案件の問合せを受けた場合、まずは依頼者である児童等又はその親権者から事実関係を聴き取ることとなる。これは、被害児童等であっても加害児童等であっても変わらないが、既に述べてきたとおり、被害児童等の場合は精神的疾患を患っていたり、いじめによる被害から他者への不信感を強く抱いているケースが少なくない。そのため、初回の面談時において被害児童等から聴き取ることが難しい場合には、保護者を通じて事実関係を聴き取らざるを得ないし、かかる聴き取りをもって受任の可否や弁護方針を判断することが通常は可能である。

そのうえで、面談時に確認すべき事項としては、大きく分けて、①いじめに関する事実関係、②児童等の現在の状況、③依頼者が希望する法的目標、を挙げることができよう。まず、いじめに関する事実関係を聴き取るに当たって、学校によるいじめ調査と大きく異なるのは、被害申告にかかる児童等の供述が正しいとの前提に基づいてまずは聴き取りを行うことである。この点、学校はいじめに関する事実関係を第三者的な立場から調査し、双方の言い分を踏まえつつ客観的な証拠とも照らし合わせたうえで、より真相に近づけるよう聴き取りを行う必要がある。そして、児童等も、意識的か無意識的かはともかく、学校に対し少しでもよい印象を持ってもらうべく、事実関係を修飾したり被害状況を過度に強調したりして有利な判断を得ようとしがちである。そのため、学校としては、児童等が嘘をついている可能性を常に考慮しつつ、嘘の回答を誘導しないよう慎重に聴き取りを実施しなければならない[1]。

これに対し、代理人は、一方当事者の利益のために活動することが基本

---

[1] 堀切忠和著『教職員のための学校の危機管理とクレーム対応―いじめ防止対策推進法といじめ対応を中心に―〈3訂〉』日本加除出版（2024年）81頁以下は、学校による不用意な聴き取りの持つ危険を指摘している。

であるし、依頼者にとって不利な事実については、その内容次第ではあるものの、積極的には主張しない形で弁護活動を進めることも可能である。また、恐らく多くの実務家が実感しているように、同一の事実であっても光を当てる方向によって全く異なる印象を受けるのは珍しいことではなく、当事者の認識を尊重しつつなぜそのような認識に至ったかを冷静に分析するのは、あらゆる分野で共通する姿勢だろう。さらに、児童等としてみれば、学校が児童等の言い分に対し聞く耳を持とうとせず、大人への不信感を抱く中で弁護士へ相談していることが多く、そこで真摯に話を聞いて弁護方針を提示することは、児童等の精神面で大きな安らぎを与え得る。そのような理由から、面談においていじめに関する事実関係を聴き取る際には、まずは児童等が認識している事実関係をありのままに聴き取り、かかる聴き取りにおいても「どのようないじめを受けたか、まずは話してください」、「それからどうなりましたか」といった形で、できる限りオープンに尋ねるのが理想である[2]。当然ながら、安易に事実関係を決めつけて、その事実関係に合わせる形でクローズドな質問を投げかけるのは不適切であるし、その後の弁護活動において致命的な矛盾が生じかねない。

　また、児童等から事実関係を聴き取るうえでの留意点として、誘導と被暗示性による記憶の書換えには十分配慮しなければならない[3]。すなわち、幼児や児童は常に大人の庇護の下で生活しているため、大人の言うことは絶対だと信じていることが多く、質問にも必ず「答え」があると認識し、その答えがわからないのは自分の記憶力が悪いからだと考える傾向がある。そして、面接を繰り返し行ったり面接者の言葉が多かったりすると、ただでさえ記憶や認知に関する能力が十分発達していない児童に対し、事実に関する暗示や誘導が促されてしまい、真実に反する形で作話されたり供述が変遷してしまうリスクがある。このような被暗示性は、高校生や大学生でも見受けられるものであって[4]、弁護士という非日常的な第三者から

2　仲真紀子編著『子どもへの司法面接─考え方・進め方とトレーニング』有斐閣（2016年）79頁以下では、望ましい質問方法として、①誘いかけ質問、②時間分割質問、③手掛かり質問、④それから質問、と4種類のオープン質問を紹介している。
3　前掲注2・仲編著41頁以下において、学術的観点から詳細に検討している。
4　前掲注2・仲編著152頁以下。

の聴き取りにおいては、正確に回答しようという緊張からかえって他の記憶と混同してしまう可能性もある。これを完全に回避するのは難しく、オープン質問で得られた情報であってもその信用性は慎重に吟味されなければならないし、とりわけオープン質問では思うように供述してくれない児童の場合、どうしても多少の手掛かりを与えながら事実関係を聴き取らなければならない。また、児童によっては、法的措置を講じようとしている親権者の思いをくみ取ってか、親権者の面前では適切に話せないケースも少ないものの見受けられるところであって、その場合は親権者にいったん席を外してもらいその緊張をほぐしたうえで、いじめを受けた経緯などについて話してもらう必要があろう[5]。

　そして、いじめに関する事実関係のうちいじめ行為に関する聴き取りを行ううえでは、(1)いじめの発生期間、(2)具体的な行為態様、(3)加害児童等の氏名住所など（加害児童等を特定できているかどうかを含む）、(4)いじめ行為による被害の有無、(5)学校による現在までの対応、が主に挙げられる。それぞれ簡単に検討すると、いじめがいつから発生していたか、いじめ発生前において加害児童等との間でトラブルが生じていたかどうかは、調査対象とすべき期間を特定するうえで有益な情報である。この点、物の隠匿行為などは行為時期を明確に特定できないことが多いため、その場合は被害児童等が認識した時期をもって特定すれば足りよう。また、具体的な行為態様は、法的措置を講じるいじめ行為を特定するうえで中核的な情報であって、不法行為と評価できる程度の違法性を有するかどうか、生命・身体への被害が生じている場合はどの加害行為によって生じたかの因果関係を確認しなければならない。とりわけ、悪口や無視、インターネット上における誹謗中傷などが原因で精神的疾患を患っている場合は、個々の行為というよりは全体的な行為をもって精神的疾患との相当因果関係を主張立証することが有効となり得るため、中長期的に事実関係を確認するのが重要である。なお、想定される加害児童等が多数に及ぶ場合、その全員につ

5　ただ、現実的には席を外すことへ難色を示す親権者は少ないながら存在するところであって、無理に席を外すよう求めることは、信頼関係の観点から悩ましい側面がある。その場合、学校と異なり第三者的な立場から事実関係を調査するわけではない以上、まずは親権者の面前における児童等の説明が正しいとの前提に基づいて受任するか、又はどうしても腑に落ちないとして受任を控えるしかないだろう。

き損害賠償請求などの法的責任を追及するのは、いじめに対する集団の関与がよほど明確でない限りなかなか難しいのが実際である。そこで、相談段階において、加害児童等のうち誰の責任を追及したいのかを特定しておくことで、かかる児童等によるいじめを重点的に調査するよう学校へ伝えることが可能となる。すると、学校としても、特定の加害児童等に重点を置く形でいじめ調査を行えるため、最終的な報告において被害児童等との意向と一致しやすくなるといったメリットがある。

　そして、加害児童等の氏名住所については、いじめの調査終了後に損害賠償請求などを講じる場合は当然必要な情報となるため、仮に相談者が把握している場合は確認をすべきである。この点、近年の学校においては個人情報保護の観点から学校主体で連絡網を作成することが少なくなっており、仮に作成している場合でもPTAが主体となっていることが予想される。そのため、学校によっては加害児童等又はその保護者の連絡先を容易に把握できないことがあるものの、学校に対し情報を開示するよう要請し、又は他の保護者を通じて住所や電話番号を特定できるケースはまま存在するため、実際にはあまり懸念する必要はない。もっとも、加害児童等を特定できていない場合において、学校に対し加害児童等の氏名住所を教えるよう請求しなければならないケースがあるため、そのような場合における法的議論については別項にて改めて検討する。また、いじめに対する学校の現在までの対応について、そもそも担任がいじめの全部若しくは一部を把握しておらず、又は把握していてもいじめを放置しているケースがあるため、その場合は学校の安全配慮義務違反も併せて追及すべきかどうか検討しなければならない。

　その他、いじめ行為による被害の有無については、面談時に確認すべき事項として前述した「②児童等の現在の状況」とも連動してくる事項であるため、ここで詳細に検討する。まず、児童等に身体的又は財産的な被害が生じている場合は、どういった被害が生じているのか、外傷である場合は医師による受診を受けているのか、診断名はついているのかを具体的に確認しなければならない。また、受傷して間もない場合には、代理人が当該部位を直接視認し、直接視認できない場合でも親権者を通じて、写真撮

影して証拠化すべきである。この点、不法行為における立証活動全般でいえることと思われるが、外傷に関する写真は視覚的に被害状況を訴えるうえで効果的であり、医師による診断書（イラストを含む）では立証し得ない側面も含んでいる。そして、外傷の程度にもよるが、受傷後一定の期間を経過すると治療中にもかかわらず表面上は治癒しているようにみえることが多いため、できれば受傷当日に写真撮影されるのが望ましいし、従前より相談を受けている場合はその旨依頼者へアドバイスすべきだろう。また、財産的な被害について、隠匿された場合は難しいものの、所持品を損壊された場合はその物が手元に残っている可能性があるため、捨てることなく保管するのが重要である。なお、学校生活に関連する所持品のほとんどは高級品ではないため、学校生活での使用による損耗もあって、仮にいじめによって損壊された場合でもその財産的価値はほぼ残っておらず、損害賠償を請求しても費用倒れに終わってしまう。この場合であっても、物を損壊されて学校生活への支障が生じたことで、児童等が大きな精神的苦痛を受けた旨主張することで、慰謝料を増額する方向に働く余地はある。くわえて、物の損壊に関する加害児童等への聴き取りを契機として、派生的に他の調査が進展する可能性もあるので、全体像の中で適切に位置づけて活動することが重要である[6]。

　次に、児童等の現在の状況を確認するうえで大事な事項は、現在学校へ登校できているかどうかである。かかる事項は、弁護活動を進めるうえでもっとも基本的な分岐点といっても過言ではなく、不登校に陥っているかどうかで検討すべき弁護活動も大きく異なってくる。さらにいえば、現在も登校できており、いじめの被害状況も被害児童等の認識及び客観的側面を総合考慮してそこまで深刻化していない場合には、代理人が介入することによるデメリットを考慮してあえて代理人として活動せずに、内部的にアドバイザーの形で対応することも視野に入れる（この場合でも、業務内容に即した形で段階的に委任契約を締結すれば足りる）。また、後述するとお

6　例えば、カッターで上履きを切りつける行為などは、財産的な損害としてはそこまで高額にならないものの、カッターで切りつける行為自体が有する悪質性を認定することは容易であるし、いじめの初期段階でそのような行為に及ぶとは通常考え難いとして、それだけ被害児童等に対するいじめが深刻化していたと評価する余地も存在するだろう。

り、年間における不登校の日数は重大事態に該当するかどうかを直接に決定付ける事項であるため、不登校が断続的に発生しているケースにおいてはその合計日数を正確に確認して、要件を満たしているかどうか検討しなければならない。なお、学校へ登校できている場合でもクラスへの通常登校は実現できておらず、保健室登校や別室登校の形で長期間対応しているケースは時々生じる。この場合にどう対応するかは慎重な判断を要するところ、仮に被害児童等が通常登校を望んでいるにもかかわらず、加害児童等との接触を危惧して保健室登校を余儀なくされている場合には、クラス替えなど速やかな安全配慮措置を学校に対し請求すべきであろう。そして、被害児童等が登校できている場合でも、不登校が断続的に生じており転校も視野に入れている場合は、「第1・3．いじめ案件を取り扱ううえで知るべきこと」でも触れたとおり指定校変更や区域外就学といった措置を説明すべきである。この点、私立の場合はいったん転校してしまうと後で復学するのは難しいところ、被害児童等において転校後に心身の状態が落ち着くと復学を希望するケースはままあるため、復学の道が閉ざされることはあらかじめ説明した方がよい。

　最後に、依頼者が希望する法的目標については、不法行為責任や安全配慮義務違反であれば損害賠償請求であるし、加害児童等の刑事責任という話であればその年齢に応じて考えられる法的措置を説明し、淡々と対応すればよい。この点は、他の分野と大きく変わるものではないが、学校内で生じたいじめによる外傷などについては、特段の事情がない限り災害共済給付制度を利用できる。かかる制度は、加害者の故意過失の有無を問わず被害児童等を救済する制度であって、その医療費については原則として全額保障されるとともに、仮に自殺や後遺障害が残存した場合は別途見舞金が支給されるため、相談者がまだ給付申請していない場合はその制度を説明すべきだろう[7,8]。むしろ、相談者としてはいじめに関する真相解明を希

7　詳細については、独立行政法人日本スポーツ振興センター編『災害共済給付ハンドブック―児童生徒等の学校の管理下の災害のために』ぎょうせい（2012年）を参照されたい。
8　なお、高校生の自殺又は自傷行為について、かつては「故意による災害」であるとの理由で医療費や各見舞金が支給されなかったが、平成28年に日本スポーツ振興センター法が改正され、現在は高校生の自殺又は自傷行為においても医療費などが支給されるようになった。

第2 被害者側における弁護活動

望している場合が圧倒的に多く、損害賠償請求などはかかる真相が解明された時点で改めて検討するという意向を有していることが少なくない。この場合、まずは真相解明に向けた弁護活動を進めていくことになるが、いじめに関する調査を行うのは学校又は第三者委員会であって、被害児童等は学校からの聴き取りに応じたりいじめ被害に関する資料を必要に応じて提供したりするものの、あくまでかかる調査に協力する立場にとどまる。その一方で、法の理念として学校が被害児童等へ寄り添う姿勢は重視されており、調査過程や調査スケジュールに関する密な情報共有を実現することで、依頼者として「いじめ調査に対し主体的に関与できた」という満足感につながることは多い。また、被害児童等への聴き取りに際して代理人が同席し、その供述内容につき誤解が生じ得る場合には適宜フォローすることで、被害児童等が安心して聴き取りへ臨むことが可能となるし、いじめ調査の適正化という観点からも有益である。そこで、真相解明を目標とする場合、法律上実現できることと実現できないことを明確に伝えつつ、事実上検討し得る弁護活動も併せて相談者へ伝えることで、依頼後どのように弁護活動が進むのか充実したイメージを抱かせられるのであって、ひいては代理人に対する信頼にもつながるものと思料する。

　なお、示談交渉における弁護士の対応範囲については、あらかじめ依頼者へ説明するのが望ましい。というのも、学校案件において、児童生徒は紛争の継続中も学校へ登校しており、仮に不登校の場合でも課題プリントの提供や事務連絡についてやりとりする必要が生じてくる。この場合において、学校からのプリントなども全て代理人弁護士へ送付すると児童生徒の受け取りが遅くなってしまい、かえって学校生活に支障が生じてしまう。また、いじめ対応との兼ね合いでも関連性を欠いていることが多く、代理人弁護士としての対応にもどうしても限界がある。そのため、受任するに当たって、いじめ紛争の解決に向けた交渉などについては全面的に窓口として活動するものの、たとえ学校へ不信感を抱いており直接やりとりすることでストレスが生じ得る場合でも、被害児童等又はその保護者にて直接対応する機会が一切なくなるものではない点は、あらかじめ理解を得るのが無難である。

その他、加害児童等を他の学校へ転校させたり、私立であれば退学処分を下したりするよう学校へ促してほしい旨要請されるケースは多い。この点、少なくとも公立の小中学校においては、児童生徒は学区ごとに学校が指定されている関係で、加害児童等の意思に反して指定校を変更するのは難しい。そのため、加害児童等が引き続き在籍する前提で弁護活動を進めざるを得ず、同じ学校環境にいることでの精神的苦痛から被害児童等が転校を余儀なくされる展開になりやすいので、そのような選択肢もあらかじめ伝えるべきだろう（なお、私立もしくは国立の場合、又は高校・大学においては、安全配慮義務の一内容として退学処分を下すよう促す余地があり、この点は後述する）。

コラム4 児童等が登校できている場合における弁護活動

本文でも触れたが、児童等が登校できている場合に受任するかどうかは慎重な検討を要する。というのも、弁護士が代理人として介入することで学校や他の児童との間に緊張関係が生じてしまい、かえって児童等が学校に居づらくなる可能性があるからである。代理人は、現在生じているいじめがなくなるよう調査改善を促すのが基本的な活動となるが、これと並行して、児童等の教育を受ける権利が実現されるよう環境を整備するのも重要な業務である。だとすれば、仮に代理人が介入したがために児童等が不登校に陥る事態は本末転倒であって、少なくとも依頼者が期待した展開でないことは容易に想像できる。とりわけ、客観的にみて違法と評価できる程度のいじめ行為が見受けられない場合は、受任するかどうかの判断がより慎重に吟味されなければならない。

この点については、通常登校を実現できている限り、直ちに代理人として活動せずに、まずは内部的なアドバイザーという形で様子を見るのが、基本的な姿勢であると理解する。内部的なアドバイスにとどまる形でも、暴言の録音やSNSでの誹謗中傷をスクリーンショットして保存したり、依頼者に対し担任や校長への定期的な相談を促した

| 071 |

りすることで、ある程度の弁護活動を実現するのは可能である。その一方で、暴力や物の隠匿行為などいじめが深刻化しており、このまま放置すれば自殺など取り返しのつかない事態が生じ得る場合は、たとえ通常登校できている場合でも速やかに代理人として活動すべきであり、いじめが収まるまでの間、一時的に保健室登校や不登校を提案することも1つの方針として考えられる（もちろん、被害児童等の意向を十分確認したうえで判断しなければならない）。また、いじめがそこまで深刻化していない場合でも依頼者から早期の弁護活動を希望されるケースはあるし、弁護士が窓口に立つことで学校側の対応が劇的に改善することも少なくないため、その場合はあえて代理人としての活動を控える必要はないように思える。

　結局のところ、ケースごとに弁護方針を検討するしかないのだが、学校内部における生活にある程度介入せざるを得ない以上、かかる介入のアプローチは丁寧に進めなければならない。この点は、前述したスクールロイヤー制度の充実や弁護士会などが定期的に実施している学校での法教育を通じて、いじめ解決に弁護士が介入することが世間にも違和感なく受け入れられる状態となるのが理想であるものの、現状ではそのような状況になっていない。そのため、通常登校できている場合に弁護士へ依頼することのメリット・デメリットについて、相談者に対し十分説明して検討機会を与えるのが重要である。そして、「すぐに代理人として活動してほしい」との相談者の意向を踏まえてもなお、代理人としての活動を今は控えるべきと判断した場合は、なぜ控えるべきと判断したのか相談者へ誠実に説明すべきであり、かかる説明を経ることでその後の信頼関係もより強固なものになろう。

(2) 法23条に基づく措置

　いじめの防止等に関する措置について、法の構造上基本となる規定は法23条であり、この条文を中心として弁護活動も展開していくことになる。もっとも、既に何度か述べてきたとおり、一定の要件を満たしている

場合には重大事態に該当するとして、学校などに対し法28条に基づく措置を講じていく必要があり、実務上においても重大事態として取り扱った方が、被害児童等の代理人としてより充実した弁護活動を展開しやすい。そのため、できれば法28条に基づく形で活動した方が依頼者の利益により資するケースは多いものと思料するが、法28条の要件を満たさない場合は当然法23条に基づいて活動しなければならないため、一通り把握する必要がある。

そこで、本項目では、次項で検討する法28条に基づく措置に関する理解をより容易にする観点も踏まえつつ、法23条の内容や関連する条文について、その解釈論も踏まえて概括的に言及する。

まず、法23条（以下、本項目において「本条」という）の規定は以下のとおりである。

（いじめに対する措置）

第23条　学校の教職員、地方公共団体の職員その他の児童等からの相談に応じる者及び児童等の保護者は、児童等からいじめに係る相談を受けた場合において、いじめの事実があると思われるときは、いじめを受けたと思われる児童等が在籍する学校への通報その他の適切な措置をとるものとする。

2　学校は、前項の規定による通報を受けたときその他当該学校に在籍する児童等がいじめを受けていると思われるときは、速やかに、当該児童等に係るいじめの事実の有無の確認を行うための措置を講ずるとともに、その結果を当該学校の設置者に報告するものとする。

3　学校は、前項の規定による事実の確認によりいじめがあったことが確認された場合には、いじめをやめさせ、及びその再発を防止するため、当該学校の複数の教職員によって、心理、福祉等に関する専門的な知識を有する者の協力を得つつ、いじめを受けた児童等又はその保護者に対する支援及びいじめを行った児童等に対する指導又はその保護者に対する助言を継続的に行うものとする。

4　学校は、前項の場合において必要があると認めるときは、いじめを行

った児童等についていじめを受けた児童等が使用する教室以外の場所において学習を行わせる等いじめを受けた児童等その他の児童等が安心して教育を受けられるようにするために必要な措置を講ずるものとする。

5　学校は、当該学校の教職員が第3項の規定による支援又は指導若しくは助言を行うに当たっては、いじめを受けた児童等の保護者といじめを行った児童等の保護者との間で争いが起きることのないよう、いじめの事案に係る情報をこれらの保護者と共有するための措置その他の必要な措置を講ずるものとする。

6　学校は、いじめが犯罪行為として取り扱われるべきものであると認めるときは所轄警察署と連携してこれに対処するものとし、当該学校に在籍する児童等の生命、身体又は財産に重大な被害が生じるおそれがあるときは直ちに所轄警察署に通報し、適切に、援助を求めなければならない。

　本条の構成としては、いじめの通報等の義務（1項）、いじめの確認・報告義務（2項）、いじめ解消に向けた指導等（3項及び4項）をまず規定し、これらに付随して保護者への情報提供等の義務（5項）、警察との連携義務（6項）を規定するという構成になっている[9]。なお、本条自体も法28条の規定を念頭に置いており、本条に基づく調査の結果重大事態に該当する事実関係が判明すれば、その段階で法28条に基づく措置への移行を改めて検討すべきであるし、学校としても事実関係を把握した時点で自発的に第三者委員会の組織を検討するのが望ましい。

　1項は、いじめの早期発見に向けて、教員等、いじめに関する相談を受ける可能性の高い者やいじめを受けている児童等の保護者に対し、学校への通報等、適切な措置を講じる義務を課した規定である[10]。ここでいう「その他の児童等から相談に応じる者」とは、「学校の教職員、地方公共団体の職員」に準ずる地位にある者が想定されており、具体的には民間の子ども相談室の相談員、スクールカウンセラー、及び弁護士会の電話相談を

9　坂田仰編『いじめ防止対策推進法―全条文と解説〈補訂版〉』学事出版（2018年）76頁以下。
10　前掲注9・坂田編77頁。

担当している弁護士などが考えられる[11]。また、「いじめを受けたと思われる児童等が在籍する学校への通報その他の適切な措置」について、一律に学校への通報義務を課す趣旨ではなく[12]、具体的な申告内容や被害児童等の尊厳を守る観点から、注意深く見守りつつ、相談を継続して、実態の把握に努めるといった対応が考えられる[13]。この点、いじめによって生命・身体に危害を及ぼすなど深刻な被害が生じている場合には、学校ではなく、警察や児童相談所に対し直接通報することも検討すべきだろう[14]。

また、「通報その他の適切な措置」について、教職員にていじめの事実に関する情報共有義務を定めたものではなく、被害児童等の状況や申告されたいじめ内容も踏まえて、以下の対応も含まれるものと思料される[15]。

① 子どものエンパワーメントと子ども同士の解決をベースとした措置

② 子どもへの守秘義務を尊重しつつ、「子どもの伴走者」として、教師個人の生活指導上の対応を優先する措置

③ 子ども、保護者の了解のもとで組織的対応に委ねる措置

④ 子ども、保護者の了解はなくとも、子どもの生命にかかわる緊急重大事態であると判断して組織的対応に委ねる措置

被害児童等の代理人としては、被害児童等から相談を受けた段階で、本人が既に学校へいじめに係る相談を行っていることが少なくないため、受任後に初めて学校へ相談するケースはそこまで多くない印象である。ただ、被害児童等による相談だと事実関係が十分に整理されていない関係で（口頭でいじめ被害を訴えている状況にとどまっていることも多い）、学校として事態の深刻さを適切に把握できていない可能性があるので、受任通知書にて事実関係を整理したうえで調査改善の必要性を訴える作業は重要である。また、代理人としていじめの被害が深刻であると判断した場合は、学

11　大阪弁護士会子どもの権利委員会いじめ問題研究会編著『事例と対話で学ぶ「いじめ」の法的対応』エイデル研究所（2017年）32頁以下。

12　この点において、児童虐待の防止等に関する法律6条1項における通告義務とは性質が異なる。第二東京弁護士会子どもの権利に関する委員会編『どう使う どう活かす いじめ防止対策推進法〈第3版〉』現代人文社（2022年）81頁。

13　前掲注11・大阪弁護士会子どもの権利委員会いじめ問題研究会編著33頁以下。

14　前掲注9・坂田編78頁。

15　「〈インタビュー〉子どもの権利の視点からみたいじめ防止対策推進法『見直し』の課題」季刊教育法191号（2016年）18頁。

校に対する相談に加えて警察への告訴や児童相談所への通告も視野に入れるべきであるが、その場合は重大事態の要件を満たしている蓋然性が高いため、法28条の手続に沿って進めることになる。

本条にて検討すべき問題は、被害児童等がいじめに係る相談を行っていたにもかかわらず、相談を受けた地方公共団体の職員などが適切な措置を講じなかった結果、不登校などの被害が生じた場合において、学校などに対し義務違反を理由として損害賠償請求できるかである。

この点、本条は直接的な裁判規範を定めているわけではなく、かかる義務違反をもって被害児童等又は保護者との関係で直ちに損害賠償責任を基礎付けるわけではない[16]。その一方で、学校として児童等が健やかに学校生活を過ごせるよう安全配慮義務を負っており、担任がいじめを把握しながら隠ぺいした場合には、当該担任のみでなく管理職である校長なども懲戒処分の対象となる現状がある。また、「いじめの防止等のための基本的な方針」においても、「学校の教職員がいじめを発見し、又は相談を受けた場合には、速やかに、学校いじめ対策組織に対し当該いじめに係る情報を報告し、学校の組織的な対応につなげなければならない。すなわち、学校の特定の教職員が、いじめに係る情報を抱え込み、学校いじめ対策組織に報告を行わないことは、同項の規定に違反し得る」[17]と定めており、公法上とはいえ教職員に対し一定の作為義務が生じるとの見解を示している。そのため、いじめに関する相談内容や相談を受けた教職員の立場や、従前における相談状況などを考慮して、教職員として当然講じるべき安全配慮義務の一内容としての通報義務を怠った結果、被害児童等の被害がさらに悪化した場合には、かかる安全配慮義務違反をもって損害賠償責任が生じる余地はあろう（「第2・2．損害賠償請求」において詳述する）[18, 19]。

---

16 前掲注11・大阪弁護士会子どもの権利委員会いじめ問題研究会編著37頁。
17 文部科学省「いじめの防止等のための基本的な方針」30頁。
18 ただ、損害賠償に関する訴訟提起が、いじめ紛争の解決策として適切な手段であるかどうかは、ケースごとに慎重に検討すべきである。この点、前掲注11・大阪弁護士会子どもの権利委員会いじめ問題研究会編著68頁以下においても「本条項が裁判規範か否かを論じること自体は否定しませんが、あくまで問題解決の方法として最後の手段に過ぎず、子どもの健全な成長発達のためには裁判が必ずしも適切な手段でないことには留意して頂きたいと思います。」と指摘しており、正当である。

本条2項は、いじめの確認及び報告義務に関する規定である。すなわち、通報や独自の調査によっていじめが存在する可能性を知った場合、学校は、対象となっているいじめについて、その有無や事実関係を確認する措置を速やかに講じなければならない。そして、学校は、調査の結果明らかになった事実について学校の設置者へ報告しなければならず、学校の設置者としても、かかる報告を受けて「設置する学校におけるいじめの防止等のために必要な措置を講じる責務」（法7条）を果たさなければならない[20]。また、法24条においても、「学校の設置者は、前条第2項の規定による報告を受けたときは、必要に応じ、その設置する学校に対し必要な支援を行い、若しくは必要な措置を講ずることを指示し、又は当該報告に係る事案について自ら必要な調査を行うものとする」と規定している。

ここで、学校が負う確認義務の発生時期について、本条における「在籍する児童等がいじめを受けていると思われるとき」との文言にかかわらず、相談内容のみでは学校としていじめと判断するのが難しいケースであっても、まずは被害児童等への聴き取りなどを実施しなければならないと解される[21]。この点について、文言から乖離する解釈であるとともに、学校の教職員にて過度の負担が生じるおそれがある点で、学校として総じて確認義務を尽くさなければならないとの理解には疑問を呈する余地がある。しかしながら、被害児童等に寄り添うという法の理念や、被害児童等が必ずしも正確にいじめ被害を訴えられない実情を考慮すると、取り返しのつかない被害が生じないようやはり最低限の確認義務は尽くさざるを得ない。その一方で、被害児童等が心身の苦痛を感じているかどうかでいじめへの該当性を定義付けておきながら、法23条では学校が主体となっていじめへの該当性を判断するという構造になっている。これは、いじめに関する理解として一貫性を欠くとともに、結局いじめの判断主体は誰にな

19　下級審判例としては、浦和地判昭和60年4月22日判時1159号68頁〔27425907〕、金沢地判平成8年10月25日判時1629号113頁〔28030714〕が挙げられる。判例の解説としては、神内聡著『スクールロイヤー──学校現場の事例で学ぶ教育紛争実務Q&A170』日本加除出版（2018年）190頁以下が詳細である。

20　前掲注9・坂田編78頁。

21　前掲注11・大阪弁護士会子どもの権利委員会いじめ問題研究会編著37頁以下。

るのか定まらないために学校現場が混乱する要因となっており、統一的な解釈を行えるよう若干の法改正を検討すべきである[22]。

　その他、本項においては「速やかに」に関する理解が問題となる。この点、法23条6項においては「直ちに」という文言が用いられているところ、「直ちに」は時間的即時性が強く、一切の遅れは許されない趣旨で用いられているのに対し、「速やかに」は「直ちに」に比べて急迫の程度がより低い場合に用いられるとの指摘がある[23]。また、法的には2、3日以内を意味するとの理解も見受けられるが[24]、かかる理解を根拠付ける文献は見受けられず、例えば銃砲刀剣所持等取締法17条において「速やかにその旨を当該登録の事務を行つた都道府県の教育委員会に届け出なければならない。」との規定がかつて存在したところ、その後「速やかに」を「20日以内に」に改正していることからも、法律に応じて解釈の幅があることは明らかである。そのため、相談を受けた学校としては、迅速に措置を講じるべきではあるものの、その具体的日数については措置の緊急性や教職員の多忙さなどを考慮する必要があり、漫然と放置していたといった事情が認められない限り、確認又は報告義務違反の問題が生じないと解するのが自然であろう。

　本条3項は、いじめ解消に向けた支援、指導及び助言義務を定めている。具体的には、被害児童等及びその保護者については支援を行いつつ、いじめを行った加害児童等に対しては適切な指導を、その保護者に対しては助言を行う義務を定めており、双方の児童等及び保護者に対し同時並行での対応を求める点で、法の理念を反映した構造となっている[25]。そして、支援、指導及び助言に際しては、「心理、福祉等に関する専門的な知識を有する者の協力を得つつ」と規定されているとおり、心理職や福祉職

22　鬼澤秀昌＝小野田正利＝嶋﨑政男「〈鼎談〉どうなる！いじめ防止対策推進法」季刊教育法205号（2020年）87頁においても、「23条は『学校は』がすべて主語となっています。いじめの定義が被害者主観でありながら、いじめかどうかの判定は学校がおこなわなければならないズレに苦しんでいます」（小野田正利）との発言がある

23　前掲注9・坂田編82頁。

24　前掲注11・大阪弁護士会子どもの権利委員会いじめ問題研究会編著40頁。

25　もっとも、当該構造について、いじめを行った者と受けた者を対立的に措定しており、傍観者を含む学校病理としてのいじめの性格、集団的特性を見誤ったものであるとの批判が存在する。前掲注9・坂田編79頁。

といった専門家の関与は必須とされており、スクールカウンセラーやスクールソーシャルワーカーと連携しながら対応するのが一般的であろう[26]。

　被害児童等の代理人としては、学校に対し、いじめ解消に向けた具体的な支援や指導を迅速かつ適切に実施するよう要請するとともに、場合によっては被害児童等として希望する具体的な支援指導策を積極的に提示すべきである。その一方で、後述する項目とも関連するが、本項は心理や福祉の観点からいじめ解消を実現することに主眼を置いており、その専門性の高さから弁護士として介入できる範囲にも限度があるように思われる。そのため、実務的にみると、本項との兼ね合いで被害児童等の代理人が検討すべき事項は少ない印象であって、スクールカウンセラーやソーシャルワーカーがその職責に基づいて一定の対応を講じている場合には、違法性の問題が生じることはほぼないように思える[27]。なお、本項における「支援」に保護者への説明責任を読み込むことができるかについて、法案審議の段階で議論になったようで、本項により説明責任を負うとの見解も示されている[28]。確かに、当時の法案提案者の回答や附帯決議の内容を踏まえると、そのように理解できる側面はあるし、心理士などによる支援に際し説明すべき情報は、いじめに関する事実共有とは個別に検討すべきという発想には説得力がある。しかしながら、「支援」という文言を素直に読む限り何らかの情報提供を当然に含むものとは理解できないし、後述するように、5項においていじめに係る情報を保護者と共有するための措置が規定されている関係で、実務的には同項を根拠として調査報告書の提出を請求することが可能である。また、仮にいじめに係る情報以外の情報について、心理士などの支援を目的として説明責任を課すという趣旨であれば、加害児童等のセンシティブな情報（発達特性の存在や家庭内における被虐待

26　前掲注11・大阪弁護士会子どもの権利委員会いじめ問題研究会編著46頁。

27　前掲注11・大阪弁護士会子どもの権利委員会いじめ問題研究会編著80頁以下において、スクールカウンセラーなどを交えたケース会議などを実施することが法の制定によって必須となったとの見解が示されているが、前後の文脈を踏まえる限り思考実験にとどまる趣旨とは理解できるものの、かかる見解を根拠付ける立法段階の資料は見受けられないのであって、現実的な実効性をあわせて考慮すれば不当といわざるを得ない。

28　前掲注12・第二東京弁護士会子どもの権利に関する委員会編86頁以下。この見解によると、法23条における調査報告書の提出請求についても、同項が請求の根拠規定という理解になる。

歴など）を含んでいる可能性が懸念されるため、プライバシーとの観点で問題になり得る。そのため、非常に難しい問題であっていまだ裁判例も見受けられないものの、「保護者に対する支援」を根拠として学校に対し説明責任を課すのは、心理士などによる支援内容をかえって妨げるおそれがあるため、慎重に判断すべきというのが現時点における筆者の見解である。

その他、本項に基づく支援などには終期が定められていないため、被害児童等又は加害児童等が卒業後も支援などを希望する場合は、学校として実施しても差し支えない。もっとも、学校としては、児童生徒との在学関係に基づいて教育を行っており、卒業後における関与には能力的な負担が伴わざるを得ない。そのため、児童等がいじめに関する理解を深めてこれ以上の支援などを要しないと学校が判断した場合には、被害児童等の希望があっても応じる義務はないと解するべきだろう[29]。

本条4項は、学習環境の整備義務である。いじめを受けた児童等の中には、いじめを行った児童等の存在それ自体に大きなストレスを感じる者が多いため、調査の結果いじめの存在が明らかになった場合には、いじめを受けた児童等その他の児童等が安心して教育を受けられるようにするために必要な措置を講じることを、学校に対し求めた次第である[30]。

本項は、学校の被害児童等に対する安全配慮義務を具体化したものと解され、「いじめを行った児童等についていじめを受けた児童等が使用する教室以外の場所において学習を行わせる」、いわゆる別室指導を明示している点が重要である。この点、別室指導の内容や期間にもよるものの、別室指導を強いられることにより、加害児童等の教育を受ける権利がある程度制限されるという話になるため、権利保障の観点から保護者の同意を得るなど適正手続を踏むことは必須である[31]。その一方で、実務としては、加害児童等が別室指導を拒絶するとともに、仮に別室にて授業を受けることを強要する場合は法的措置を講じる旨示唆してきた場合、学校として板挟みの状態に陥ってしまい、その結果、被害児童等を保健室登校や別室指

29　前掲注11・大阪弁護士会子どもの権利委員会いじめ問題研究会編著47頁も参照。
30　前掲注9・坂田編79頁。
31　前掲注9・坂田編80頁、前掲注12・第二東京弁護士会子どもの権利に関する委員会編87頁。

導とする形で対応せざるを得ないケースも少なくない。これは、被害児童等の通常授業を受ける権利を侵害している点で本末転倒であるし、かかる別室指導が長期化した結果、自主退学や指定校変更を余儀なくされた場合には、学校の安全配慮義務違反を検討せざるを得なくなる。そして、安全配慮義務の具体的内容がどのようなものであるかは、当時の事実関係や学校側の認識など、ケースに応じて検討しなければならないため一概には言えないものの、例えば傷害結果が常習的に生じており自宅謹慎措置後も加害児童等に更生の見込みがない場合には、学校としても被害児童等の安全を確保すべく毅然と対応すべきであるし、場合によっては警察や児童相談所とも連携しなければならない（特に、退学処分を下すことができない公立の小中学校においては、この要請が顕著に表れる）。なお、これに関連する規定として法25条及び法26条が存在するので付言する。

（校長及び教員による懲戒）

第25条　校長及び教員は、当該学校に在籍する児童等がいじめを行っている場合であって教育上必要があると認めるときは、学校教育法第11条の規定に基づき、適切に、当該児童等に対して懲戒を加えるものとする。

（出席停止制度の適切な運用等）

第26条　市町村の教育委員会は、いじめを行った児童等の保護者に対して学校教育法第35条第1項（同法第49条において準用する場合を含む。）の規定に基づき当該児童等の出席停止を命ずる等、いじめを受けた児童等その他の児童等が安心して教育を受けられるようにするために必要な措置を速やかに講ずるものとする。

学校教育法

第35条　市町村の教育委員会は、次に掲げる行為の一又は二以上を繰り返し行う等性行不良であって他の児童の教育に妨げがあると認める児童があるときは、その保護者に対して、児童の出席停止を命ずること

ができる。

　　一　他の児童に傷害、心身の苦痛又は財産上の損失を与える行為

　　二　職員に傷害又は心身の苦痛を与える行為

　　三　施設又は設備を損壊する行為

　　四　授業その他の教育活動の実施を妨げる行為

（略）

　懲戒処分については、「第1・3．いじめ事件を取り扱ううえで知るべきこと」にて簡単に言及しているし、「第2・3．その他の法的措置」でも検討する予定である[32]。これに対し、出席停止措置について、市町村の教育委員会は、加害児童等が傷害行為などに及んだり施設又は設備を損壊などした場合において、被害児童や周囲の児童が安心して教育を受けられるよう出席停止措置を含む必要な措置を講じることができる。かかる出席停止措置は、懲戒処分としての停学処分と異なる性質であると理解されているため、公立の小学校又は中学校においても下すことが可能である。そのため、法律の定めに基づいて検討すれば、安全配慮義務の履行請求として、加害児童等に対し出席停止措置を講じるよう学校に対し請求することが一応想定される。

　もっとも、実際には出席停止措置が下されたケースはほとんどない。文部科学省が毎年公表している「児童生徒の問題行動・不登校等生徒指導上の諸課題に関する調査」によると、平成18年度に60件を記録した後は年々減少傾向にあり、令和元年度における小中学校での出席停止措置はわずか3件であった（ただし、令和5年度においては、12件と微増している）。また、かかる停止措置の理由も対教師暴力が主であって、いじめを理由とした出席停止措置は0件であるとされている[33]。これは、学校として安全

32　なお、いじめ防止対策推進法上においても、「校長及び教員は、当該学校に在籍する児童等がいじめを行っている場合であって教育上必要があると認めるときは、学校教育法第11条の規定に基づき、適切に、当該児童等に対して懲戒を加えるものとする。」（法25条）との規定が存在しており、一見重畳するようにも思える。もっとも、本条は懲戒処分に関する学校教育法施行規則26条の基準を変動させるものではなく、いじめの性質を踏まえて懲戒を検討できる旨確認的に示したものにすぎない。

配慮義務を尽くしていないという趣旨ではなく、加害児童等に対し自宅謹慎措置を講じることで出席停止措置と同様の効果が得られるし、出席停止措置と異なり保護者からの意見聴取や理由及び期間を記載した文書の交付といった手続を経る必要がないため、学校として自宅謹慎措置の方がより利用しやすいという実情がある（その他、私立の場合は出席停止制度が存在しないため、必然的に自宅謹慎措置に頼らざるを得ない）。この点、文部科学省「出席停止制度の運用の在り方について（通知）」（平成13年11月6日13文科初725号）では、「なお、公立の小学校及び中学校については、自宅謹慎、自宅学習等を命ずることは法令上許されておらず、こうした措置は、出席停止の在り方について十分な理解がなされ、適切な運用が行われることによって解消が図られるべきものである。」との記載があり、安易に自宅謹慎措置によらないよう学校へ指導している。しかしながら、実際には自宅謹慎措置によって学校の安全を迅速に確保できる側面は否定できず、既に述べたとおり出席停止措置の使い勝手が悪い現状を踏まえると、自宅謹慎措置ができなくなることで学校内の秩序を維持するのが難しくなるおそれがある。そのため、制度論としては出席停止措置をより利用しやすい形に改善すべきであるし、仮にかかる改善が難しいのであれば、やはり一定限度での自宅謹慎措置は許容せざるを得ないだろう[34]。

　本条5項は、情報提供義務である。いじめ案件においては児童間において争いが起きることが少なくなく、その背景には当該いじめに関する情報が十分に共有されていないという問題が存在している。そこで、かかる争いを防止すべく、学校の教職員が支援、指導及び助言を行うに当たって、「いじめの事案に係る情報をこれらの保護者と共有するための措置その他の必要な措置」を講じることを義務付けた規定である[35]。

33　内田良「いじめ加害者の出席停止ゼロ件　夏休み明け『学校に行かなくていい』を考え直す」2019年8月31日（https://news.yahoo.co.jp/expert/articles/2dfeebff8e31251c825d50eb6af3afd049816340）。
34　もちろん、安易な自宅謹慎措置は現に慎まなければならないし、仮に自宅謹慎措置が必要以上に長期化して加害児童等の教育を受ける権利が侵害された場合は、実質的にみて違法な停学処分であるとして損害賠償請求を検討すべきである。
35　前掲注9・坂田編80頁。

第 2 被害者側における弁護活動

　3 項に関する説明にて触れたとおり、いじめの事実関係に関する調査結果を報告するよう、本項を根拠として学校に対し請求することが可能である。もっとも、あくまで紛争防止の観点から提供すべき情報であるため、いじめに関する調査の結果得られた、いじめの事実関係とは無関係な情報については、保護者らと共有するための措置を講じる義務を学校は負わない。また、事実関係に関する情報を共有することに主眼があるため、その事実関係に基づいて不法行為責任を追及し得る場合には別途損害賠償請求を講じられるし（情報を共有したからといって、両当事者に対し以後裁判にて争うことを禁止する制度ではない）、その際に学校から得られた調査報告書を証拠として提出しても何ら問題は生じない。そして、加害児童等としても、学校から提供されたいじめに関する情報が真実に反するとか調査が不十分であるとの理由で、訴訟においてその信用性を争っても差し支えない。

　ここでは、加害児童等の氏名及び住所について、情報提供義務の対象となるかが大きな問題になる。この点、個人情報の保護に関する法律（個人情報保護法）又は個人情報保護条例との兼ね合いを考慮しなければならないところ、条例については自治体ごとに例外規定が多少異なる関係で、便宜上個人情報保護法を前提として検討する。

　個人情報取扱事業者（個人情報保護法の場合は私立学校が該当する）は、あらかじめ本人の同意を得ないで個人データを第三者に提供してはならないのが原則であって（個人情報保護法 27 条 1 項本文）、例外規定の適用があるかどうかが主たる争点となる。そして、まず「法令に基づく場合」に該当するかについて、本項を根拠として具体的な請求権が生じると解する場合は、適用を認めることとなろう。しかしながら、多くの見解は消極説であって、法 28 条との解釈の整合性という観点から、情報共有に関する規定は例示にとどまり、学校及び教育委員会が保護者と情報を共有すべき具体的義務が常に発生しているわけではないと解される[36]。すなわち、個人情報保護法における「法令に基づく場合」に該当するためには、加害児童等の氏名及び住所について具体的な開示請求権が法令上認められる必要が

36　前掲注 11・大阪弁護士会子どもの権利委員会いじめ問題研究会編著 50 頁以下。

| 084 |

あるところ、本項の文言では抽象的な情報提供義務にとどまっており、いまだ権利として具現化していないため、要件を満たさないという結論となる[37]。

　問題は、2号「人の生命、身体又は財産の保護のために必要がある場合であって、本人の同意を得ることが困難であるとき」と、3号「公衆衛生の向上又は児童の健全な育成の推進のために特に必要がある場合であって、本人の同意を得ることが困難であるとき」への該当性である。この点については、例外規定の適用を認める見解が多く、例えば「いじめの被害者の『生命、身体又は財産の保護のために必要がある』場合に、それぞれ加害者の同意がなくとも住所や電話番号を被害者に伝えることができると考える。」[38]とか、「個人情報保護法は、問題行動のあった生徒の個人情報を知らせることを必ずしも禁止していない。このことについては、『児童の健全な育成の推進のために特に必要がある場合』という適用条項に該当するときは、生徒の氏名等を第三者に知らせても個人情報保護法に反しない。」[39]といった指摘が見受けられる。今後の裁判例に期待すべきところではあるものの、たとえ重大事態に該当しない場合でも被害児童等が加害児童等との交渉や法的措置を希望するケースは少なくないし、一定の法的責任をきちんと追及することで加害児童等の健全な育成の推進に資する可能性も存在する。そのため、仮に学校が加害児童等の氏名及び住所を開示した場合でも、個人情報保護法27条1項2号又は3号を根拠として、例外的に免責されると解するべきだろう。この理解を前提とした場合、被害児童等が本項に基づいて加害児童等の氏名及び住所を開示するよう請求すると、学校としてかかる請求に応じる法的義務はないものの、仮に開示請求に応じる形で任意に情報提供しても、プライバシー権侵害を理由として加害児童等から法的責任を追及されることはないという結論が想定され

37　前掲注11・大阪弁護士会子どもの権利委員会いじめ問題研究会編著52頁以下も、「個人情報保護法上、本条項が本人の同意なく個人情報を開示できる『法令に基づく場合』に該当しないことは明らかであると考えられます。」と明記している。

38　前掲注19・神内著236頁。

39　菱村幸彦著『管理職のためのスクール・コンプライアンス―ここが問われる学校の法的責任』ぎょうせい（2010年）213頁。

第2 被害者側における弁護活動

る[40]。

　この点、いじめ防止対策推進法の施行前であるものの、大津地判平成
26 年 1 月 14 日判時 2213 号 75 頁〔28221672〕において、私立中学 2 年の
子の自殺につきいじめの存否に関する文書の開示請求を行ったところ市教
育委員会が一部不開示の決定を下したため、かかる決定の違法性をめぐり
損害賠償が請求された事案において、「本件一覧表原本を原告に対して何
らの限定もなく開示した場合には、開示請求者であるＢ以外の個人の権利
利益が侵害されるおそれがあり、また、本件中学校において今後のアンケー
ト調査が困難になるおそれがあるから『調査研究に係る事務に関し、そ
の公正かつ能率的な遂行を不当に阻害するおそれ』があると判断したこと
自体は、不当であったとはいえない。」と判断しつつ、「本件一覧表原本及
び本件文書 1 の記載内容のうちＢに対して行為をした者の個人名及びＢ以
外の者の個人名を除く部分については、上記のおそれ等があったとまでは
認められないから、Ｅ教育長は、本件処分に際し、不開示とすべき事項を
上記のとおり限定すべき注意義務を負っていたものというべき」として、
加害者及び被害者以外の者の個人情報を除く事実関係につき開示義務を認
めている。この判決によれば、いじめの存否を内容とした本件一覧表は、
「『項目』欄、『日時』欄、『場所』欄、『誰が』欄、『その他』欄、『何をど
うした』欄、及び『ランク』欄のほとんどが黒塗りされていた。」とのこ
とで、情報開示制度を適切に運用すべき行政のあり方として大きな問題を
抱えていたものと思料されるが、現在においてもいじめに関する文書をほ
ぼ黒塗りで開示してくるケースは散見されるところであって[41]、先例的価
値はいまだ存在する。

40　なお、前掲注 11・大阪弁護士会子どもの権利委員会いじめ問題研究会編著 94 頁では「本法 23
　条 5 項が想定しているのは、主にいじめの事実に関する情報提供であり、また、あくまでいじめ被
　害の防止のためであって、被害者側が損害賠償を請求するために住所や保護者の氏名の開示を求め
　ることまではできないと解すべきでしょう。」と消極説を採用している。しかしながら、損害賠償
　や刑事告発といった法的措置を講じることで加害児童等が事態の重大さを痛感し、いじめ再発を誓
　約することは十分考えられるのであって、「いじめの事案に係る情報」に含まれると解しても何ら
　問題ないように思われる。
41　具体的事例としては、弁護士ドットコムニュース「いじめ調査委、資料は『黒塗り 60 ページ』、
　遺族を裁判に駆り立てた『都の不誠実対応』」(2018 年 10 月 23 日) が挙げられる (https://www.
　bengo4.com/c_1017/n_8732/)。

以上が、加害児童等の氏名及び住所に関する情報開示義務について、理論的な整理となる。しかしながら、現在の実務においては必ずしもこのような形で運用されておらず、弁護活動上大きな支障が生じている。この点について、立法論としての課題も想定されるところであるため、「第2・2⑵学校への法的措置」において改めて検討する。

最後に、6項は警察との連携義務である。被害児童等の代理人として、いじめが深刻である場合は警察や児童相談所への通告も検討すべきである旨、既に記載してきたが、学校としても「犯罪行為として取り扱われるべきものであると認めるとき」は、所轄警察署と連携して対処することを求めた次第である[42]。

この点、法23条と法28条は連続した関係であるところ、仮に被害児童等の生命、身体又は財産に対し重大な被害が生じている場合は、その時点で重大事態の要件も満たしているため、本項の適用場面は存在しないようにも思われる。しかしながら、法28条においては警察との連携義務が規定されておらず、より深刻な被害が生じているはずの重大事態において、学校に対し安全配慮義務の一内容として警察との連携を求めるのが難しい。そのため、仮に重大事態に該当する場合でも、警察との連携がなされない限り被害児童等の安全を確保できないと判断した場合は、本項を根拠として学校に対し安全配慮義務の履行請求を講じるべきだろう[43]。

⑶ 法28条における重大事態

重大事態については、いじめ防止対策推進法上「第5章　重大事態への対処」として、法23条など一般的ないじめ防止等に関する措置を定めた第4章とは別で定められている。

もっとも、繰り返し述べてきたとおり、両措置は別個独立するものではなく連続的な関係であって、当初こそ法23条に基づき対応していたもの

42 　前掲注9・坂田編81頁。
43 　「当該学校に在籍する児童等の生命、身体又は財産に重大な被害が生じるおそれがあるとき」と、法28条1項1号とほぼ同内容の文言が用いられていることからも、重大事態に該当する場合でも本項の適用が認められることを、法は想定していると解すべきだろう。

の、調査の結果把握できた事実関係に応じて重大事態として扱うことも想定されている。そして、当然ながら一連の措置はいじめ防止に向けられているのであって、その基本的な理念は法23条などに基づく対応と同一である以上、重大事態に該当するからといって被害児童等に対する救済の必要性が根本的に変わるわけではない。

結局、被害児童等の代理人からみた場合、重大事態への該当性はいじめの調査改善措置に向けた手段をどれだけ手厚くできるかの問題に帰着しており、法律上講じ得る措置や加害児童等及び学校との関係性について、そのような観点から基本的な知識を検討する。

（学校の設置者又はその設置する学校による対処）
第28条　学校の設置者又はその設置する学校は、次に掲げる場合には、その事態（以下「重大事態」という。）に対処し、及び当該重大事態と同種の事態の発生の防止に資するため、速やかに、当該学校の設置者又はその設置する学校の下に組織を設け、質問票の使用その他の適切な方法により当該重大事態に係る事実関係を明確にするための調査を行うものとする。
　一　いじめにより当該学校に在籍する児童等の生命、心身又は財産に重大な被害が生じた疑いがあると認めるとき。
　二　いじめにより当該学校に在籍する児童等が相当の期間学校を欠席することを余儀なくされている疑いがあると認めるとき。
2　学校の設置者又はその設置する学校は、前項の規定による調査を行ったときは、当該調査に係るいじめを受けた児童等及びその保護者に対し、当該調査に係る重大事態の事実関係等その他の必要な情報を適切に提供するものとする。
3　第1項の規定により学校が調査を行う場合においては、当該学校の設置者は、同項の規定による調査及び前項の規定による情報の提供について必要な指導及び支援を行うものとする。

ここで、「重大事態」とは何を意味するかについて説明する。このテー

マは、いじめ案件を取り扱ううえで極めて重要である一方で、法施行当初より重大事態の定義をめぐって多くの有識者から改正の必要性が主張されているため、読者においても理解を深めることで実務上おおいに役立つことが予想される。そして、まずは基本的な知識をご理解いただけるよう、筆者の見解についてはあまり示さずに進める。

まず、法文に基づいてそのまま説明すると、重大事態とは、学校の設置者又は学校が、

① いじめにより当該学校に在籍する児童等の生命、心身又は財産に重大な被害が生じた疑いがあると認めるとき、又は

② いじめにより当該学校に在籍する児童等が相当の期間学校を欠席することを余儀なくされている疑いがあると認めるとき

の少なくともいずれか一方に該当する場合を意味し[44]、当該要件をいずれも満たさない場合は、たとえ被害児童等がどれだけいじめを強く訴えていたとしても、重大事態には該当しない。法28条がこのように限定列挙した趣旨は、重大ないじめの疑いがある場合には事実の全容解明が必要である一方で、学校設置者や学校に後述する重大事態調査委員会の設置と調査を義務付ける負担の大きさを考慮した点にあると解されている[45]。

そして、各号を検討すると、1号における「児童等の生命、心身又は財産に重大な被害が生じた」について、「生命」に重大な被害が生じたとは自死行為（未遂を含む）が、「心身」に重大な被害が生じたとはうつ病や統合失調症といった精神的疾患、骨折、打撲傷、内臓の損傷などが該当する[46]。もっとも、外傷や精神的疾患が生じればその軽重にかかわらず「重大な被害」に該当するとの理解ではなく、「いじめの防止等のための基本的な方針」においても、生命については「児童生徒が自殺を企図した場合」と具体的に明示しているものの、心身については「身体に重大な傷害を負った場合」、「精神性の疾患を発症した場合」と抽象的な記載にとどまっている。この点については、学校現場が個別的に1号への該当性を判断

---

44 前掲注9・坂田編94頁。
45 前掲注19・神内著254頁。
46 前掲注9・坂田編95頁。

しているのが現状であり、被害児童等の申立てを受けた場合にはとりあえ
ず重大事態であるとの前提に基づいて対応すべきとする文部科学省の通達
が存在することもあって、その具体的な基準についてはほとんど議論され
ていない。

とりわけ、精神的疾患についてはその診断経過や信用性を慎重に吟味す
べきであり、「特に子どもの精神疾患に関しては、専門的知見や診療経験
が豊富な医師数は全国的に非常に少なく、適切な診断書を作成できる医師
は限られているため、専門外の医師に拠って必ずしも医学的に妥当とは言
えない診断書が濫発される場合もある。」[47]との指摘も見受けられる。筆者
としては、適切な診断書を作成する医師が多数であると理解しているし、
精神的疾患が生じているにもかかわらず安易にその有無を疑い、教職員が
いたずらに被害児童等を追及するのは厳に慎むべきである。その一方で、
保護者からの要請に基づいて、あらゆる児童につき PTSD やうつ病と診
断する医師が存在するのは残念ながら否定できないところであって、特に
いじめ行為が客観的にみて不法行為の要件を満たさない場合には、なぜ精
神的疾患を発症したのかその機序を吟味する必要がある。そのため、「重
大な被害」が生じている事実を立証すべく、精神疾患群に関する概括的な
診断基準である DSM-5 に基づく診断経過を具体的に記載してもらった
り、異なる医療機関に属する複数の医師から診断書を取得することで、そ
の信用性を高めていく作業は非常に有益である[48]。

その他、「財産」に重大な被害が生じたとは、恐喝行為によって児童等
が固有の財産又は保護者等の財産から金品を交付させられることなどを意
味する。この場合における重大性について、これも明確な基準は存在しな
いものの、例えば被害金額が 10 万円以上の場合は回数にかかわらず重大
性を認定し得るし、数千円程度であってもその回数や行為態様次第では重

47　前掲注 19・神内著 123 頁。
48　例えば、PTSD との診断がなされている点で同一であっても、具体的な症状や日常生活への支障
　　は、ケースによって大きく異なる。そのため、学校内外において被害児童等にどのような言動が見
　　受けられるかとか、いじめの行為態様を具体的に主張立証することで、学校としても「重大な被
　　害」への該当性を容易に認定できるのであって、代理人としては診断書のみに頼らない姿勢が肝要
　　である。

大性を認定できるケースは存在する[49]。

　また、「被害が生じた疑いがあると認めるとき」との文言からわかるとおり、重大な被害が生じているかどうかの判断主体は、学校の設置者又は学校である。そのため、法文を素直に解釈した場合、被害児童等が重大な被害への該当性をどれだけ訴えたとしても、学校の設置者又は学校が重大な被害が生じている旨認定しない限りは、重大事態へ該当しないという結論になる。しかしながら、既に何度か述べてきたとおり、実際には被害児童等が重大事態の申立てを行った場合、少なくとも公立においては重大事態との仮定に基づいて第三者委員会を立ち上げるケースが圧倒的に多数であるし、これは文部科学省の要請でもある。そのため、「被害が生じた疑いがあると認めるとき」との文言は半ば形骸化しており、その反動として学校の負担が著しく重くなっている現状は存在するものの、「第1・2．いじめの現状―認知件数や被害類型など」でも言及したとおり、いじめによる被害救済の観点からある程度やむを得ない運用であるものと思料する。

　むしろ、私立学校の場合、骨折や複数の打撲痕など客観的にみて重大な被害が生じているのが明らかであるにもかかわらず、重大な被害の存在を頑なに認めないケースが稀ではあるものの存在する。この場合、重大事態を（故意か過失かを問わず）認定しないことにつき、学校の設置者に対し何らかの安全配慮義務違反を追及できないか検討する余地がある。実際、部活動において先輩から激しいしごきを受けて鼓膜損傷、大腿骨骨折などの外傷が生じており、顧問もかかるしごきを把握しながらむしろ助長していたケースにおいて、弁護士名義での申立てにもかかわらず学校が重大事態として認定せず筆者からの問合せにも一切応じなかったため、訴訟にて法28条を根拠とした安全配慮義務の存在を主張した経験があるのだが（ただし、法28条違反をもって直接的に損害賠償責任を基礎付けられないことは、条文上「損害を賠償しなければならない」といった文言がないことからも明らかである）、結局和解で終了したため、この点について判断されなかった。その後、さいたま地判令和3年12月15日判夕1503号89頁

49　前掲注9・坂田編95頁。

第2 被害者側における弁護活動

〔28300012〕は、やはり重大事態としての認定不備などを理由として国家賠償を請求したケースにおいて、「本件中学校の教諭らは、同月15日、原告母から、原告が部員らとのトラブルで登校できなくなり、自傷行為に及んだ旨を伝えられ、同月27日頃には、原告母の投稿を知った部員らが誰も原告宅を訪れなくなったこと……を認識したのであるから……、原告がサッカー部内で孤立し、部員らの言動により心身の苦痛を受け、登校できない状態にある恐れを認識し得たと認められる。そして、同年10月24日には、不登校1と併せて原告の欠席日数が30日……に及んだのであるから、遅くとも同日以降、教諭らは、重大事態の発生を認識し、部員らの原告に対する言動やその背景事情等について調査票を用いるなどした網羅的な調査……を行い、その結果に応じた適切な方法で、法2条1項のいじめを防止し不登校を解消するため、部員らへの指導や原告への支援を行うべき義務を負ったと解される。ところが、教諭らは、原告母の訴える過去のものを含めた部員らの行為について、個別に部員らから事情を聴き、謝罪を行うことなどに終始しており、重大事態と位置づけた上での網羅的な調査を行わなかったのであるから、上記義務に違反したものと解される。」と、自傷行為及び不登校期間に関する学校の把握を踏まえて、それでもなお重大事態としての網羅的な調査を行わなかった点をとらえて、指導支援義務違反を認定している。当該下級審判例は、学校における重大事態として認知するかどうかの裁量も否定している点で、大きな先例的価値を有するものであって、今後同種の事案におけるリーディングケースとして機能することが期待される。当該下級審判決も踏まえて、学校が頑なに重大な被害の発生を認めない場合における救済措置が現行法上規定されていない以上、やはり被害児童等からの申立てがあった場合には重大な被害の発生を推認する形で、学校も第三者委員会の設置などを進めるべきではなかろうか[50]。なお、文部科学省からも「いじめ防止対策推進法等に基づくいじめ重大事態への適切な対応等の徹底について」と題する通知が出されてい

50　前掲注11・大阪弁護士会子どもの権利委員会いじめ問題研究会編著108頁において、「『被害が生じた』又は『余儀なくされている』と確定的に言える場合にのみ調査を開始するのではなく、その『疑いがあると認めるとき』とし、調査開始の間口を広くする必要があることから、このような規定になっていると考えられます。」との指摘がある。

| 092 |

る。かかる通知は、国立大学の附属学校において、重大事態が発生したにもかかわらず法 28 条に基づく調査が長期間実施されず、文部科学大臣への発生報告もなされなかったケースを受けて交付されたものであり、対象こそ国立大学の各学長であるものの、その趣旨は他の学校においても同様に適用されるだろう。

　次に 2 号について、①児童等が相当の期間学校を欠席していること、及び②その欠席がいじめにより余儀なくされている疑いがあると認められること、の 2 つの要件が必要となる[51]。ここでいう「相当の期間」とは、「いじめの防止等のための基本的な方針」によると、不登校の定義を踏まえて年間 30 日を目安とする旨記載されており、実務上もかかる目安が大きく考慮されている。この日数は連続している必要はなく、断続的に不登校に陥っている場合でも合算して 30 日以上である場合には、「相当の期間」の要件を満たしている。逆に、仮に不登校日数が 30 日に達していない場合でも、再度登校することへの心理的障害の程度やいじめの具体的態様次第では、重大事態と認定して差し支えない[52]。

　また、不登校といじめとの間に因果関係が存在することが要件となる。もっとも、不登校の要因がいじめであると明確に特定することはむしろ難しく、とりわけ不登校に陥った要因と不登校が長期化した要因とは異なるケースが少なくない[53]。そして、不登校によって現に被害児童等の教育を受ける権利が侵害されており、被害児童等がいじめによる不登校を訴えている場合には少なくとも主観的にはいじめとの関連性を認定できる以上、さらに客観的な因果関係の有無まで議論する実益がどれだけあるかという問題もある。そのため、「疑いがあると認められること」の要件が 1 号同様に半ば形骸化している事実も踏まえて、被害児童等の不登校が相当の期間生じており、被害児童等がいじめによる被害を訴えている場合には、いじめとの因果関係を否定する特段の事情が存在しない限り当該要件を満た

51　前掲注 9・坂田編 96 頁。
52　前掲注 9・坂田編 96 頁以下。もっとも、法文上相当の期間学校を欠席している事実を要件としており、不登校の定義についても別途定められている以上、30 日に達していない場合における 2 号事由への該当性は、例外的に判断すべきだろう。
53　前掲注 11・大阪弁護士会子どもの権利委員会いじめ問題研究会編著 107 頁も同旨と解される。

していると評価して差し支えないと解する。実際、文部科学省「不登校重大事態に係る調査の指針」（平成28年3月）においても、「調査を通じて、事後的に、いじめがあったとの事実が確認されなかった場合や、いじめはあったものの相当の期間の欠席（30日（目安））との因果関係は認められないとの判断に至った場合も、そのことにより遡及的に不登校重大事態に該当しないこととなるわけではない。」と、重大事態に該当するとの学校の判断が遡及的に否定されるわけではない旨指摘している。なお、同指針においては、不登校重大事態については学校が調査に当たることを原則としつつ、「従前の経緯や事案の特性、児童生徒又は保護者の訴えなどを踏まえ、学校主体の調査では、重大事態への対処及び同種の事態の発生の防止に必ずしも十分な結果を得られないと設置者が判断する場合や、学校の教育活動に支障が生じるおそれがあると設置者が判断する場合には、設置者において調査を実施する（その場合も、学校は主体的に調査に関わることが重要である。）。」との留意も付けている。そのため、「調査に当たる」という表現も踏まえると、「学校がまずは一次的な調査を行う」という程度の原則であって、いじめの深刻さや不登校に伴う教育を受ける権利の侵害を踏まえて、第三者による調査報告が必要と判断した場合には速やかに第三者委員会を設置すべきである。少なくとも、「不登校重大事態においては原則として第三者委員会を立ち上げる必要がない」との理解を文部科学省は示していないし、学校内部で処理しようという安易な姿勢では深刻ないじめ被害を見落とす可能性があるので、厳に慎むべきである。

　そのうえで、実務上のポイントに言及すると、相談段階において被害児童等が30日以上不登校に陥っているケースは多く、ときには既に1年以上にわたり不登校状態が継続しているというケースも散見される。このような場合、加害児童等との関与が一時的に途切れていることもあって、相談段階では身体面での外傷を負っているケースはほとんどなく、むしろPTSDやうつ病、起立性調節障害といった精神的疾患を発症していることが多い。そして、既に小児心療内科にて受診している場合や入院加療を要している場合には、精神的疾患に関する診断書や入通院の履歴証明書、服薬治療を行っていればその服薬歴といった、心身における重大な被害を基

礎付ける証拠を確保するのが容易である。

　そこで、重大事態の申立てに際し、相当の期間経過をもって２号への該当性を主張するのはもちろん、１号における心身に重大な被害が生じた事実を併せて主張することで、学校としていじめ被害の深刻さを詳細に把握できるようになり、重大事態として徹底した対応を期待できるだろう。その際、不登校の長期化している理由がいじめである事実について、申立て段階において代理人として詳細に検討する必要はないし、既に述べたとおり、長期化との因果関係を立証するのはかなりの困難を伴う（そもそも、申立て段階においてはいじめの全容を把握できていないケースがほとんどである）。そのため、申立て段階においては、被害児童等がいじめを原因として不登校に陥り、その後結果として不登校が長期化している事実を示せば十分であって、筆者の経験上も「長期化との因果関係が不明である以上重大事態には該当しない」などと学校から異論を示されたことはない。なお、重大事態の申立てに際し、内容証明郵便の形で学校や自治体へ書面を送付するのは、被害児童等の代理人として不適切な対応であるとの見解が一部見受けられるようである。かかる見解の具体的根拠は不明であるものの、重大事態としての調査を実施するに当たり、被害児童等としてどのような事実関係を認識しているか学校などへ伝える作業は、その後の調査を円滑に進める観点からも非常に有益である。そして、既に述べたとおり、重大事態の申立てを行ったにもかかわらず、重大事態と認定せずに第三者委員会の設置を拒否してくるケースは散見されるのであって、その後の安全配慮義務違反を追及するに際し、申立ての事実を立証する必要は生じ得る。さらにいえば、内容証明郵便で送付したとの一事をもって学校から難色を示されたケースは、筆者の経験上一度も存在しないのであって、内容面において適切な記載がなされている限り、難色を示す理由すらない。

　結局、内容証明郵便で重大事態の申立てを行ってはならないとの見解は、学校との対立をいたずらに恐れるものであるにとどまらず、学校や自治体においていじめ被害の深刻さを理解しにくくするおそれさえあるため、不当というほかない。

　また、理論的な説明から少し離れるが、依頼者からの相談時において不

第2 被害者側における弁護活動

登校期間がいまだ30日に達していない場合、2号の要件を安易に説明することで、登校自体は問題なかったにもかかわらず保護者が強引に被害児童等を欠席させてしまい、30日以上不登校の状態を作出してしまうケースが稀に存在する。このような保護者の対応は、被害児童等の教育を受ける権利をむしろ妨げるものであって許容できないのはもちろん、不登校といじめとの因果関係を否定する事情にもつながり得るし、何より法28条の趣旨を考慮すれば本末転倒といわざるを得ない。そのため、「コラム4 児童等が登校できている場合における弁護活動」で言及した、児童等が登校できている場合における弁護活動の議論とも関連するが、仮に相談者が学校に対し強く敵対的な姿勢を示している場合には（残念ながら、いじめの真相解明というより学校へ負担をかけることを主たる目的としているような相談者は、少ないながら存在する）、2号事由に関する説明には慎重を期すべきものと思料される。具体的には、仮に重大事態の2号事由に関する説明を行う場合でも、いじめと無関係に不登校となった場合には重大事態に該当しない可能性がある事実や、被害児童等の意思に反して登校させない場合は就学義務の不履行を理由に刑事罰の対象になり得る事実を伝えることで、一定の抑止を行うことが重要である[54]。

その他、仮に重大事態の要件を満たしている場合でも、法28条ではなく法23条に基づく弁護活動を進めるケースが考えられる。具体的には、相談の時点で被害児童等などがまもなく卒業見込みであって、重大事態の申立てやかかる申立てに伴う第三者委員会の設置を待っている間に関係者が卒業してしまうようなケースである。

この点、いじめ防止対策推進法に基づく調査請求などは被害児童等の学校への在籍を要件としておらず、卒業後であっても重大事態の申立てを行うことは可能であるし、申立て後に被害児童等が卒業した場合でも第三者委員会の調査などは引き続き実施されるため、理論的には卒業までにすべての手続を終了させる必要はない（重大事態の申立てにつき時効期間は存在

---

[54] なお、このような相談者の場合、信頼関係維持の観点から受任が難しいのはいうまでもない。その場合でも、弁護士から得た知識に基づいて保護者が暴走してしまうケースはできる限り回避すべきであるし、何より児童の福祉を害するものである。

しないし、学校が自主的に重大事態を認定しても差し支えない）。問題なのは、事実関係の聴き取りや証拠収集について、学校及び第三者委員会が何らかの法的権限を有しているわけではなく、被害児童から申告されたいじめ被害の内容や提出された資料を端緒として、関係者から任意の協力を得ながら調査を進めるしか手段がない点である。そして、仮に加害児童等や目撃者が既に卒業していると、加害児童等への連絡をとるのが難しくなるばかりでなく、仮に連絡がとれた場合でも聴き取りの要請を拒絶されてしまうと、強制力を持って学校へ呼び出す等することができないため、事実関係の調査に大きな支障が生じてしまう。また、目撃者についても、卒業後に当時の無関係な紛争に巻き込まれることへ難色を示しがちであって（いじめを把握しながら関わろうとしなかったことへの後ろめたさもあるだろう）、加害児童等と異なり被害児童等から損害賠償請求を受けるリスクも存在しないことから、いじめの有無など事実認定への関心が総じて薄い。このような経緯から、関係者が卒業してしまうと事実関係の調査が難しくなってしまい、だからといって被害児童等の言い分を鵜呑みにする形で事実関係を認定することもできないため、結果として不十分な調査報告書が作成されてしまうのである。

　本来的には、調査権限の付与に関する法改正を要するものと思料するが、現行法ではかかる権限が定められていないため、卒業前に少しでも調査を実施すべくあえて法23条に基づく調査請求を行うという選択肢が出てくる。この場合でも、学校にて調査方針の検討を要するなどとして、実際の聴き取りまでに一定の時間を要することがほとんどではあるが、それでも第三者委員会の設置後になされる調査に比べればより迅速に進められるため、証拠の散逸防止という観点から有益である。そのうえで、卒業後に改めて重大事態の申立てを行うことも考えられるし、卒業前の調査によってある程度真相を把握できたのであれば、そのまま法23条に基づいて法的措置を講じれば足りる。

　なお、在学中の場合は、学校が被害者との間で安全配慮義務を負っている事実や校内の安全を確保する観点からも懲戒権を行使できる事実を考慮して、被害者から加害者として名指しされているにもかかわらず調査を拒

否する児童生徒に対し、懲戒権を行使し得るとの指摘がある。また、保護者が調査を拒否する場合には、法9条3項において「保護者は、国、地方公共団体、学校の設置者及びその設置する学校が講ずるいじめの防止等のための措置に協力するよう努めるものとする。」と定められていることを告知したうえで、調査に応じるよう促すべきであるとも指摘されている[55]。調査に関する強制力が存在しない以上、任意での調査を拒否したとの一事をもって直ちに懲戒権を行使するのは慎重であるべきであって、調査を拒否すべき正当な理由がある場合には（加害児童等と名指しされた児童生徒が体調を崩しており、学校からの調査に耐えられないケースなどは考えられる）、懲戒権の行使を示唆してまで調査を実施すべきではない。その一方で、いじめの真相解明は、被害児童等にとどまらず加害児童等の健全な育成にもおおいに資すると解するのは可能であるため、1つの見解として参考になる[56]。

　以上、重大事態の定義とかかる定義をめぐる論点について、概括的に検討した。次項以降にて、法23条の規定との異同にも配慮しつつ具体的な手段を検討していくが、その前に前項でも言及できなかった関連条文へ簡潔に言及する。

（保護者の責務等）
第9条　保護者は、子の教育について第一義的責任を有するものであって、その保護する児童等がいじめを行うことのないよう、当該児童等に対し、規範意識を養うための指導その他の必要な指導を行うよう努めるものとする。

2　保護者は、その保護する児童等がいじめを受けた場合には、適切に当該児童等をいじめから保護するものとする。

3　保護者は、国、地方公共団体、学校の設置者及びその設置する学校が

55　前掲注19・神内著224頁以下。
56　前掲注19・神内著224頁以下の見解は、法23条に基づく調査請求における懲戒権の行使を想定している。この見解からすれば、より深刻な被害が生じている蓋然性が高い重大事態のケースにおいては、学校が被害児童等に対して負うべき安全配慮義務の内容もより高度化するとして、懲戒権の行使も正当化されやすくなろう。

講ずるいじめの防止等のための措置に協力するよう努めるものとする。

4 第1項の規定は、家庭教育の自主性が尊重されるべきことに変更を加えるものと解してはならず、また、前3項の規定は、いじめの防止等に関する学校の設置者及びその設置する学校の責任を軽減するものと解してはならない。

本条は、子の教育について保護者が第一義的責任を有している（教育基本法10条1項）点を考慮し、いじめの防止などについて保護者の視点から改めて規定している。内容としては、子に対する指導（1項）、保護（2項）、そして国、地方公共団体、学校の設置者及びその設置する学校が講ずる措置に対する協力（3項）を挙げている[57]。また、4項に規定されているとおり、本条は家庭教育の内容に対し国が干渉する趣旨を有しておらず、いじめに起因する事故などが生じて学校にて安全配慮義務違反が存在する場合、保護者の責務が存在することをもって学校又は学校の設置者が負うべき法的責任を軽減するものでもない。その意味では、保護者につき法的な権利義務を定めたものではないが、仮にその児童等が加害被害を問わずいじめの関係者である場合には、児童の健全な育成を促す観点から保護者としてもしかるべき道義的責務を尽くすべきであろう。

（いじめ防止基本方針）

第11条　文部科学大臣は、関係行政機関の長と連携協力して、いじめの防止等のための対策を総合的かつ効果的に推進するための基本的な方針（以下「いじめ防止基本方針」という。）を定めるものとする。

2　いじめ防止基本方針においては、次に掲げる事項を定めるものとする。

　一　いじめの防止等のための対策の基本的な方向に関する事項

　二　いじめの防止等のための対策の内容に関する事項

　三　その他いじめの防止等のための対策に関する重要事項

57　前掲注9・坂田編28頁。

第 2 被害者側における弁護活動

　本条は、「いじめ防止基本方針」の策定に関する規定である。かかる策定義務は文部科学大臣が負うものとされており、本書においてたびたび引用している「いじめの防止等のための基本的な方針」や、次項にて詳細に言及する文部科学省「いじめの重大事態の調査に関するガイドライン」は、本条に基づき作成されたものと理解できる。そして、地方公共団体は、国の基本方針を参酌して地方いじめ防止基本方針を策定するよう努め（法 12 条）、学校は、国の基本方針及び地方いじめ防止基本方針を参酌して、学校いじめ防止基本方針を策定する（法 13 条）。

　このように、学校においては、公立・私立を問わずいじめ防止基本方針を策定する義務を負っており、いじめが生じている場合にはかかる方針に基づいて適宜対応しなければならない[58]。そして、学校いじめ防止基本方針を作成した場合には、策定された方針を学校のホームページなどで公開することとされている。また、校内研修等いじめへの対応にかかる教職員の資質能力向上を図る取組やいじめの早期発見、いじめへの対処に関する取組方法等をあらかじめ具体的に定め、これらを徹底するためのチェックリストを作成・共有して全教員で実施するといった取組を盛り込むことが推奨されている[59]。もっとも、かかる基本方針において具体的な取組内容を策定しても、実際に実現できず形骸化しているケースも少なくない。そして、基本方針にて定めた取組内容が、その後いじめが発生した場合における学校の安全配慮義務を基礎付けるかどうかという問題もあるため、学校としてどこまで詳細に定めるかは慎重な配慮を要する。なお、令和 5 年 7 月 7 日に文部科学省より、「いじめ重大事態調査の基本的な対応チェックリスト」が配布されており、インターネットを通じてダウンロードすることが可能である。このチェックリストは、公立学校と私立学校とに分けてそれぞれの重大事態調査に当たっての基本的な手順をまとめたものであり、おおまかな枠組みではあるものの調査の流れについて混乱す

58　地方いじめ防止基本方針の策定は努力義務であるものの、地方いじめ防止基本方針を策定している市町村は令和元年時点で 93.7％と、現在では多くの自治体が定めている。なお、幻冬舎ゴールドオンライン「都道府県別ランキング『最もいじめが多い』ワースト 1 位は？」（2020 年 12 月 5 日）によると、策定率が 95.2％と若干増加している（https://gentosha-go.com/articles/-/30577）。
59　前掲注 12・第二東京弁護士会子どもの権利に関する委員会編 32 頁以下。

ることなく把握できる点で、学校にとってある程度有益であるものと思料する。

（学校におけるいじめの防止等の対策のための組織）
第22条　学校は、当該学校におけるいじめの防止等に関する措置を実効的に行うため、当該学校の複数の教職員、心理、福祉等に関する専門的な知識を有する者その他の関係者により構成されるいじめの防止等の対策のための組織を置くものとする。

　本条は、学校がいじめに関する問題への対処をより実効的に行うことを可能にするため、学校現場におけるいじめに関する問題対処の中核的組織を「常設」で設置することを、各学校に義務付けた規定である[60]。「専門的な知識を有する者その他の関係者」とは、心理の専門家としてはスクールカウンセラーや公認心理士、臨床心理士などが、福祉の専門家としてはスクールソーシャルワーカーなどが想定される。さらに、いじめが多領域にまたがる複合的な問題である事実を考慮すれば、スクールロイヤーも法務に関する専門的な知識を有する者として本条から導き出せよう[61]。

　この対策組織については、法律上常設が義務付けられているものの、筆者の理解として実際に常設されている学校はほぼ存在せず、いじめが発生した都度スクールカウンセラーなどの個別の意見を参考としつつ、職員会議にて複数の教職員が議論して対応を検討しているのが実情である。この点、人材の確保や学校の予算の問題はもちろん、教職員は授業に向けた準備や生活指導などただでさえ多忙を極めており、いじめの防止等の対策について個別案件から離れて日常的に検討する時間がない。それゆえ、当該条文がほぼ形骸化しているのは否定できないところであって、その多くは職員会議での議論の充実や関係者との情報共有によって代替できるようにも思われるため、実効性の観点からも大幅な見直しが求められるのではな

60　前掲注9・坂田編71頁。
61　前掲注9・坂田編73頁では、他に医師などの医療関係者、保護司、児童委員、民生委員、警察官、子どもに関わるNPOなどを挙げている。

第2 被害者側における弁護活動

かろうか[62]。

コラム5 2号事由は法改正を要するか

既に述べてきたとおり、2号事由における「相当の期間」とは年間30日に及ぶ不登校を目安としており、かかる不登校は連続している必要はなく、断続的であっても合算して年間30日を超えれば要件を満たす。そして、1号とは異なる規定であるため、被害児童等につき生命、心身又は財産への重大な被害が生じている必要はなく、いじめとの因果関係や「疑いがあると認めるとき」の要件についても、ガイドラインの存在もあって非常に緩やかな形で認定されている。

すなわち、被害児童等が年間延べ30日欠席さえすれば、申告されているいじめ被害の内容やかかる被害の真実性にかかわらず、少なくとも公立学校であればよほど特段の事情がない限り重大事態と認定され、第三者委員会が立ち上げられて長期にわたる調査が実施されてしまうのである。

このような経緯から、2号に基づく重大事態への該当性は必要以上に広範に及んでいるのが現状であって、「私に相談してくる多くの学校現場は、子どもの欠席が30日を超えるようになると『やばい』と戦々恐々としています。」[63]との指摘もあるなど、学校現場の疲弊は年々目立っている。そして、安易な重大事態への認定やそれに伴う第三者委員会の立ち上げを伴う長期的な調査の実施は、かえって個々のケースにおけるいじめ調査の質を落としてしまい、真に対応を要する深刻な不登校事案における対応が不十分になってしまうという重大な弊害を生じかねない。このような観点から、「28条1項2号の不登校に関する重大事態については、保護者の申立てのみで重大事態が生

62　なお、文部科学省「児童生徒の問題行動・不登校等生徒指導上の諸課題に関する調査結果について」（2024年10月31日）におけるアンケート「学校におけるいじめの問題に対する日常の取組」では、「いじめ防止対策推進法第22条に基づく、いじめ防止等の対策のための組織を招集した」（傍点は筆者）となっており、組織の常置を定めた法文から離れた回答項目になっている。

63　前掲注22・鬼澤＝小野田＝嶋﨑82頁〔小野田発言〕。

ずると解すべきではなく、学校が重大事態の調査を行わなくとも28条違反とならないと解すべきである。」[64] とか、「28条1項2号に定める重大事態は、28条から切り出して別途効果を定めるか、逆にもう重大事態ではないという改正の仕方をするかということが必要だと思います。」[65] といった、法改正を求める意見が複数出ている次第である。

　この点をどう解するべきかは非常に難しい問題であって、今後有識者による議論を積み重ねるべきであるし、本書の性質上詳細に検討するのは難しい。そのうえで、重大事態への該当事由が限定的に定められた立法趣旨を考慮すると、やはり安易な重大事態への認定はその趣旨を形骸化させてしまい、不当といわざるを得ない。そして、仮に重大事態に該当しない場合であっても法23条に基づく調査改善措置を講じるのは可能であるし、とりわけ不登校事案の場合は、学校への復学などどうすれば教育を受ける権利を実現できるかという視点が非常に重要となる[66]。さらに、ガイドラインにおける「児童生徒又は保護者からの申立ては、学校が把握していない極めて重要な情報である可能性があることから、調査をしないまま、いじめの重大事態ではないと断言できないことに留意する」との文言を前提としても、第三者委員会の立ち上げやその後の調査に時間を要する結果、不登校が長期化してしまうのは児童の福祉をむしろ害するのであって、深刻ないじめ被害の存在を推認したとしてもなお重大事態として扱うデメリットは看過できない。

　このような理由から、1号事由にも同時に該当している場合にはもちろん重大事態として扱うべきであるものの、仮に不登校期間が30日以上経過しているのみで、被害児童等からの申告では深刻ないじめ被害がうかがえない場合には、通常の調査改善措置でも十分解決でき

64　前掲注19・神内著255頁。
65　前掲注22・鬼澤＝小野田＝嶋﨑84頁〔鬼澤発言〕。
66　「〈インタビュー〉新刊『事例と対話で学ぶいじめの法的対応』の企画編集に関わって」季刊教育法191号（2016年）40頁において、「真相究明と同時にどうやって戻すのかという視点は極めて重要で、この法ではその点が必ずしも具体的に書けていない。重大事態として子どもが亡くなっている事案と不登校対応で同一の方式を採用することはやや硬直的といえるので、不登校を伴う重大事態の位置づけを再検討すべきだということです。」との指摘がある。

第2 被害者側における弁護活動

る可能性があるため、学校が多くの重大事態を抱えて機能不全に陥る展開を避けるべくその該当性を慎重に検討すべきだろう。その意味で、現行法における2号規定はやはり改正するのが望ましいのだが、その一方で、不登校期間が長期化している場合において、そのいじめの程度にかかわらず被害児童等への（主に教育を受ける権利実現の観点から）救済の必要性が高いのは明らかである。そのため、前掲注52でも指摘したとおり、1号事由と2号事由とでは必ずしもいじめ調査及び改善の目的が一致しない以上、各号の目的に沿う形で重大事態該当による効果を再検討するのが、バランスのとれた解決へつながるのではないだろうか[67]。

(4) いじめに関する調査

ア） 質問票の利用

　いじめに関する調査を実施するに当たり、まず関係する児童生徒への質問票の利用が考えられる。これは、法28条1項本文においても「質問票の使用その他の適切な方法により当該重大事態に係る事実関係を明確にするための調査を行うものとする。」と規定されているとおり、いじめの調査において代表的な手法であるし、法23条に基づくいじめ調査においても、「当該児童等に係るいじめの事実の有無の確認を行うための措置」として質問票を利用するのは何ら差し支えない。

　なお、ここでいう質問票とはアンケート用紙を意味しており、以下便宜上「アンケート」との前提で説明する。

　まず、いじめ調査に関するアンケートには2種類あることを理解する必要がある。すなわち、法16条1項における「当該学校におけるいじめを

---

[67] この点、前掲注11・大阪弁護士会子どもの権利委員会いじめ問題研究会編著137頁において、「一定数に達したとたんに形式的に急に重大事態と位置づけられて調査するという点にも、方法論としての違和感があります。」との指摘があり、これ自体は極めて正当である。もっとも、不登校期間については、調査開始前であっても客観的に把握できるというメリットがあり、不登校が長期化しているにもかかわらず1号事由がない限りすべて法23条で扱えばよいかといわれると疑問が生じるため、30日という目安をもって対応の質を変えることには一定の合理性があるものと思料する。

早期に発見するため、当該学校に在籍する児童等に対する定期的な調査その他の必要な措置」としてのいじめアンケートと、法23条又は法28条に基づくいじめアンケートである[68]。この点、法16条に基づいて定期的に実施するアンケートは、実施時点で把握できていないいじめを早期に発見することを目的とした調査であって、その質問内容も【別紙1】のとおり「あなたは、今、誰かから傷つけられたりつらい思いをさせられたりしていますか」、「あなたは、今、いじめられている、又はいじめられているかもしれない人を知っていますか」、「あなたの周りの友だちのことで、何か心配なことはありますか」といった、抽象的な問いかけを主な内容としていることが多い[69]。この点、いじめの認知件数などを正確に数字化する観点から、原則としてイエス・ノーで回答できる質問事項が望ましく、学校によっては「児童生徒の問題行動・不登校等生徒指導上の諸課題に関する調査結果」における行為類型を考慮して（「第1・2. いじめの現状─認知件数や被害類型など」参照）、より細分化して質問事項を設定しているようである。さらに、定期で実施するアンケートの場合は、いじめを早期に発見する目的に加えて、児童生徒が学校生活を平穏に過ごせているかどうか継続的に把握する目的も含んでいるため、「あなたは、学校生活を毎日楽しく過ごせていますか」といった児童生徒自身の気持ちを尋ねる質問事項もしばしば散見される。かかる質問事項についても、その増減を客観的に把握しやすいようスケールを用いることが多いようで、とりわけ自分の気持ちを適切に言語化できない低学年の小学生には有効な手法である[70]。

　その他、児童生徒の心情を継続的に把握する目的との兼ね合い上、定期アンケートにおいては児童生徒に記名を促すのが通常である。その一方で、記名を義務付けてしまうといじめの被害申告に躊躇してしまうおそれがあるため、実施に際し「名前を書きたくない子は書かなくてもいいよ」

68　前掲注19・神内著226頁。

69　なお、【別紙1】のアンケート例は高校生を想定して作成している。この点、小中学生や特別支援学校の児童生徒を対象としてアンケートを実施する場合は、より平易な文言を使用して理解を得やすくする必要がある。

70　スケールで児童の心情を把握する手法は、児童福祉の分野において多用されており、その数値の増減からどのような心情の変化が生じたのか聴き取りやすいメリットもある。

などと口頭で伝えるか、末尾にその旨注意書きするのが望ましい。そして、実際にいじめが生じた場合には、学校としていつからいじめを把握できたか（又は把握し得たか）を調査すべく、定期アンケートについてもすべて開示するよう学校に対し請求する展開になりやすい。この場合、当事者である被害児童等のアンケートについては問題なく開示されるものの（被害児童等本人が作成したアンケート用紙であるため、当然ではある）、第三者のアンケートについても開示されるかどうかは争点化する可能性があるし、加害児童等とは異なり、少なくとも第三者のクラス及び氏名はマスキングされる形で開示されるのが通常と思われる。また、定期アンケートの性質上被害児童等の代理人が事前に干渉することは難しいため、質問事項に不備があるようなアンケート用紙だと、いじめの真相解明に当たりほぼ参考とならないことがある。

【別紙1】

　あなたの最近の出来事についてたずねます。学校内で起きたことでも、学校の外で起きたことでも構いません。ここ2か月以内にあったことを教えてください。

1　あなたは、学校生活をここ最近楽しく過ごせていますか。一番気持ちに近い数字に○をつけてください。

（楽しい）		（普通）		（楽しくない）
5	4	3	2	1

2　あなたは、今、誰かから傷つけられたりつらい思いをさせられていますか。
　はい（　　　）いいえ（　　　）

3　あなたは、今、いじめられている、又はいじめられているかもしれない人を知っていますか。
　知っています（　　　）知りません（　　　）

4　インターネットやSNSにおける人間関係について、今、困っていることはありますか。あなたが、実際に会ったことがあるかどうかにかかわらず教えてください。
　困っています（　　　）困っていません（　　　）

5　その他、あなたは、今、困ったり悩んだりしていること（人間関係、部活動、進路、勉強のことなど）がありますか。
　あります（　　　）ありません（　　　）

6　友だちとのつながりで、何か伝えたいことがあれば、自由に書いてください。

　　　　　年　　　組　氏名＿＿＿＿＿＿＿＿＿＿＿＿＿＿
　　※名前を書きたくない場合は、書かなくても大丈夫です。

これに対し、法23条又は法28条に基づくいじめアンケートは、被害児童等が実際に被害を受けている特定のいじめを対象とした調査であるため、真相解明の観点から当該いじめにフォーカスした形で調査しなければならない。そして、アンケートの質問事項において、被害児童等又は加害児童等のプライバシーに配慮する必要が生じるとともに（特に性的被害を含むいじめの場合は、アンケートの実施自体が不適切と評価されるケースも少なくない）、いじめの被害申告にもかかわらず実際にはいじめと評価すべき外形的行為が存在しなかった場合、学校が加害児童等とされた児童生徒より名誉毀損を受けたとして法的措置を講じられるおそれがある。

　この点について、被害児童等の代理人として学校などに対しどのような働きかけを行うべきかについて、以下私見を述べる。なお、アンケートの記載内容について、法23条に基づく場合と法28条に基づく場合とで根本的にはさほど異ならないと思料するため、まとめて検討する。

　まず、いじめアンケートの実施時期について、被害児童等の代理人として活動を開始している場合は、受任通知書において具体的ないじめ被害を申告しているのが通常である。そのため、学校としては、一次的に調査すべきいじめ行為について、受任通知書を通じて既に特定できているものの、その一方で、被害児童等が把握できていないいじめやこれに関連するいじめ（加害児童等が他の児童もいじめている場合には、その関連性次第ではまとめて調査するのが望ましい）についても、アンケートの実施に際し視野に入れる必要がある。また、被害児童等が学校からの聴き取りに応じられる場合には、かかる聴き取りを通じて重点的に調査すべきいじめを把握できるし、仮に被害児童等が聴き取りに応じられない場合でも、あらかじめ保護者及び代理人と面談して調査スケジュールを調整することで、その後のいじめ調査に対する被害児童等の満足度も大きく変わってくる。

　このような理由から、受任通知書を送付して被害児童等（又は保護者）と学校（可能であれば第三者委員会）との間で面談した後に、アンケートを実施させるのが望ましく、かかるアンケート結果を踏まえてその後の調査をどこまで掘り下げるか検討すべきである。そして、被害児童等の代理人としては、受任通知後の面談において、早期にアンケートを実施する必

1. いじめ防止対策推進法に基づく弁護活動

要性を学校へ伝えるとともに、アンケートでどのような質問事項を設けるか、学校と入念に協議する姿勢が重要である。

次に、アンケートの内容については、モデルケースとして【別紙2】を参考にされたい[71]。既に述べたとおり、法16条に基づく定期的ないじめアンケートとは異なり、法23条又は法28条に基づく場合は調査対象となるいじめ行為が特定されている。そして、関連するいじめであればともかく、被害児童等と全く関係しないいじめについては異なるいじめ被害として取り扱うべきであるし、その結果本来調査すべきいじめに関する情報が集まらない事態は避ける必要がある。そのため、アンケートにおいても、被害児童等の氏名やいじめ行為の時期をある程度特定して回答を募るべきであるが、その一方で、被害児童等の氏名を明示するのは二次被害につながるとして、難色を示す被害児童等又はその保護者も存在する。その場合、アンケート結果が不十分に終わる可能性を十分説明したうえで、クラス名の限度で特定するなど一定の工夫を要しよう。また、加害児童等の氏名については、原則として記載すべきではないし、学校も応じないのがほとんどである。この点、被害児童等の代理人として、加害児童等が誰か判明している以上記載すべきであるとか被害児童等のみ氏名を明記するのは不公平であるといった苦情を依頼者から受けることは少なくないし、実際に加害児童等を明確に特定できている場合には、より正確に調査する観点から氏名を記載した方が有益にも思える。しかしながら、学校の立場で考えたとき、アンケート実施の段階で被害児童等の申告のみに基づいているケースが多いところ、仮に調査の結果いじめの不存在が明らかになった場合、加害児童等から名誉毀損として法的措置を講じられるおそれがあるし、重大事態にまで発展している場合にはその社会的評価の低下度合いがより大きくなる。また、仮にいじめ自体は生じていた場合でも、被害児童等として加害児童等を誤解しているケースは意外と少なくないのであって、その場合に加害児童等を明記してアンケートを実施してしまうと、か

---

71 小学校低学年において重大事態が生じたとの想定に基づいて、アンケート自体は専らひらがな表記で作成している。また、児童の場合アンケートの趣旨を十分に理解できないおそれがあるばかりでなく、保護者の了承を得ずに進めるとトラブルにつながる可能性があるため、保護者向けの書面を添付のうえ各児童に交付し、いったん自宅に持ち帰るよう指示されるケースが多い。

| 109 |

第2 被害者側における弁護活動

【別紙2】

アンケートの実施について

●●区立A小学校
校長　B山C男

　●年●組の△△くんについて、令和●年●月頃よりいじめ被害が生じており、現在不登校の状況に陥っています。

　本校では、△△くんからの被害申告を受けて、本件がいじめ防止対策推進法28条の重大事態に該当すると判断し、真相解明や再発防止に向けた調査を行うことにしました。そこで、保護者の皆様のご理解を得た上で調査を実施すべく、本書面をお子様に本日お渡しした次第です。

　アンケート調査について、任意でのご協力をお願いするものですので、回答したくない場合は白紙でご提出いただければ結構です。また、記名欄がありますが、記名するのが難しい場合は空欄のままご回答いただいても結構です。なお、アンケートの調査結果については、△△くんからの開示請求を受けて回答結果を開示する可能性があります。その際、本校としては、誰の回答か特定できない形で開示する予定ですが、裁判所の判断次第ではお名前が開示されてしまう可能性もありますので、その点も踏まえてご検討の程お願いします。

　そして、アンケートの回答を踏まえて、お子様に対し聴き取り調査を行う可能性があります。聴き取り調査は、スクールカウンセラーや担任が立会いの下和やかに進めますし、お子様が負担を感じた場合には速やかに中断する予定ですので、ご理解いただければと存じます。

　本アンケートは、いじめの真相を解明して再発防止策を講じることで、より良い学校環境を作ることを目的としています。突然の連絡に戸惑われる保護者様もいらっしゃるかと思いますが、本調査の趣旨を何とぞご理解いただき、●月●日までに、同封の封筒に入れて担任へご提出ください。

問合せ先　副校長●●　TEL03（■■■■）××××

| 110 |

1. いじめ防止対策推進法に基づく弁護活動

●年●組　△△くんについてのアンケート

　このアンケートは、△△くんに何があったかをかくにんするためにおこなうものです。名前を書きたくない人は書かなくてもだいじょうぶですし、くわしくはなしてもいい人は、おうちでみんなとそうだんした上で、最後の名前らんにあなたの名前を書いてください。

1(1)　あなたは、△△くんが、ほかの人から、なぐられたりけられたりするのを見たことがありますか。
　　　ある（　　　）　ない（　　　　）

　(2)　見たことがある人にききます。それは、いつころですか。

　(3)　それは、だれが△△くんにおこなっていましたか。何人かいるばあいは、誰がどういうことをおこなったか分かるように、それぞれおしえてください。

2(1)　あなたは、△△くんが、ほかの人から、「しね」「学校にくるな」などと悪口を言われているのを、見たり聞いたりしたことがありますか。
　　　ある（　　　）　ない（　　　　）

　(2)　見たり聞いたりしたことがある人にききます。それは、いつころですか。

　(3)　それは、だれが△△くんにおこなっていましたか。何人かいるばあいは、だれが何と言っていたか分かるように、それぞれおしえてください。

3　そのほかに、△△くんについて、先生に何か知らせておきたいことがあれば、おしえてください。

　　　　　　　　　　　　　名前＿＿＿＿＿＿＿＿＿＿＿＿＿＿＿

アンケートは、いじょうになります。ありがとうございました。

111

えっていじめの真相解明が困難になる。そのような理由から、アンケートにて加害児童等の氏名を記載するのは現実的ではないが、被害児童等の代理人としては、依頼者の意向を考慮して学校と協議する余地はあろう。

その他、重大事態に基づくアンケート調査においては、聴き取りを行うべき対象者や対象となる調査事項を広く収集するために行われるべきであるとして、特段の事情がない限り記名式で実施すべきとの見解がある[72]。もっとも、仮に記名式で実施する場合には、いじめを受けた児童や保護者に提供する可能性があることを十分伝える必要がある。この点、大阪地判令和6年5月16日令和3年（ワ）9132号〔28322711〕は、「原告らに対し、11月アンケートを実施することを伝えず、事前説明を要する事項……の説明を行わず、調査を求める事項等につき聴き取りをせず、調査方法についての要望も受けないまま、かつ、調査対象者である他の児童及びその保護者に対し、予め、アンケートによる調査の結果を原告らに提供する場合があることを説明しないまま、11月アンケートを実施したことは、国賠法1条1項所定の違法な行為であり、かつ、調査の主体となった本件小学校の教職員には過失もある」として、国家賠償責任を認めている。かかる判断は、アンケート内容に関する被害児童等の希望を事前に聴き取っていないなどその他の手続的瑕疵があった関係で、その全体をとらえて国家賠償法上違法と判断した可能性はあるものの、少なくとも違法評価の一事情として考慮されている以上、留意しなければならない。また、質問事項の作成に当たっては、言葉遣いや言い回しといったワーディングの簡潔性、客観性・中立性、具体性、正確さ、丁寧さが求められるとともに質問の順序にも配慮すべきであって[73]、被害児童等の代理人としてもアンケート内容を事前協議する際に留意することが重要だろう。

その他、アンケートにおいて、「そのことを、○○先生もしっていましたか」、「○○先生は、△△くんへのいじめにさんかしていましたか」などと、教職員の関与についても質問事項に入れるかどうかという問題があ

72　永田憲史著『逐条解説「いじめの重大事態の調査に関するガイドライン」』関西大学出版部（2023年）260頁以下。

73　前掲注72・永田著267頁以下。

る[74]。これは、学校として再発防止策を検討するに当たり、教職員が適切に対応していたかどうか把握するとともに、被害児童等としても、いじめをめぐる学校の安全配慮義務違反を追及する場合には有益な情報となる。しかしながら、まず「いじめ」の定義上、教職員からの体罰や無視などは児童間の行為ではないため、いじめに直接該当しない。そして、児童間のいじめに教職員が加担していたり容認していた場合には、いじめを助長した事情として調査の対象に含めることは理論上可能であるものの、このような事情は教職員や児童からの面談での聴き取りでも把握し得るのであって、アンケートにて把握する必要がどれだけあるかという問題もある。さらに、教職員によるいじめの放置などを質問事項に明記した場合、担任が自らの落ち度が発覚する事態を恐れて回答の修正を促したり、児童等も委縮して真実を記載できなくなるおそれがある[75]。以上のような理由から、アンケートにおいて教職員の問題行動を質問事項に含めることについて、個人的には慎重な見解であるものの、ケース次第では検討する余地があると思われる。

　なお、アンケートにおける質問事項において、被害児童等が深刻ないじめ態様として訴えているにもかかわらず、学校がアンケートへの反映に難色を示すことが時々ある。確かに、訴えているいじめ態様が多岐にわたる場合には、アンケート量が膨大になってしまい回答する児童生徒の負担が大きくなるため、ある程度質問事項を絞る必要はあるだろう。しかしながら、「当該いじめがないのは調べるまでもなく明らかである」、「児童の気持ちとしてはともかく、外形的にみれば問題のある行為とはとても評価できない」、「主張されるいじめの発生時期が不明確である（あまりにも昔の話である）」といった理由でアンケートへの反映を渋るのは、被害児童等の主観面を重視して対応するとの法の理念にそぐわないばかりでなく、ア

74　前掲注9・坂田編100頁に記載されている質問票例では、先生がいじめに加担していたかどうか、先生がいじめを把握していたかどうかについて、質問事項として明記している。

75　事案としては異なるが、毎日新聞「いじめ『ある』を『ない』に　アンケート22人分改ざんの小学校講師を懲戒免職　仙台市教委」2020年12月7日（https://mainichi.jp/articles/20201207/k00/00m/040/231000c）において、令和2年11月頃に仙台市にて、いじめ件数から除外したいとの思いから、担任の講師が児童22人分の回答欄を消しゴムで修正し、鉛筆で書き換えたり記述を消したりしたとの事件が報じられている。

第2 被害者側における弁護活動

ンケートが調査の初期段階にて実施されがちな事実を考慮すると、真相解明の可能性を自ら閉ざす対応といわざるを得ない。そのため、代理人として、どこまでアンケートに反映するか信頼関係に基づいて依頼者と調整する必要こそあるものの、仮に被害児童等の訴えにもかかわらず学校がアンケートへの反映を不当に拒絶してきた場合には、いじめの真相解明が妨げられるとして毅然と抗議すべきであるし、場合によっては調査義務の懈怠ととらえて法的措置やその後の再調査請求へつなげることも検討しなければならない。

イ） 資料の提出

被害児童等の代理人として、いじめ被害が実際に存在した事実を第三者委員会に理解してもらうべく、被害児童等にて保有している資料を提出できる。学校及び第三者委員会としても、証拠収集に関する強制力を有する法的権限が存在しない関係で、一方当事者から提出された証拠を積極的に検討してくれるし、初期段階で提出されることで被害申告のうちどの部分を重点的に調査すればよいか整理しやすくなるため、充実した調査を実現するうえで不可欠とさえいえる。

資料に関する規律について、当事者が提出できる証拠には何ら制限はなく、伝聞法則や違法収集証拠といった法律上の証拠制限規定も存在しない（もちろん、あまりにも反倫理的な手段で取得された証拠であれば、代理人として弁護士倫理の観点から提出を躊躇することはあろう）。そして、資料の提出時期も自由であるが、既に述べたとおり重点的に調査すべき事項を整理すべく初期にまとめて提出するのが望ましいし、逆に調査の終盤になって重大な資料が出てくるというのは、かえって不信感を与える結果にもつながりかねない。また、一方当事者が提出する証拠は、対立する当事者に対し閲覧謄写の機会を与える必要はないし、学校及び第三者委員会も、相手方から証拠を開示するよう請求された場合でも応じる義務はなく、実際応じるケースはまず存在しない。そのため、プライバシー性の高い情報であっても、マスキングを掛けることなく安心して提出できるという特色がある（ただし、最終的な調査報告書には反映される可能性があるため、仮に反映して

114

ほしくない場合には提出時に留保をつけるのが無難である）。

　提出すべき資料としては、暴力を受けている場合には外傷に関する写真や加療を要する旨の診断書、仮に暴行状況を録音録画している場合にはそのデータが想定されるし、インターネット上やLINEグループ等で誹謗中傷されている場合には、かかる誹謗中傷部分を保存印刷して提出することが一般的である。また、精神的疾患を患っている場合には、やはり診断書や入通院履歴、服薬している場合にはその処方歴が考えられるし、その他客観的証拠がない事情については、陳述書を提出することも一案である。かかる陳述書についても、他の証拠同様に相手方へ閲覧謄写させる必要はないし、反対尋問など陳述書の信用性を弾劾する機会も与えられない。その裏返しとして、第三者委員会としては、陳述書などについてその信用性を低く見積もる傾向があり、「第三者委員会において任意提出される書面は、重大事態が発生した後に、一方当事者の主張を書面化したものが多く、関係者のヒアリング等も同様であり、民事訴訟に置き換えると証拠としての信用性が低いと言わざるを得ない。」[76]との指摘も見受けられる。そのため、被害児童等が第三者委員会からの直接の聴き取りに応じられる場合には、重大事態の申立て後に陳述書を作成する実益は乏しい印象を受けるが、いじめ被害を受けている当時の日記などは、反対尋問を経ていなくてもなお一定の信用性を認めて差し支えないし、代理人としてもその旨主張すべきだろう[77]。

　その他、被害児童等が学校からの聴き取りが難しい場合に、保護者の面前にて被害状況を訴える動画データを提出したい旨依頼者から要請を受けることは少なくなく、ときには目撃者とされる児童生徒から聴き取った内容を秘密録音しているケースもある。この点、例えばフラッシュバックを発症している様子を撮影した動画であれば、被害の立証という観点からあ

76　木下裕一著「第三者委員会における『いじめ』の事実認定の方法と限界」季刊教育法197号（2018年）39頁。

77　できれば、当時日記を作成した事実を証明すべく確定日付をあらかじめ取得するのが望ましいが、いじめ被害につき弁護士として相談を受けているにもかかわらず、証拠確保の観点から当面放置するというのは、ケース次第では不適切な弁護活動ではないかという懸念がある。「コラム4　児童等が登校できている場合における弁護活動」も参照。

る程度有益であるものと思料する。これに対し、被害状況を説明している動画については、実際に内容を拝見すると保護者が積極的に誘導しており、半ば困惑する様子を示しながら児童が被害を供述していることが多い（ときには、保護者が一方的に事実関係を説明して児童は「うん」と連呼しているだけのケースすら存在する）。このような動画だと、具体性迫真性がないため信用性が低くみられてしまうし、それどころか今回の申立て自体が保護者による思い込みなのではないか（児童等は重大事態としての調査を望んでいないのではないか）という誤解を、第三者委員会に抱かせかねない。そのため、代理人としては、当該データを提出しても事実認定に役立つとは考え難い旨説明を尽くすことが想定されるが、依頼者がどうしても提出したいと希望する場合は手続面での満足度も考慮しなければならないため、提出によるデメリットを理解させたうえで提出するしかないだろう。

　なお、資料の収集に当たり、学校として強制力を持って所持品検査や指紋採取ができるかという問題が生じる。このうち、まず所持品検査については、学校内の秩序を維持する必要がある場合には合理的範囲内で児童生徒の所持品検査を実施することは可能である。実際、高校生同士の刺殺事件をめぐり学校の監督義務違反が問題となったケースにおいて、東京高判平成 11 年 9 月 28 日平成 10 年（ネ）1872 号〔28293503〕は、学校が「凶器等の持ち込みや携帯を防止するため、A〔加害生徒〕の動静や身辺の調査、所持品の検査等を入念にする措置を講じて、他の生徒の身体に対する危害を加えることを阻止する措置をとることを怠ったものであり、他の生徒らの安全を図るために必要にして十分なAに対する指導監督義務が尽くされていなかったものと認められる」として、むしろ一定の場合は所持品検査を実施しなければならない旨判示している[78]。いじめ調査についても、その真相を解明して再発防止策を講じることが学校内の秩序を維持するうえで必要がある場合には、児童生徒のプライバシーを過度に侵害しない範囲で所持品検査を行うことも許されるだろう。これに対し、犯人探しを目的とした指紋採取については、その違法性を争った下級審判例は見当

78　前掲注 39・菱村著 168 頁以下も参照。

たらなかった。もっとも、平成 27 年頃、東京都立川市の市立小学校にお
いて、靴に画鋲を入れた犯人を特定すべく、授業中に児童らから聴き取り
を行った後にスタンプのインクで全員の右手人差し指の指紋を採ったとい
う事件があり、立川市教育委員会は「児童の人権を侵害する極めて不適切
な指導」との見解を表明している[79]。指紋の採取ともなると、児童生徒の
プライバシー権に対する侵害の程度も大きくなるため、たとえ校内秩序を
維持する必要がある場合でも許容する余地はなく、いじめ調査として行う
のは難しいと言わざるを得ない。

ウ）　児童生徒等からの聴き取り

　児童生徒からの聴き取りは、いじめ調査における主たる手段であって、
ほかの調査手段に比べても、かかる聴き取りに費やす時間が圧倒的に多い
のが通常である。そして、聴き取りの方法としては、「(1)相談の問合せ～
面談時に確認すべき事項～」でも述べたとおり、誘導と被暗示性を受けや
すいという児童等の性質を考慮して、できる限りオープンな形で質問する
のが望ましい。とりわけ、学校及び第三者委員会は中立の立場で事実関係
を認定しなければならないため、新件問合せ時における代理人による聴き
取りと比べても、ストーリーを自発的に話させるための発問方法を徹底す
る必要がある。この点、問題となり得る質問方法として、クローズな質問
や誘導質問の他に、①「公園に赤いＴシャツで短パンを履いた小柄な女の
子がいたのを見なかった？」のように複数の質問を含みポイントが不明瞭
な質問、②「これまで聞いた話のとおりでいいよね」などと指示語の先が
不明瞭な質問、を例示している文献があり[80]、相談時における依頼者から
の聴き取り段階も含めて非常に参考となる。

　聴き取り調査をどのように実施するかについては、学校又は第三者委員
会に広範な裁量権が存在しており、代理人として聴き取りの順番や聴き取
り方法について意見することは可能であるものの、最終的には第三者委員
会が決定権を有しており、かかる決定につき被害児童等として争う法的手

79　菱村幸彦著『Ｑ＆Ａスクール・コンプライアンス 111 選』ぎょうせい（2017 年）138 頁。
80　前掲注 1・堀切著 95、96 頁。

段はない。もっとも、被害児童等への聴き取りについては、代理人として希望すれば聴き取りに同席することは可能であるし、被害児童等が質問の趣旨を誤解したり緊張しているとの理由で、学校に対し真実に反する回答を行っている場合には、介入して質問の趣旨を簡潔に説明するのが重要である。なお、かかる聴き取りにつき保護者が同席を希望することは多いが、回答に対し過度に介入されるおそれがあるとして第三者委員会から拒絶されることがほとんどであるし、実際トラブルのもとになりやすい[81]。そのため、代理人としても、保護者に対し「弁護士が同席するので安心してほしい」などと述べて自粛するよう促すべきである。また、第三者や加害児童等への聴き取りについては、弁護士であっても同席するのは通常不可能である（ただし、第三者又は加害児童等の代理人として同席できないかという問題は想定されるところであって、代理人の法的地位や不当な聴き取りを防ぐ観点からすれば、一定程度同席を許可すべきようにも思える）。

　聴き取り時間については、児童等の年齢にもよるものの長時間に及ぶと疲労して適切にやりとりできなくなる蓋然性が高いため、休憩時間をこまめに挟んだり数日間に分けて実施するといった工夫がなされるだろうし、被害児童等の体調面で不安がある場合には、聴き取り前に学校へその旨伝えるべきである。また、「第3　加害者側における弁護活動」でも改めて検討するが、加害児童等への聴き取りについてはどうしても詰問形式で長時間に及びやすく、無理にいじめ行為を認めるよう迫れば後に聴き取り内容の信用性が争点になりやすい。この点、佐賀地判平成25年12月13日平成22年（ワ）425号〔28292372〕は、原告が通う市立中学において、女子生徒の上靴がカッターで底の一部分を切り取られて中に画鋲を入れられ接着剤で下駄箱に固定されるという事件が発生したことに関し、本件中学の教諭らが原告を含む数人の生徒に対し事情を聴取した際、原告が犯人であると決めつけて執拗に脅迫的言動を用いるなどしながら長時間かけて

81　筆者の経験上、一度だけ保護者が同席する形での被害児童等への聴き取りを実施したことはあるが（筆者も同席）、保護者におけるいじめ被害の認識と児童の体験にズレがあったのか、途中からほぼ保護者が話す展開になってしまったため、後日やり直したことがある。このような展開になると、被害児童等の記憶も汚染されかねないし、何より複数回の聴き取りによる児童等の負担が大きいため、いじめ調査として失敗していると評価せざるを得ない。

事情聴取を行ったため、原告が解離性障害等に罹患した事案について、「本件事件に関与したことを大筋において認めていた〇〇〇ですら、B教諭らから本件事件についての事情聴取を受けた後に約25日間 a 中学校を欠席するに至っており、本件事情聴取は心身がいまだ十分に発達していない中学3年生の女子にとって極めてストレスの強い出来事に当たるといえること、原告が本件事情聴取を受けてから解離性障害に罹患していると診断されるまでの間学校から逃げる夢やB教諭に殺される夢を見続けていたこと、原告の別人格の1人が本件事情聴取を契機として別人格が現れた旨を述べたこと等に照らすと、本件事情聴取と原告が解離性障害等に罹患したこととの間には相当因果関係があると認めるのが相当である。」として、通院慰謝料や後遺障害慰謝料、弁護士費用として合計約1774万円の損害賠償請求を一部認容した。このケースはかなり極端な事実関係であるし、被害児童等に対する聴き取りにおいて、学校が長時間に及ぶ追及を行うことはまず想定し難いものの、仮に質問事項が不適切だったり被害児童等が当時のいじめ状況を思い出してフラッシュバックや過呼吸を発症した場合には、被害児童等の安全確保の観点から代理人として速やかに対応しなければならない。

　その他、第三者に対する聴き取りについては、必ずしも全児童生徒に行うわけではなく、アンケート内容を踏まえていじめの真相解明に有益な情報を有しているであろう児童生徒のみから聴き取るのが通常である。また、かかる聴き取りは、当事者への聴き取りに先立ってある程度包括的になされるのが通常であるし、被害児童等への聴き取り前の段階で、被害児童等の代理人として聴き取り結果を把握するのは現実的に難しい（もっとも、第三者への聴き取りによって関連するいじめや教職員の不適切な対応が発覚した場合には、第三者委員会として今回の調査対象に含めるかどうか検討し、事前に報告してくることはままある）。そして、聴き取り時間について、当事者ではないことから1人当たり長くて30分程度の聴き取りしか行わないケースが多いという印象があり、実際1人ひとりにつき数時間も

第2 被害者側における弁護活動

聴き取りを行うというのは全く現実的でないため[82]、よほど特段の事情が
ない限り被害児童等の代理人として異議を唱えるのは難しい[83]。

コラム6 児童等への聴き取りを実現できない場合

　ここまで、児童等への聴き取りが実現できるという前提で説明して
きたが、実は児童等への聴き取り自体が難航するケースは多い。

　これには様々な理由があり、まず総じて存在する理由として、既に
述べてきたとおり学校及び第三者委員会には、たとえ重大事態に該当
する場合でも強制力をもって調査する法的権限が存在しない。そのた
め、在学中であれば事実上強制力を働かせることで加害児童等又は第
三者から聴き取りを実施できるものの、法律論としてはあくまで任意
の協力を得て実施しているとの理解であるため、仮に授業を受けさせ
ずに夜間まで聴き取りを実施した場合や「帰りたい」と児童等が涙な
がらに訴えているにもかかわらず聴き取りを継続した場合には、手続
面での瑕疵や供述内容の信用性が大きな争点となる。また、「第2・
1(3)法28条における重大事態」で述べたとおり、仮に加害児童等が
既に卒業したり自主退学したりした場合には、聴き取りに任意で応じ
なければ、学校へ呼び出す手段に窮してしまう。さらに、目撃児童等
についても、いざ聴き取りを行おうとすると保護者から反発を受ける
ケースが少ないながら存在しており、場合によっては複数の保護者が
団結して抗議してくることもある[84]。こうなると、学校として板挟み

82　第三者委員会が設置されている場合でも、実際に聴き取りを行うのは通常学校の教職員である。そ
　のため、いじめ調査に関する負担があまりにも重くなれば、通常の授業にも支障が生じてしまい、最
　悪の場合教職員が過労で倒れるという事態にもなりかねない。被害児童等の代理人として、もちろん
　依頼者の利益を追求するのが最優先であるものの、学校に対し過度な要求を行えばクレーマーである
　と誤解されるおそれがあるため、最終的には一定のバランスを意識せざるを得ないように思える。

83　特段の事情として、例えば被害児童等が自殺しており、当時のいじめ状況や自殺直前における被
　害児童等の様子を目撃している児童等が1人しかいない場合には、真相解明の手掛かりが他に見当
　たらない以上、学校として長時間聴き取るべきであるし、被害児童等の遺族も当然それを強く希望
　するだろう。

84　完全に筆者の個人的経験則であるが、いわゆる進学校で大学受験に向けて日々勉学に取り組んで
　いるような学校だと、「なぜうちの子と無関係ないじめに関する聴き取りで、放課後残されなけれ
　ばならないのか」といった保護者のクレームが一定数出てきやすい印象を受けている。

の状態に陥ってしまうし、保護者の反対を押し切ってまで目撃児童等への聴き取りを強行するのは学校運営上望ましくないとの判断に陥りやすく（聴き取りに応じないことを理由として、目撃児童等に対し懲戒処分を下すのはさすがに難しい）、結果として目撃児童等への聴き取りが不十分に終わりやすい。

　そして、被害児童等についても、学校からの聴き取りに対し抵抗を示すことが多く、むしろ加害児童等よりも聴き取りを実現しにくいというのが個人的な実感である。まず、被害児童等が精神的疾患を発症してしまい、入院していたり引きこもりの状態に陥ったりしている場合には、そもそも学校へ来ること自体が難しい。また、仮にそこまでの被害が生じていない場合でも、いじめを受けていたにもかかわらず先生が助けてくれなかったという気持ちを抱いている被害児童等は多く、その学校が主体となって聴き取りを実施することにつき強い不信感を示しがちである。そうなると、被害児童等が信頼していた先生やスクールカウンセラー、場合によっては教育委員会の人間が対応する形で調査することが考えられるが、それでもなお難しいとなると調査を断念せざるを得なくなる[85]。その場合、本文でも述べた被害児童等名義の陳述書にて代用するという形になるが、児童等と対面して直接聴き取った内容ではないためどうしても信用性は低下してしまうし、児童等の文書作成能力次第では事実関係を正確に伝えられないおそれがある。

　以上のとおり、聴き取りを実現できない場合における調査への支障は大きく、その反動として学校関係者への聴き取りの比重が大きくなってしまうため、調査報告書も学校が従前保有していた情報に基づいて作成されがちである。このような報告書だと、両当事者の言い分が反映されていないとしてその後の紛争につながりやすいため、被害児童等の代理人としては部分的でもよいので聴き取りに応じるよう辛抱

85　前掲注76・木下著14頁では、被害児童等が希望していなかったにもかかわらず教育委員会が自主的に第三者委員会を設置し、聴き取りに関する保護者の協力を得られなかったというケースが紹介されている。

第 2 被害者側における弁護活動

強く働きかけるしかないのが、率直なところである。また、加害児童
等が正当な理由なく聴き取りに応じない場合には、被害児童等の言い
分を実質的に争わない意向であるとして被害児童等の言い分に基づい
ていじめを認定するよう、第三者委員会に対し要請するのも一案では
あろう。ただし、民事訴訟における擬制自白類似の制度は法律上存在
しないし、加害児童等に対する聴き取りであっても強制力を有さない
法規定と矛盾してしまう。結局のところ、第三者委員会が調査に関す
る法的権限を有していないのが問題であって、少なくとも加害児童等
と目される児童等への聴き取りについては、重大事態の一号事由に該
当し得る客観的な被害が生じている場合には強制力をもって聴き取り
を実施できるといった、法改正も視野に入れるべきではなかろうか。

エ）　インターネット上のいじめ

　匿名掲示板や LINE など、インターネット上における誹謗中傷や性的写
真の投稿といったいじめは年々増加する一方であって、学校へ登校してい
なくても昼夜を問わず継続的になされるという特色がある。また、非公開
の SNS にて行われる誹謗中傷などについては、その対象とされる児童等
もすべてを把握できていないケースが少なくなく、「当該行為の対象とな
った児童等が心身の苦痛を感じているもの」という定義の関係で、そもそ
も把握できていない段階ではいじめに該当しないのではないかという問題
はある。とはいえ、被害児童等が誹謗中傷を把握した場合にはその投稿者
を明らかにしたいと考えるのが通常であるし、学校もどうすればインター
ネット上のいじめに対応できるか関心の高いところであるため、以下言及
する。

　まず、いじめ防止対策推進法上におけるインターネット上のいじめに関
する規定として、以下のものが挙げられる。

（インターネットを通じて行われるいじめに対する対策の推進）
第 19 条　学校の設置者及びその設置する学校は、当該学校に在籍する児
　童等及びその保護者が、発信された情報の高度の流通性、発信者の匿

名性その他のインターネットを通じて送信される情報の特性を踏まえて、インターネットを通じて行われるいじめを防止し、及び効果的に対処することができるよう、これらの者に対し、必要な啓発活動を行うものとする。

2　国及び地方公共団体は、児童等がインターネットを通じて行われるいじめに巻き込まれていないかどうかを監視する関係機関又は関係団体の取組を支援するとともに、インターネットを通じて行われるいじめに関する事案に対処する体制の整備に努めるものとする。

3　インターネットを通じていじめが行われた場合において、当該いじめを受けた児童等又はその保護者は、当該いじめに係る情報の削除を求め、又は発信者情報（特定電気通信役務提供者の損害賠償責任の制限及び発信者情報の開示に関する法律（平成 13 年法律第 137 号）第 4 条第 1 項に規定する発信者情報をいう。）の開示を請求しようとするときは、必要に応じ、法務局又は地方法務局の協力を求めることができる。

（いじめの防止等のための対策の調査研究の推進等）

第 20 条　国及び地方公共団体は、いじめの防止及び早期発見のための方策等、いじめを受けた児童等又はその保護者に対する支援及びいじめを行った児童等に対する指導又はその保護者に対する助言の在り方、インターネットを通じて行われるいじめへの対応の在り方その他のいじめの防止等のために必要な事項やいじめの防止等のための対策の実施の状況についての調査研究及び検証を行うとともに、その成果を普及するものとする。

　ここで、法 19 条 3 項において、「発信者情報（特定電気通信役務提供者の損害賠償責任の制限及び発信者情報の開示に関する法律（平成 13 年法律第137 号）第 2 条第 6 号に規定する発信者情報をいう。）の開示を請求しようとするときは、必要に応じ、法務局又は地方法務局の協力を求めることができる。」と規定されており、インターネット上のいじめについてプロバイダ責任制限法の特則が定められているように一見思える。ただ、実際に地

方法務局などへ連絡するとプロバイダ責任制限法の規定を簡単に紹介されるのみで[86]、被害児童等に代わって発信者特定に向けた措置を講じてくれるわけではない（ましてや、第三者委員会において発信者情報を強制的に開示できる法的権限は、一切存在しない）。そのため、法律上の文言にもかかわらず、インターネット上のいじめについては被害児童等が自ら発信者情報開示請求を行わなければならないのであって[87]、LINE グループなどの特定少数間でなされる投稿については、プロバイダ責任制限法の対象外であるためかかる措置を講じるのも難しいという結論になる[88]。

　では、重大事態に基づく調査において、実際どのように発信した児童等を特定しているかというと、まさに前述してきたアンケートや関係者からの聴き取り、被害児童等から資料として提出された誹謗中傷に関する投稿のスクリーンショットなどから、いじめの有無を調査していくこととなる。この点、インターネット上でのいじめを早期に発見できる手段として「匿名通報アプリ」を導入している学校が一部存在するようであるが、かかるアプリも結局児童等への通報を促す程度の効果しか期待できず、むしろ通報を受けてコミュニティ上での犯人探しが行われる結果余計な紛争が生じかねないため、調査手法としてはほぼ期待できない[89]。その一方で、もともと学校内という限られた人間関係内でいじめが起きており、LINEグループ内での誹謗中傷などについては当該グループに参加している第三者から各アカウントが誰か把握することも容易であるため、意外と真相を解明できているというのが現状ではある。それでも、例えばX（旧ツイッター）でのなりすましアカウントなどは単独犯であることも少なくなく、誰がなりすましているのか直ちに特定できない場合は存在する。その場

---

[86]　詳細については、人権擁護局のホームページでも紹介されている（http://www.moj.go.jp/JINKEN/jinken88.html）。

[87]　これに対し、削除要請については、いじめ防止対策推進法施行前から、地方法務局が必要に応じて児童等に代わってプロバイダへ要請していた経緯がある。前掲注 12・第二東京弁護士会子どもの権利に関する委員会編 68 頁。

[88]　なお、清水陽平著『サイト別ネット中傷・炎上対応マニュアル〈第 4 版〉』弘文堂（2022 年）341 頁では、LINE 内にある問題報告フォームを利用して LINE 株式会社へ伝えることで、一定の救済を期待できる旨説明している。

[89]　前掲注 19・神内著 251 頁。なお、いわゆるネットパトロールを実施している教育委員会は多く存在するものと思料するが、どれだけ効果が生じているかは未知数といわざるを得ない。

合、第三者委員会としては、ある程度児童等に目星をつけて手当たり次第面談を実施するという手法を採用することになろうが、自白の強要にならないよう配慮しなければならないのは先述したとおりである。

このように、インターネット上でのいじめに関する第三者委員会による調査は、実は今でもアナログな手法で行われており、第三者委員会にて発信者を特定できない場合には、結局被害児童等が自ら法的措置を講じなければならない。そのため、できれば第三者委員会につき発信者情報の開示に関する法的権限を付与するのが望ましいのだろうか、裁判所の判断なしにかかる権限を付与するのは表現の自由との兼ね合いで極めて慎重にならなければならないし、ログ保存の関係で結局発信者を特定できないケースも多々生じることが容易に想定できる。あとは、法19条3項に基づいて、地方法務局が第三者委員会とより密に連携して発信者情報の開示に向けてプロバイダへ働きかけるという手段が考えられるが、この点につき文部科学省などで議論した形跡は見当たらない[90]。

また、インターネット上でのいじめに関連して、女子生徒を盗撮した画像又は動画データや、女子生徒の顔を切り取って第三者の女性（多くの場合裸などわいせつな内容である）の顔にはめ込んだ合成写真など、性被害に関連するSNS上でのいじめ行為が昨今増えている。これらは、画像加工アプリなど未成年者でも容易に利用可能かつ高度な機能を有したソフトが普及していることによる影響が大きいものと思料されるところ、その内容次第では児童ポルノ製造、保有若しくは提供に該当するとともに、令和6年6月20日に施行された「性的な姿態を撮影する行為等の処罰及び押収物に記録された性的な姿態の影像に係る電磁的記録の消去等に関する法律」における性的姿態等撮影罪にも該当し得る行為である。そのため、加害時における年齢次第では刑事事件として責任を追及されるおそれがあるし、実際捜査機関としても被害届の提出を受けて積極的に捜査する展開が

90　なお、総務省では平成21年8月より違法・有害情報相談センターを設置運営しており、ネットいじめなどの違法・有害情報への対応に関する学校関係者からの相談に対して、サイト管理者等への削除依頼の方法等を教示するなどしている。また、文部科学省も、平成29年7月からいじめ防止対策協議会の下にワーキンググループを設置し、SNSを活用したいじめ等に関する相談体制の構築について検討している。

第2 被害者側における弁護活動

少なくない。そして、インターネット上において不特定多数に向けて当該画像などが公表されている場合には、上記犯罪の成立を念頭にプロバイダへ働きかけることで、比較的容易に削除請求が認められることも多いので、被害が深刻化する前に迅速に対応することが重要となる。その他、仮に被害児童等が死亡している場合において、遺族の削除請求が認められるかという問題がある。この点、投稿の内容次第ではあるものの、遺族自身の名誉権やプライバシー権侵害を理由として削除請求することが考えられるし、仮にかかる侵害が認められない場合でも、故人の人格権が侵害されたことによって遺族の「敬愛追慕の情」が違法に侵害されたとして、削除請求を認める余地がある[91]。そして、発信者情報開示請求についても、東京地判令和3年7月7日令和2年（ワ）27783号〔29065522〕及び東京地判令和5年3月9日令和4年（ワ）20769号〔29077632〕において、敬愛追慕の情が侵害されたことを理由としていずれも発信者情報の開示を認めている。

(5) 第三者委員会～調査報告書～再調査

ア）　第三者委員会

重大事態に該当する場合、「速やかに、当該学校の設置者又はその設置する学校の下に組織を設け」（法28条1項）と規定されているとおり、調査を目的とした組織を別途設置する必要があり、これはしばしば「第三者委員会」と呼ばれている。そして、この組織の構成については、弁護士や精神科医、学識経験者、心理や福祉の専門家等の専門的知識及び経験を有する者であって、当該いじめ事案の関係者と直接の人間関係又は特別の利害関係を有しない者（第三者）について、職能団体や大学、学会からの推薦等により参加を図ることにより、当該調査の公平性・中立性を確保するよう努めることが求められている[92]。もっとも、この記載からもわかると

91　細川潔＝和泉貴士＝田中健太郎著「弁護士によるネットいじめ対応マニュアル～学校トラブルを中心に」エイデル研究所（2021年）186頁以下参照。

92　前掲注17・文部科学省34頁。

おり努力義務であって、必ずしも全委員を外部から招へいする必要はなく、教育委員会が設置主体となる場合には、法14条3項で規定される附属機関を調査組織として代用することも可能である[93]。とはいえ、実際には、第三者委員会が立ち上がる場合、弁護士や大学教授など一定の専門的知見を有している人物が選考されるのが通常であるため、学校が自ら調査を進めていく法23条のケースに比べると、十分に時間をかけた調査やきめ細やかな事実認定を期待できるし、一般論としては学校から独立した形で調査が進められるため、被害児童等の満足度も大きいのは間違いない。

　第三者委員会の設置目的としては、①いじめの事実の全容解明、②当該いじめの事案への対処、③同種の事案の再発防止が主に挙げられる[94]。ここで全容解明とあるように、法23条に基づく調査と比べた場合、より徹底した資料収集や関係者からの聴き取りを行い、取得した情報を踏まえて第三者的な立場から事実認定や今後の改善策を提言することが理念上は想定されているし、実際にも第三者委員会として最善を尽くす傾向がある。その一方で、前記「第2・1(4)いじめに関する調査」でも述べたとおり、第三者委員会が設置された場合でもその調査につき法律上の強制力はなく、加害児童等又は被害児童等からの聴き取りが不十分だったり、SNS上での誹謗中傷につき資料を確保できなかったりする場合には、どうしても不明瞭な点が残ったまま調査報告書を作成しなければならない。また、事実認定についても、民事・刑事上の責任追及やその他の争訟等への対応を直接の目的とするものではなく、学校とその設置者が事実に向き合うことで、当該事態への対処や同種の事態の発生防止を図ることが立法段階の理念ではある[95]。しかしながら、実際の運用においては、ほぼすべての被害児童等（及びその保護者）は「本当は何があったのか」が明らかになることを希望しており、特に自殺したケースにおいては、いじめとの因果関係が認められて最終的に遺族が救われることまで期待されている側面があ

93　石坂浩＝鬼澤秀昌編著『[改定版] 実践事例からみるスクールロイヤーの実務』日本法令（2023年）259頁。
94　前掲注93・石坂＝鬼澤編251頁。
95　前掲注17・文部科学省35頁。

ることも否定できない[96]。そして、第三者委員会による調査報告書は、その後の加害児童等又は学校に対する損害賠償請求において、いじめの存在や被害状況を立証するための証拠として提出されがちであり、その事実認定や信用性をめぐって大きな争点が生じ得る以上、第三者委員会としても作成段階から「事実認定を正確に行わなければ」といった意識を有さざるを得ない。この点、第三者委員としての活動経験がある弁護士の立場から、「最近は事実を一つ一つ認定してこれがいじめに当たるか否かという議論が多いようですが、それは違うのではないかと思い始めています。」、「個々の事実認定をしていくことが果たして本当に求められていることなのかどうか、私も疑問に思います。」[97]と、第三者委員会による事実認定が法の理念から離れつつあることへの懸念も示されている。

このように、被害児童等の期待にもかかわらず、第三者委員会として実現できる調査や事実認定には大きな制限が存在しており、その調査過程も法の理念とは必ずしも整合しない形で運用されている。本来的には、第三者委員会に対する調査権限の付与や、事実認定と第三者委員会による提言との切り分けなど、立法を通じて改善すべき部分は少なからず存在するものの、現時点では現行法の存在を前提として被害児童等の代理人も活動しなければならない。そこで、重大事態該当後における第三者委員会との関わりについて、被害児童等の代理人として想定される一般的な流れを説明する。

まず、被害児童等が通知書などで本件いじめが重大事態に該当する旨主張し、かかる主張を受けて学校が重大事態として認定した場合には、その後問題なく第三者委員会が立ち上がり委員の選考手続に入る。これに対し、被害児童等の主張にもかかわらず学校が重大事態として認定しない場合、被害児童等の代理人としては、重大事態と認定するよう改めて抗議文を送付したり、監督庁へ連絡して行政指導を促すことが考えられる。もっとも、公立学校であればともかく、私立学校の場合は自治体がペナルティを課せるわけではないため、社会問題としてマスメディアが報道でもしな

96　小野田正利司会進行「座談会　いじめ重大事態の第三者委員会の姿を問う」季刊教育法197号（2018年）12頁。

97　前掲注96・小野田正利司会進行13頁〔横山発言〕。

い限り、行政指導を受けたにもかかわらず学校が放置するという展開も想定できる。その場合、被害児童等の代理人としては、学校の言い分を甘受して法23条に基づくいじめ調査にとどめるか、又は前記「第2・1(3)法28条における重大事態」でも触れたとおり、重大事態と認定しないことにつき安全配慮義務違反が生じているとして、別途学校に対し法的措置を講じる必要がある。その後、重大事態の不認定について指導援助義務違反を認めたさいたま地判令和3年12月15日判タ1502号89頁〔28300012〕が出たのは、既に述べたとおりであるが、そもそも重大事態として認定するかどうかについて裁量があるかのごとき主張をしてくる学校に問題があろう。この点、少なくとも現行法の文言からはかかる裁量の存在を読み取るのは難しく、2号事由としての重大事態件数が増えてしまい現場の負担が過大化する懸念はあるものの、法改正がなされない限りは学校として適切に重大事態を認定のうえ、第三者委員会の設置など法律に基づく作業に取り組まなければならない。

　次に、委員の選考手続について、公立学校の場合は教育委員会を通じて最寄りの弁護士会や大学へ打診することで、公正中立な形で委員が選考されているように思われる。これに対し、私立学校の場合だと、顧問先の事務所と関係性があるように思われる弁護士が委員として選任されたり、学校のOB・OGが委員として軒並み連ねるケースが少なくない。もちろん、顧問弁護士がそのまま委員に就くわけではないため弁護士倫理上の問題は生じないものの（さらにいえば、仮に顧問弁護士が委員へ就任したとしても、中立性・公平性に対する懸念はともかく、何らかの利益相反が生じているとまでは評価できないかもしれない）、やはり被害児童等からみると一定の不信感は生じやすい。そのため、委員の選考段階において被害児童等から委員を推薦するといった手段が考えられるところであって、実際、平成28年以降の重大事態ケースにおいて、半分の委員が遺族による推薦に基づき選任されたとの報告がある[98]。その一方で、仮に被害児童等として推

98　前掲注93・石坂＝鬼澤編著271頁。もっとも、紹介されているケースはいずれも被害児童等が自殺したケースであるため、通常のケースにおいて委員の半数が被害児童等の推薦から選任されるかといわれると、筆者の個人的経験に基づく限り難航するのではないかという印象である。

薦する場合でも、現実的には弁護士会や大学病院などへ自ら打診して、候補者がいないかどうか模索することが多い。例えば、従前より被害児童等を診察しているクリニックにて勤務している医師や、代理人弁護士とのつながりが深い弁護士などを推薦した場合は、逆に中立性・公平性に疑いが生じて学校から難色を示されるだろうし、委員に就いた場合でも調査報告書の信用性へ悪影響を及ぼす可能性があるので、留意を要する[99]。

　また、近年は重大事態が発生したことを受けて調査組織を急きょ立ち上げることの困難性や地域における第三者委員の人材不足などを理由として、重大事態が発生する以前から教育委員会等に常設の調査組織が設置されているケースは少なくない[100]。もっとも、常設の調査組織の場合、その性質上教育委員会等と継続的な関係を築いており、その公平性・中立性に被害児童等から不信感を抱かれやすい。そして、重大事態となる前の段階で、重大事態となったいじめ事案について教育委員会等から情報提供を受けていれば、ケースに対する予断や偏見を抱きやすく、その観点からも第三者性を失いやすい。筆者の経験上、常設の第三者委員会ではなく外部から複数委員を個別に選任するよう要請した場合、応じるかどうかは教育委員会等の裁量に大きく委ねられる傾向にある。教育委員会等の立場としては、都度弁護士会などから推薦を受けて選任手続をとることで生じる時間のロスや人材確保への懸念を指摘しつつ[101]、常設の組織で調査したい旨の弁護士からの要請にもかかわらず反発するケースが散見されるところであって、その場合に違法性を争えるかといわれるとなかなか難しいのは否定できない。その一方で、常設の調査組織においては、調査を進めていくなかでその中立性や第三者性に対し疑義を抱くケースは一定程度存在しており、将来における学校の安全配慮義務違反への追及を見越してか、加害児童等のいじめ行為については踏み込んで認定しながら、学校の対応として

99　この点、第三者委員の報酬の低さや負担を理由として、委員のなり手が年々減少しているとの指摘はしばしばなされており、「日本児童青年精神医学会は組織として団体推薦に応じないと決めたと聞いています」との発言も見受けられる。前掲注96・15頁〔木下発言〕。

100　以下、前掲注72・永田著160頁以下を参照。

101　さらにいえば、重大事態に対する評価の軽重に応じて、教育委員会などとして対応を変えている側面は否定できない。実際、被害児童等が死亡している場合においては、筆者の知る限り外部委員を中心とした第三者委員会が設置されている。

は問題なかった旨繰り返し強調するかのごとき調査報告書も見かける次第である。どのように第三者委員を確保するかの制度的手当については、委員への報酬など予算的な制約もあるため簡単に解決できる問題ではなく、かかる問題の解決を目指すうえで社会からの理解をより得る必要はあるとの見解であるが、重大事態の制度趣旨が没却されないよう安易な常設組織での対応には謙抑的でなければならない。

　そして、第三者委員が選任されて事務局の設置や設置要綱が作成された後は、本格的にいじめ調査が開始することになる。この点、設置要綱の作成に際しても被害児童等の保護者と協議しながら作成することが重要であるとの指摘があり[102]、被害児童等の理解を得ながら調査を進めるという視点に立った場合、事前に協議するのが理念的にも望ましいのはいうまでもない。しかしながら、被害児童等としては、調査スケジュールに関する協議や調査経過に関するこまめな報告の方が、第三者委員会への要求事項としてははるかに重要であるし、設置要綱自体必ずしも厳格な拘束力があるわけではない（そもそも、設置要綱を作成せずに第三者委員会が運営されているケースも少なくない印象である）。そのため、被害児童等の代理人としては、設置要綱の作成に時間を要するよりは早期の調査を実現した方が有益であるため、かかる作成協議につき無理にこだわる必要はないものと思料する。いじめ調査の開始に先立って、第三者委員会の委員と面談し、被害児童等の意向や希望する調査内容、手持ちの資料を提供するといった作業は極めて重要であって、特段の事情がない限りは必ず実施するよう心掛けたい。とりわけ、2号事由への該当性を理由とする場合は、第三者委員会として具体的にどのような被害が生じているのかみえにくいため、被害児童等がどうして不登校に陥ったのかという観点から、資料を踏まえつつ調査すべきポイントを絞ることで、調査の質は劇的に向上するように思われる。この点、ケースによっては、学校が窓口になるとして第三者委員会との面談を拒絶されることがあるが、被害児童等及びその保護者の意向を直接第三者委員へ伝えるのは、その後の調査を行っていくうえで大きな影響

102　前掲注93・石坂＝鬼澤編著277頁。

を与えることが否定できないため、代理人としては早期の面談を実現するようやはり交渉すべきである。なお、仮に第三者委員会が立ち上がった場合でも、関係者への聴き取りなど実際の調査を行うのは多くの場合学校であるため[103]、第三者委員との面談においてはあくまで意向を伝えるにとどめ、具体的な事実関係を縷々述べるのは望ましくない。

いじめ調査に関する具体的な方針が固まった後、いよいよいじめ調査が本格的にスタートする。いじめの調査方法については、前記「(4)いじめに関する調査」にて具体的に検討したとおりであって、第三者委員会において調査に関する法的権限が付与されていない事実も、既に述べている。なお、アンケート調査については、公正性を担保する観点から、第三者委員会の委員が学校で生徒へアンケートの趣旨を説明するケースも存在するようである[104]。また、被害児童等への聴き取りにおいては、被害児童等を落ち着かせる観点から弁護士が代理人として同席すべきであるし、かかる同席が拒否されることはほぼない。なお、第三者委員会は、教育委員会が保有する資料のみでなく関係当事者からの聴き取りも適切に行うべき法的義務を負っている。この点、桐生市立小いじめ自殺損害賠償請求事件（前橋地判平成26年3月14日判時2226号49頁〔28221992〕）では、教育委員会提出資料のみに基づいた調査報告を不十分なものとして調査報告義務違反と判断しており[105]、当該争点につき判断した数少ない下級審判例として先例的価値がある。

ここで重要となるのは、調査経過に関する第三者委員会からの情報提供である。すなわち、調査が予定どおり進んでいるかどうか、調査を経て第三者委員会としてどのような追加調査を想定しているかといった情報は、被害児童等として非常に関心が高いところである。そして、仮にかかる調

103　本来的には、第三者委員会は学校からも独立した立場であるため、関係者への聴き取りなどを自ら実施すべきであるし、被害児童等が自殺しているなど重大性が高いケースにおいては、実際に委員が分担して聴き取り調査を行う傾向にある。その一方で、比較的軽微と見立てられたケースにおいては、委員の時間的負担などを考慮して学校の教職員がアンケートや聴き取りを代行しているのが現状である。これは、結局第三者委員としての活動に専念できるほどに、委員に対し報酬や調査権限を付与されていないからであって、この点を踏まえても制度的な改善点は多いといわざるを得ないのである。

104　前掲注93・石坂＝鬼澤編著273頁。

105　市川須美子「体罰・いじめ調査と個人情報保護」論究ジュリスト22号（2017年）91頁。

査経過を把握せずに調査報告書が完成した場合、被害児童等として「なぜこの点に関する調査が不十分なのか」、「○○くんへの聴き取りをどうして行っていないのか」といった不満が出てくる展開は非常に多く、後述する再調査請求にも発展しやすい。そのため、被害児童等の手続的満足度を高める観点からも、第三者委員会としては、委員会での打合せが行われた都度、調査経過や今後の調査スケジュールを書面にて説明すべきである。なお、伝える情報としては、あくまで調査経過などの手続面にとどまり、調査内容については調査報告書での事実認定及び報告が予定されているため、この段階で逐一情報提供する必要はない（被害児童等が調査結果に不満を抱いて、「調査を今すぐやり直せ」などと不毛なトラブルが生じかねないため、円滑な調査進行という観点からも手続面に関する情報のみ伝えれば十分である）。

　また、仮に第三者委員会が被害児童等へ調査経過を説明する場合、学校や加害児童等に対しても同様に説明すべきかという問題がある。この点、学校については、実質的にみれば調査へある程度関与しているし、第三者委員会としてどういった方針で進める予定なのか学校として把握する実益は大きいため、同様に情報を提供すべきと解する[106]。これに対し、加害児童等への情報提供については、調査スケジュールを把握することで加害児童等が事前に口裏合わせを行うおそれは否定できないし、被害児童等からの申立てでいじめ調査が開始している事実を考慮すると、かかる経過に対する加害児童等の関心に対し、第三者委員会として配慮する必要はないように思われる。とりわけ、加害児童等に対する刑事事件や懲戒処分手続も並行して進んでいるケースにおいては、法の理念を踏まえても調査の密行性を考慮せざるを得ず、安易に調査経過が把握されることで真相解明を難しくしてしまう展開は十分想定できる。そのため、加害児童に対しては、調査経過や調査スケジュールについて情報を提供すべきではないし、仮に情報提供を求められた場合でも、第三者委員会として毅然と拒絶しなければならない。その場合、加害児童等として情報開示請求を行ってくる可能

106　前掲注93・石坂＝鬼澤編著272頁も同旨。

第2 被害者側における弁護活動

性はあるものの、被害児童等及び第三者の個人情報などが含まれており、法文上も「当該調査に係るいじめを受けた児童等及びその保護者に対し」（法28条2項）と加害児童等への情報提供を想定していないため、特段懸念する必要はないものと思料する。

そして、第三者委員会による調査が無事に終了した後、後述の「第2・1(5)イ 調査報告書」にて記載する調査報告書が作成されることになる。

コラム7　適切な第三者委員会とは何か

第三者委員会のあり方については、いまだ議論が尽くされていないのみでなく、そもそも「第三者」の該当性に甚だ疑問を抱かざるを得ない委員構成となっているケースが少なくない[107]。この点、文部科学省が定めるガイドラインにおいても、「第三者」について、当該いじめの事案の関係者と直接の人間関係又は特別の利害関係を有しない者と定義しているのであって、この文言を素直に理解する限り、校長など学校関係者が第三者委員を構成するのは明らかに問題がある。同様に、教育委員会で常設しているいじめ対策組織も、日頃学校に対し指導監督する立場である以上直接の人間関係を有している可能性はあるし、私立学校において顧問弁護士が第三者委員に選定されるのも、学校の安全配慮義務違反を否定する方向で調査報告する展開が容易に想定されるため、中立性及び公正性を欠いているとの疑いを拭えない。

しかしながら、現実にはこのような立場の人間が委員として選任されることが多く、筆者の経験上極端なケースとして、弁護士1名以外はすべて重大事態の発生した学校関係者であって、その弁護士も教育委員会の非常勤弁護士として日頃から活動しているとともに、当該自治体内で発生したすべての重大事態において毎回第三者委員に選任されていたことがある。ここまで来るともはや学校との同一性が強く認められるのであって、いくら第三者委員が内容面の中立性・公正性

---

107 「第三者」への該当性検討については、前掲注72・永田著125頁以下が非常に詳しい。

を訴えても、被害児童等としてその調査過程に対し大きな不信感を抱くのは当然だろう。そして、第三者委員の選任前に受任するケースであれば早期に意見を述べることでこのような事態を回避できる余地はあるものの（もっとも、かかる意見を受けてもなお選任を強行してくるケースも存在する）、組織設立後ある程度調査が進んだ段階での受任となると、そこから委員の中立性・公正性に疑義を唱えても第三者委員会の再設置に繋がる展開にはなりにくく、あとは再調査の上申で一からやり直すことを検討する必要がある。このような展開は、せっかく立ち上げた第三者委員会による長年の調査報告を無駄にするだけでなく、既に述べたとおり委員の疲弊感から来るなり手不足の問題にもつながり得るのであって[108]、お互いにとって実益を欠いているのである。

　以上を踏まえて、適切な第三者委員会とは何かについて一私見を述べると、全く利害関係を有さない外部の専門家（弁護士や大学教授、心理士、いじめに関するNPO団体など）を3名程度招へいし、コンパクトな形で組織を設置するのが望ましいと考える。この場合、委員は少数精鋭となる関係で1人ひとりの負担は大きくなるものの、現実的に第三者委員として直接聴き取りを行わなければならない局面はそれほど多くなく、アンケートの実施など資料収集について学校関係者へ指示する形で行うことで、ある程度効率的な調査は期待できる。また、多数の第三者委員で構成されているケース（さらにいえば、その多くが何らかの利害関係を有しているのではないかと疑われるケース）においては、誰が調査を主導してどのような報告にまとめているのか責任の所在がみえにくく、全員の意見を調整しようとした結果なのか玉虫色の事実認定や提言に終始してしまい、かえって調査報告書の質が低下しているきらいがある。何より、中立公正な第三者のみで組織が構成されている事実は、被害児童等の第三者委員会に対する信頼感にも繋がるのであって、より理想的には第三者委員会の各会議においても、教育委員会の人間がオブザーバーなどと称して同席しないのが望

108　後述するとおり、第三者委員の選任段階における被害児童等の意見を適切に反映することは、その後における再調査上申に際し、再調査の必要性を否定する事情として考慮し得るだろう。

第 2　被害者側における弁護活動

ましい。

　上記は、あくまで筆者の経験に基づく一試案であって、すべてのケースにおいて一概に適用すべき考えとは理解していない。とりわけ、被害児童等が自殺して社会問題化していたり、関係当事者が多数存在するケースにおいては、3名での調査となると限界はあるかもしれない[109]。それでも、いじめ防止対策推進法があえて重大事態として別枠での調査システムを定めた趣旨からすれば、安易に学校関係者や教育委員会の人間、顧問弁護士を第三者委員に選任すべきではないのであって、その中立性・公正性にあらぬ疑義を抱かれないよう厳正な対応が望まれるのではなかろうか。

イ）　調査報告書

　調査報告書について、いじめ防止対策推進法上「調査報告書」という文言は規定されておらず、被害児童等との関係においては、「当該調査に係るいじめを受けた児童等及びその保護者に対し、当該調査に係る重大事態の事実関係等その他の必要な情報を適切に提供するものとする。」（法28条2項）との文言から、調査結果の報告が導かれることになる。そのうえで、後述するとおり、学校は国立・公立・私立の区別に応じて関係機関に対し調査結果を報告しなければならず、本来的には当該報告書を指して「調査報告書」と呼ぶのが正しい理解である。その一方で、かかる報告書に記載された内容は、被害児童等への情報提供においても基本的に同一である以上、現実的には関係機関への報告に先行して「調査報告書」を被害児童等へ提供しているため、あたかも被害児童等に対する調査報告を目的とした書面であるかのような誤解が生じやすい。

　この点は、実務を行ううえでさほど気にする事項でもないのだが、「誰のための調査報告書なのか」という問題は、いじめ調査をめぐる近年の訴訟において意識的に議論されている印象を受ける。そして、被害児童等の

109　もっとも、第三者委員の負担を軽減する方法として、破産管財における代理選任のように、第三者委員の責任でサポートしてくれる者を追加すればよいのであって、やはり学校関係者などを第三者委員に選任すべき理由にはならないように思われる。

代理人として活動する場合には、被害児童等に対しどれだけ情報が提供されるかが重要な関心ごとになるため、この観点から解説する。

　調査報告書の記載内容としては、調査により明らかになった事実関係である。ここで、重大事態に基づく調査においては、重大事態に至る要因となったいじめ行為が、いつ（いつ頃から）、誰から行われ、どのような態様であったか、いじめを生んだ背景事情や児童生徒の人間関係にどのような問題があったか、学校・教職員がどのように対応したかなどの事実関係を、可能な限り網羅的に明確にすることが目指されている[110]。そして、前記「第2・1⑵法23条に基づく措置」でも説明したとおり、重大事態における被害児童等への情報提供においては、加害児童等の氏名及び住所を伝えることは個人情報保護の観点からも問題ない。もちろん、調査報告書については原則として公表するのが望ましい旨が文部科学省から通達されているところ、仮に公表する場合にはプライバシーの観点から個人情報を伏せる必要がある。

　これに対し、いじめを生んだ背景事情については、被害児童等に対しても情報提供するかどうかが大きな問題となる。というのも、第三者委員会として実際にどこまで調査できるかはともかく、仮に加害児童等の成育環境や発達特性の有無、とりわけ保護者による児童虐待などが調査によって把握できた場合、氏名や住所に比べてもプライバシー性ははるかに高いため、その取扱いは慎重にならざるを得ない。また、個人情報保護法又は条例との関係においても、いじめの具体的態様や加害児童等の氏名・住所さえ把握できれば、被害児童等として損害賠償などの法的措置を講じるのは可能であって、加害児童等の成育環境について把握すべき事情は必ずしも見当たらない。そのため、いじめを生んだ背景事情について被害児童等へ伝えるかどうかは、その記載内容を踏まえて第三者委員会にて慎重に判断すべきであって、少なくとも加害児童等の氏名や住所のように必ず情報共有を要する事項ではないように思われる。一方で、法が被害児童等のみでなく加害児童等に対する教育的配慮も理念として掲げており、いじめの真

110　前掲注11・大阪弁護士会子どもの権利委員会いじめ問題研究会編著112頁。

相解明に当たってその背景事情も踏まえて提言すべきである事実を考慮すると、調査報告書への記載自体はむしろ望ましいだろう。そこで、調査報告書においてはいじめを生んだ背景事情も記載しつつ、被害児童等への情報共有に際しては当該箇所をマスキングするというのが1つの解決策になるが、マスキングされた箇所につき情報開示請求や訴訟における文書提出命令の対象となるかどうかは、明確に判断した下級審判例が見当たらない。ちなみに、稀ではあるものの、学校が被害児童等に対し調査報告書を開示せず、開示しても閲覧のみでその写しを被害児童等へ交付しないというケースがある。このような学校の対応は、被害児童等への情報提供を怠っている点で違法といわざるを得ないし（教職員が同席する場での限られた時間での閲覧では、調査報告書に記載された事実関係をすべて把握することなど不可能である）、教育委員会などへの報告に添付できる意見書作成の機会を実質的に奪うものである。何より、冒頭で述べた「誰のための調査報告書なのか」という問いにおいて、被害児童等の納得をないがしろにして事件の収束を図ろうとするものであって、およそ法の理念を理解していないと評価するほかない。そのため、仮にこのような対応を受けた場合には、調査報告書を交付するよう毅然と抗議するとともに、情報提供義務違反を理由として学校への損害賠償請求を検討する価値は十分あるのではなかろうか[111]。

　そして、調査報告書においては、いじめの具体的態様に関する第三者委員会としての事実認定が記載される。この点、限られた証拠収集能力の中で個別のいじめ行為まで詳細に認定すべきなのかという疑念が存在するのは、前記「(4)いじめに関する調査」で説明したとおりであるが、現状としては各時期も含めてできる限り詳細に事実認定するケースが多い。その一方で、第三者委員会として明確に認定できない場合には「不明である」という結論になるし、被害児童等の言い分のみでは安易に事実認定しない傾向にもあるため、被害児童等が訴えたいじめがすべて認定されることは皆

111　この点、法23条の場合とは異なり、重大事態における学校による情報提供については法的義務であると理解する見解が多数である。前掲注12・第二東京弁護士会子どもの権利に関する委員会編107頁など。

無といってよく、その限度で被害児童等の不満はどうしても生じてしまう。とりわけ、被害との因果関係をどのように考えるかは、非常に難しい問題である。この点、あくまで教育的目的から調査報告書が作成されるとの理念を前提とすれば、かかる因果関係について法的な意味での相当因果関係まで踏み込むことは妥当ではなく、いじめが重大な被害又は不登校に何らかの影響を与えたのか否かで判断すれば足りるという見解がある[112]。しかしながら、事実として重大な被害又は不登校が生じており、いじめ以外に想定し得る原因がなく被害児童等もいじめが原因であると主張している場合、「何らかの影響を与えた」として、総じていじめとの因果関係が認められる結論になりかねない。これでは因果関係の幅が緩やかに過ぎるあまり、加害児童等として改善すべき事象の特定が難しくなるのみでなく、その後の訴訟における証拠としての調査報告書の価値が下がってしまい[113]、かえって真相解明及び再発防止に向けた検証がおろそかになる懸念を有する。そのため、各いじめが被害に及ぼした影響を丁寧に分析したうえで、通常そのような結果が生じるであろういじめについて因果関係を認めるべきであるし、尽くすべき調査を尽くしてもなお被害との因果関係が認定できないのであれば、教育的観点においても過度に加害児童等を責めるのはむしろその更生を妨げかねない以上、やむを得ない帰結であろう[114]。また、調査の結果、被害児童等も把握していなかったいじめが発覚するケースもままある。その場合、被害児童等へ伝えることで精神的苦痛を新たに受けるのではないかという懸念も生じ得るものの、現実には調査報告書において記載されて被害児童等に対してもありのままに情報提供されている印象を受ける。その他、調査の結果、加害児童等が別の児童等にもいじめを行っていた事実が判明するケースは、意外と少なくない。この

---

112 前掲注72・永田著37頁。

113 いじめと各損害との因果関係を丁寧に認定した調査報告書は、たとえ調査報告書の理念を踏まえても裁判における証拠として大きな信用性を有するのであって、被害児童等の救済に資する。

114 特に自殺などの重大な被害が生じている場合、被害との因果関係を認めない調査報告書が提出されると世論の激しい非難に晒されるとともに、再調査で一からやり直すというケースが昨今多く見受けられる。もちろん、自殺という取り返しのつかない被害が生じている以上、その調査報告は極めて慎重になされなければならないものの、因果関係を認めるとの結論ありきで調査するのが重大事態の理念にかなっているとは、筆者は解し得ない。

場合、被害児童等と無関係である場合には調査報告書にも記載されないことが多いように思われるが、何らかの関連性があると第三者委員会として判断した場合には、調査報告書にて付随的に検討しているケースも筆者の経験上少ないながら存在した。

このように、調査報告書におけるいじめの事実認定は、当事者や学校にとっては最大の関心事であるし、かかる事実認定に不満がある場合には再調査の上申へと移行しがちであるため、第三者委員会としても最も負担が大きい。また、被害児童等の代理人としても、調査報告書の本来の趣旨にもかかわらず、その後の訴訟にて証拠として利用することは視野に入れているため、仮に看過できない事実誤認が記載されている場合には、調査報告書の訂正を促すべく資料を踏まえて説得的に論じるべきだろう（後述するとおり、教育委員会などへの報告に添付する意見書の形でもよい）。

また、調査報告書においては、いじめの再発防止に向けた第三者委員会としての提言や、学校にて講じるべき再発防止策も併せて記載される。とはいっても、いじめ対策の研修や相談体制の整備、スクールカウンセラーの充実といった比較的定型の防止策が羅列されているのみで、個別のケースを踏まえた具体的な再発防止策や提言が記載されているかというと、疑問を抱かざるを得ないのが実態ではある。これは、かかる再発防止策や提言につき学校に対する法的拘束力が存在せず、第三者委員会の立場として加害児童等への退学処分を促すことも難しいため、抽象的な提言にとどまってしまうのはやむを得ないという側面がある。しかしながら、第三者委員会として具体的かつ積極的な提言を述べることで、学校としてもかかる提言を1つの正当化根拠として思い切った再発防止策を講じやすくなるし、被害児童等としてもいじめ被害から立ち直る契機になり得るため、今後のあり方については改善の余地があるように思われる。とりわけ、いじめ対応につき学校に落ち度が存在したようなケースにおいては、加害児童等への責任追及に加えて学校の安全配慮義務違反も問題視する必要が出てくるため、学校が自らの不手際を真摯に受け止めて今後の改善につなげる観点からも、第三者委員会としてはできる限り詳細に提言すべきである。なお、調査報告書の公表時、及び調査経過に関する記者会見などを行うに

際し、真実に反する事項を公表して被害児童等の名誉を毀損してはならないのは当然である。この点、那覇地判令和5年3月23日平成30年（ワ）762号〔28311400〕では、教育長が記者会見において、旧第三者委員会が結論を出していないにもかかわらずいじめの事実を否定する旨の発言をしたことについて、客観的事実に反する発言であると認定したうえで、遺族である原告らがその当時受けていた風評被害を一定程度助長したことは否定し難く、市が設置した学校に通う児童の保護者が受けるおそれのある風評被害を助長させてはならない職務上の注意義務を負っていたところ、かかる注意義務を尽くすことなく漫然と上記発言をしたとして、国家賠償法上違法と認定している。「市が設置した学校に通う児童の保護者が受けるおそれのある風評被害を助長させてはならない職務上の注意義務」がどのような法的根拠に基づき導き出されるのか、判決理由として不明瞭な部分はあるものの、結論としては首肯できる。

　最後に、近年調査報告書においていじめの事実や学校の落ち度を認定したにもかかわらず、学校や自治体がかかる報告書を認めずに訴訟などで争うケースが散見される[115]。これらの主張自体は、調査報告書における事実認定が絶対的なものではなく、裁判においてその信用性を改めて争うことも構造的に予定されている以上、全く根拠がないわけではない。その一方で、第三者委員会は中立的な立場で事実認定や提言を行っており、かかる認定に当たり限られた証拠収集能力とはいえ一定の調査を行っている以上、その報告結果について関係当事者は真摯に受け止めるべきである。にもかかわらず、学校や自治体が、自らの法的責任を回避すべく第三者委員会やいじめ防止対策推進法の存在意義自体を否定するというのは、教育を行うべき公的機関として不適切といわざるを得ず、社会からの批判は避けられないところである。結局、いじめ防止対策推進法の不備から生じる関係当事者の不信感であって、第三者委員会での証拠収集手段の確保など従前述べてきた法改正を検討すべきではあるのだが、少なくとも現行法の下

115　直近の報道としては、西日本新聞「長崎高2自殺、いじめ認定に学校異議　第三者委の報告『不服』」(2019年2月26日)、東京新聞「川口いじめ訴訟　市側が『いじめ防止法に欠陥』と主張　識者から批判『危険な発想だ』」(2019年9月19日)など。

第 2 被害者側における弁護活動

では、いじめ被害を最小限に抑えるという観点から関係当事者が誠実に対応しなければならないのである。

ウ） 再調査

重大事態に基づく調査報告書がまとめられると、国立学校の場合は文部科学大臣に対し（法29条1項）、公立学校の場合は地方公共団体の教育委員会に対し（法30条1項）、私立学校の場合は当該学校を所管する都道府県知事に対し（法31条1項）、調査結果を報告しなければならない。この点、法文上は「重大事態が発生した旨」を報告すべきことのみが規定されているが、各条2項において1項の調査結果について再調査をなし得る旨規定されていることから、各1項の報告には法28条1項の調査結果についても行われると解されており、この点につき異論はない。また、学校は、被害児童等が希望する場合には、被害児童等又はその保護者の所見をまとめた文書の提供を受け、調査結果の報告に際し添付すべきである[116]。

そして、仮に教育委員会などが、報告に係る重大事態への対処又は当該重大事態と同種の事態の発生の防止のため必要があると認めるときは、調査の結果について再調査を行うことができる（法29条2項、30条2項、31条2項）。そして、当該再調査の結果を踏まえて、当該調査に係る重大事態への対処又は当該重大事態と同種の事態の発生の防止のために必要な措置を講じることができる（法29条3項、30条5項、31条3項）。この規定からもわかるとおり、再調査については、教育委員会などが必要と認めるときに行うものであって、被害児童等として再調査を行うよう請求する権利は認められておらず、あくまで職権発動を上申するにとどまる。しかしながら、再調査を請求した場合に必ず実施すべきであると誤解している被害児童等の保護者は、現実的に少なくないところであって、教育委員会などとして再調査に応じない旨回答したためにマスメディアから批判されているケースも散見される。とりわけ、被害児童等が自殺した場合において、その遺族が主張していたいじめ行為の一部が認められない、又は自殺

---

116 前掲注12・第二東京弁護士会子どもの権利に関する委員会編115頁。

| 142 |

との因果関係を認定していないとして、再調査を請求するケースは非常に多い。その際に、再調査すべきかどうかの検討だけで半年以上要するのは珍しくなく、そこから再調査となると膨大な時間を要するとともに、再調査の段階においてもその調査手段に強制力は生じないため、劇的な変化はなかなか期待できない。また、私立学校の場合は、私立学校の独自性・自主性が制約されることのないよう慎重な関与が望まれるのであって、再調査においても私立学校による自主的な報告書等の提出以上の権限はないとの見解すら存在している[117]。

　このように、再調査の制度は、その存在意義も踏まえて大きな疑問があるところであって、わざわざ中立公正である第三者委員会を立ち上げて調査を行っている以上、原則としては再調査を行う実益はないものと思料する。その一方で、ごく一部の第三者委員会においては、委員の選考過程において中立性・公正性が揺らいでいたり、学校側の落ち度を隠ぺいするかのような調査報告書を作成するケースも残念ながら見受けられ、その場合に報告書の不当性を主張する必要性は高い。そのため、被害児童等の代理人として、調査報告書の内容や調査過程において疑義が生じている場合には、教育委員会などへの報告に際し意見書を添付する意向がある旨第三者委員会に伝え、速やかに作成すべきである。

> ### コラム8　いじめ防止対策推進法の理念と現実
>
> 　ここまで、いじめ防止対策推進法における弁護活動について、法文を示しつつ被害児童等の代理人として一般的に想定されるものを説明してきた。次項からは、被害児童等による損害賠償請求や刑事告訴など、いじめ防止対策推進法に基づいて得られた情報を踏まえた法的措置を検討していくため、ここで総括する形でいじめ防止対策推進法の現状に言及する。
>
> 　いじめ防止対策推進は、施行後ようやく10年を経過した新たな

117　前掲注12・第二東京弁護士会子どもの権利に関する委員会編124頁。

法律であって、ケースの蓄積もいまだ十分とはいえず研究者による論文もあまり見かけない状況において、学校現場が先行して問題提起している現状がある。そして、本書においても何度か触れてきたとおり、いじめ防止対策推進法にはいくつかの懸念すべき問題点が存在しており、具体的には、①「いじめ」の再定義、②重大事態への該当性（とりわけ、不登校が長期化した場合における取扱い）、③いじめ調査中の被害児童等へのケアの不存在、④第三者委員会における証拠収集権限の不存在、⑤第三者委員会設置に関する人的予算的制限（それに伴う教職員への負担）、⑥再調査制度の曖昧さ、が挙げられる。これらの問題点は、実際に法改正を要するかどうかはともかく、今後も引き続き議論されることが予想され、少なくとも被害児童等や学校といった関係者からの不満の声が一定数生じている以上、真摯に受け止める必要がある。とりわけ、いじめ防止対策推進法における理念として被害児童等の保護を重視した結果、学校現場の負担は非常に重くのしかかっており、いじめ調査を通じて疲弊する教職員が多数存在している。このような負担感が今後ますます増えることへのおそれからか、一部の自治体から「法律に欠陥がある」などと反発を受けている事態は法のあり方として決して望ましくないし、通常の授業準備と並行する形で教職員がいじめ調査に労力を割かなければならない現行のシステム自体、破綻の要因をはらんでいるのは容易に理解できる。

　筆者が被害児童等（時には加害児童等）の代理人として長く活動する中で、法の理念を徹底することによる弊害が散見されてきた。そして、代理人として法に基づく主張を徹底した結果、被害児童等と学校との間でいたずらに対立関係が生じてしまい、被害児童等の意向に反する形で学校へ登校しづらくなる展開に陥ってしまうのは、絶対に避けなければならないと常々考えている。その一方で、被害児童等は、いじめによって心身に大きな苦痛を受けているのであって、いじめが深刻化して取り返しのつかない事態に陥る前に弁護士が介入する実益は大きく、かかる介入を容易ならしめるいじめ防止対策推進法の存在意義は否定しようがない。実際、被害児童等の訴えにもかかわらず、

現場の教職員が「大したいじめではない」、「大げさにとらえ過ぎだ」と安易に受け流した結果、被害児童等が自殺に至ったケースは、法の制定後においても残念ながら発生している。児童生徒の将来を確保する観点から、このような事態も必ず避けなければならないところ、学校が法の存在にもかかわらずいじめ調査や再発防止策を漫然と放置している場合には、たとえ学校に大きな負担がかかろうとも被害児童等の代理人として毅然と学校へ働きかけることとなろう。かかる働きかけにおいて学校と対立するのはやむを得ないし、教職員の負担を理由にいじめ調査を放置したり、第三者委員会の調査報告を軽視する場合には、法の理念を形骸化させないよう法的措置を積極的に講じるべきである。

　結局、現行法に一定の不備が存在するのは否定できないものの、被害児童等の保護という根本的な理念は今後も実現されなければならない。その中で、被害児童等の代理人としては、かかる理念の実現を意識しながら現場との乖離を埋めていくという、極めて繊細なバランス感覚を有しながら活動する必要があるのである。

　本書は、いじめ防止対策推進法の実務的な運用について、既にいじめ案件を扱っている、又は今後いじめ案件を扱おうとしている実務家の方々に向けて執筆しており、筆者なりに疑問を抱いている箇所についても縷々検討している。かかる検討がすべて的を射ているとは筆者も考えておらず、読者からの批判を踏まえて今後議論が進むことが重要であると理解している。何より、いじめ防止対策推進法の解釈に関する判例は、今までも述べてきたとおり下級審も含めてほぼ存在していないのが現状であって、このような状況では実務レベルの議論にも限界があるため、裁判所にも強い関心を抱いてもらう必要がある。

　令和5年にはいじめ防止対策推進法施行後10年を迎えており、10周年に伴い法改正の動きが生じる展開も想定されたが、少なくとも現時点において具体的な改正の動きは見受けられないままである。そして、現行法における一定の不備が存在するのは、現場の実感として否定できないところであって、かかる不備を各自治体の条例をもっ

第2 被害者側における弁護活動

てすべて補充するのも限界がある。だとすれば、被害児童等はもちろん、学校や第三者委員会としても活用しやすい形で法整備することが重要であって、そのためには実務家及び研究者の間で充実した議論が尽くされるとともに、多くの事例が今後集積されることを期待する次第である。

2. 損害賠償請求

⑴ 加害児童等への法的措置

ア）総　論

いじめ防止対策推進法に基づく調査を経たかどうかにかかわらず、加害児童等によるいじめを確認でき、その結果被害児童等の生命身体又は財産が侵害された場合には、加害児童等に損害賠償責任を追及することが可能である。そして、多くのケースにおいて、被害児童等は加害児童等の法的責任を追及する意向を有しているため、被害児童等の代理人としても損害賠償請求を検討するのが通常である。

まず、基本的な理解として、加害児童等に責任能力がない場合、親権者が監督義務者としての法定監督責任（民法714条1項）を負う。ここでいう責任能力については、「自己の行為の責任を弁識するに足りる知能を備えて」（民法712条）いるかどうかで判断されるところ、明確な基準ではないものの11～12歳が1つの目安となっているようである。そして、監督義務者としての親権者の監督義務は、一般に、児童らの全生活関係に及び、また児童らの違法行為についての監督に限定されず一般的・抽象的な監督義務とされている[1]。そのため、「監督義務者がその義務を怠らなかったとき、又はその義務を怠らなくても損害が生ずべきであったときは、この限りでない」（民法714条1項ただし書）との免責事由について、広範囲に及ぶ監督義務を怠らなかった事実の立証に成功することは困難であって、最一小判平成27年4月9日民集69巻3号455頁〔28231370〕（いわゆる「サッカーボール事件」）のような例外は存在するものの、少なくとも加害児童等が故意に不法行為に及んだケースにおいては、無過失責任に近い形で運用されている実情が従前存在した。

他方、加害児童等に責任能力が存在する場合は、親権者が民法714条1

1　坂東司朗＝羽成守編『学校事故　判例ハンドブック』青林書院（2015年）23頁。

項の責任を負うことはない。もっとも、監督義務者の義務違反と未成年者の不法行為によって生じた結果との間に相当因果関係が認められるときは、監督義務者につき民法709条に基づく不法行為責任が成立する（最二小判昭和49年3月22日民集28巻2号347頁〔27000443〕）。そして、かかる相当因果関係は、被害者側にて当然主張立証しなければならないが、いじめ紛争での被害者の救済と加害者の保護の責任を重視するうえではある程度立証責任を緩和した訴訟運営を志向すべきとの指摘がある[2]。また、いじめに該当したからといって当然に不法行為責任を負うわけではなく、加害行為、行為の違法性、加害者の故意又は過失、損害等といった不法行為としての要件を満たす必要があるのは、「コラム1　いじめと不法行為とはイコールか」で説明したとおりである。この点、コラム1で紹介した下級審判例（東京高判平成29年5月11日平成28年（ネ）5551号〔28260508〕）は、加害児童等との関係では専ら民法709条の適用を検討したケースであるが、民法714条の適用又は加害児童等の責任能力が存在する場合における不法行為を検討する場合においても、いじめの存在をもって当然には不法行為責任が成立しない（行為の違法性が別途必要となる）と理解すべきだろう。

　なお、いじめの性質上学校内で起きるケースがほとんどであるところ[3]、児童が学校にて過ごしている間は、学校が親権者に代わって児童を監督しているのであって、学校に監督代行者責任（民法714条2項）が生じている。そこで、加害児童等に責任能力がない場合、親権者ではなくむしろ学校が損害賠償責任を負わなければならないのではないかという議論が生じ得る。この点、先ほど挙げたサッカーボール事件は、「責任能力のない未成年者の親権者は、その直接的な監視下にない子の行動について、人身に

2　神内聡著『スクールロイヤー―学校現場の事例で学ぶ教育紛争実務Q&A170』日本加除出版（2018年）245頁。もっとも、仮に保護者の監督義務違反が認定されなかったとしても、加害児童等が損害賠償責任を負う場合において、実質的に支払うのは保護者であることがほとんどである。そのため、立証責任を緩和できる理論的根拠が存在するわけではない以上、被害者の救済を重視するという理由をもって相当因果関係をより緩やかに認定するというのは、その必要性という観点から一定の疑問が残る。
3　もちろん、学校外で起きた暴力などについても、一定の人的関係が存在する限りいじめと認定され得る。

危険が及ばないよう注意して行動するよう日頃から指導監督する義務があると解されるが、本件ゴールに向けたフリーキックの練習は、上記各事実に照らすと、通常は人身に危険が及ぶような行為であるとはいえない。また、親権者の直接的な監視下にない子の行動についての日頃の指導監督は、ある程度一般的なものとならざるを得ないから、通常は人身に危険が及ぶものとはみられない行為によってたまたま人身に損害を生じさせた場合は、当該行為について具体的に予見可能であるなど特別の事情が認められない限り、子に対する監督義務を尽くしていなかったとすべきではない。」として、親権者の監督義務責任を否定している。当該判例では、学校の監督代行責任について直接言及していないものの、放課後に児童らのために開放されていた校庭におけるフリーキックの練習だった事実を考慮すると、教職員が当該児童の練習を把握するのは難しい以上、学校についても監督代行責任を否定する趣旨と解するのが自然だろう[4]。また、東京高判平成 31 年 3 月 14 日平成 30 年（ネ）4839 号〔28292549〕では、事理弁識能力を有さない児童が教師の顔面を殴打して鼻骨骨折の傷害を負わせたというケースにおいて、「民法 714 条 1 項の監督義務者は、責任無能力者の日常の生活全般にわたって監督義務を負い、同条 2 項の代理監督者は、時間的・場所的・対象的に見て特定の生活関係についてのみ監督義務を負うと解することができ、両者の責任は併存可能であり、併存する場合には、両者は責任無能力者による行為の被害者に対し不真正連帯債務を負う関係にあるものの、監督義務者が代理監督者に責任無能力者の監督を委ね、代理監督者が当該生活関係において監督義務を負うからといって、そのことによって、責任無能力者の日常の生活全般にわたって監督義務を負う監督義務者が直ちに免責されるものではないと解すべきである。」と、監督代行者の監督中であっても児童の日常の生活全般にわたる親権者の監督義務責任が直ちに免責されない旨判断しており、参考となる。そのため、少なくとも日常のしつけで監督を及ぼし得る範囲、典型的には故意の

4　この場合、サッカーゴールの設置場所を工夫したり、ボールが校庭外に出ないようネットなどの措置を講じるべきだったとして、市の営造物責任を追及すべきだったものと考えられる。窪田充見「サッカーボール事件—未成年の責任無能力者をめぐる問題の検討の素材として」論究ジュリスト 16 号（2016 年）11 頁以下参照。

傷害行為や器物損壊行為については、たとえ学校の監督下であって親権者が加害行為当時において物理的に指導・注意できない状況だったとしても、特段の事情がない限り親権者の監督義務責任が免責されることはなく、あとは学校の監督代行責任との求償関係の中で処理されるという結論になるだろう。

　その他、法定監督者（又は監督代行者）の免責については、近年新たな動きが生じている。すなわち、サッカーボール事件最高裁判決を通じて、親権者といえども責任無能力者の行為について当然に帰責されるわけではなく、監督義務者が行うべき指導監督を尽くしてもなお残る責任無能力者の加害行為のリスクについては監督義務者に帰責されないという考えが明示された。ここからは、責任無能力者のあらゆる加害行為は適切な教育やしつけを行うことで防止し得るはずである、というやや短絡的で現実的でない考え方を否定する意味を見いだすことができる。そのため、今後は、監督義務者が加害行為の防止のために行うべき（あるいは行い得た）ことを吟味するとともに、監督義務者が対処すべきリスクの範囲を検討する方向へ進むことになろうとの見解が、学説上示されているのである[5]。このような考えは、実務上も散見され始めているところであって、小学生間のいじめ行為を理由として損害賠償を請求したケースにおいて、いじめが行われていた期間については学校から保護者らに対し報告・指導した形跡がなく、かかる報告後はいじめが収まっているとの理由で、裁判所より請求棄却の心証を示された経験がある（結果的には、加害者側が一部支払う形で和解している）。また、加害児童等が発達特性を有しているケースにおいて、従前より発達特性専門の医療機関を受診して服薬やカウンセリングなどの治療を行ってきたとして、監督者として尽くすべき義務を尽くしていた旨反論してくる展開は決して珍しくない。個人的には、仮に監督義務者の免責が認められてしまう場合、小学生以下の年齢だと責任無能力者である関係で損害賠償責任を負うものがいなくなるという結論になりかねず、社会通念上バランスが悪いという印象を受けるが、理論的に突き詰めれば

5　大塚直編・大村敦志ほか編集代表『新注釈民法(16)債権(9)』有斐閣（2022年）〔大澤逸平〕49頁。

やむを得ない考えではあろう[6]。そのため、加害児童側が免責事由の存在を主張してきた場合において、親権者の包括的な監督責任の存在をもって排斥されると安易に考えるのではなく、①加害児童等の保護者らがいつ頃いじめを把握したか、②加害児童等がそれ以前にもいじめを行っていないか（その際におけるしつけが不十分だったから再発したのではないか）といった事実を適宜確認のうえ、反論する姿勢が今後重要となろう。

イ）　責任論

以上の理解を前提として、被害児童等の代理人としては、加害児童等へ損害を賠償するよう請求していくことになる。請求の手順として、いじめ防止対策推進法に基づいて調査請求などを講じている場合には、学校から加害児童等の氏名及び住所に関する情報を提供されているケースが多いため、かかる情報に基づいて示談交渉又は訴訟提起を検討する。この点、いじめ調査中において加害児童等からの謝罪を受けている場合には、かかる謝罪の場を契機として先行的に示談交渉を開始するケースもある。しかしながら、加害行為の有無やいじめへの該当性につき、どうしても当事者間で認識のズレが大きく、加害児童等が保険を利用する場合には保険会社の意向も絡んでくるため、調査報告書が提出される前に示談するのはかなり難しいのが率直なところである。

このような経緯から、代理人としては、正当な被害回復を実現する観点から、訴訟提起を通じて損害回収を図るという弁護方針に至ることが多く、示談にて解決すべき特段の事情がない限り（加害児童等の保護者が社会的地位を有しているケースだと、マスメディアにて報道されて親の育児責任を追及される展開を危惧するからか、高額な賠償金を支払ってでも早期の示談に応じるインセンティブが働くようである）、被害児童等の満足度も高まりやすい。何より、被害児童等としては、財産的解決よりも加害児童等への処罰感情や真相解明を優先して弁護士へ依頼していることが多く、訴訟に

6　この点について、被害を終局的に負担するのは潜在的な責任主体である親権者の集団であるとして、国や地方公共団体による特殊な救済制度を、不法行為法から離れて構想する案が示されている。前掲注5・大塚編 67 頁。

第2 被害者側における弁護活動

て責任の所在を明確にすることは、その後の刑事事件化という観点からも被害児童等の意向に即している。また、いじめ調査を通じて外形的事実に関する証拠をある程度収集できている関係で、代理人としても訴訟における立証活動にさほど負担感は生じないし、審理の進行として関係当事者の尋問を行わずとも解決するケースは多い。もちろん、加害児童等としていじめの調査結果につき不満を抱いている場合には、訴訟においてその調査結果の信用性を争うことは可能であるが、現実的には第三者委員会の中立性・公正性も相まって、かかる信用性が全面的に否定されるケースはほぼないように思われる（ただし、加害児童等への事情聴取に威圧的な手法などが用いられている場合は、その供述内容の信用性をめぐって大きな争点が生じやすいので、「第3　加害者側における弁護活動」にて詳述する）。

　その一方で、いじめ調査の結果いじめを一切認定されないケースは存在するのであって、かかるケースにおいて調査報告の信用性を含めて訴訟で徹底的に争うかどうかは、慎重な検討を要する。すなわち、調査報告書にていじめが否定されている以上、訴訟においても加害児童等としては不法行為責任を全面的に争うことが予想され、他に有力な証拠が出てこない限り、被害児童等の証言のみで不法行為責任を肯定する方向に運ぶのはかなりハードルが高い。その場合において、訴訟提起して通常1年前後争った結果請求が棄却となれば、被害児童等としてさらに傷ついて今後の成育へ深刻な悪影響を及ぼしかねないし、被害児童等の家族としても、狭いコミュニティであれば誹謗中傷を危惧して引越しの検討を余儀なくされるだろう。そのような展開を想定すると、被害児童等が自殺したり重篤な後遺障害が残存している場合であれば、それでも遺族の思いという観点から訴訟に踏み切る余地は十分あろうが、比較的軽微なダメージにとどまっているのであれば、請求が棄却されることによるデメリットを説明して訴訟提起を断念させるのも、代理人として重要な活動であるように思われる。

　ここで、加害児童等に対する損害賠償請求の方法として、訴訟提起を示唆しつつ示談交渉を働きかけ、早期の金銭回収を図るという弁護活動も選択肢としてあり得る。具体的には、訴訟提起を行うとなると時間や費用など審理に伴う負担が大きい一方で、判決にて認定される不法行為や損害と

152

の相当因果関係次第ではさほど損害が高額化しないおそれは十分にある。そこで、多少減額してでも早期の示談で解決し、場合によっては謝罪文言や学校内における動線の設置など損害賠償以外の条件を付した方が、いじめ案件の終結という観点から依頼者満足度をより高められる可能性があろう。とりわけ、加害児童等が多数存在するものの各関与の程度が軽微であって、その全員を被告として訴訟提起するのは戦略的に得策でないと思料されるケース（被告らが口裏合わせを行うことで、その証言を相互に補強してしまうおそれなどが考えられる）において、先行した示談交渉による加害児童等の一部との解決は、被告を絞ることで訴訟費用の負担も軽減できるため有効な手法になり得る。また、示談に際しいじめの真相解明に向けた陳述書の取得など協力を要請することで、その法的責任を徹底的に追及したい加害児童等（典型的にはいじめの首謀者）に対する訴訟へ専念できるというメリットも見いだせるのである。

　その一方で、当該戦略につきデメリットも複数ある。すなわち、一斉に示談交渉に関する手紙を発送した場合、加害児童等の保護者間で共有し合うことが容易に想定されるのであって、損害としていくら請求されているか、主張しているいじめの具体的内容は何か（当該いじめの存在を裏付ける証拠は指摘されているか）、誰に対し手紙を送付し誰には送付していないのか、といった情報が相互に共有されてしまう。すると、仮に示談がまとまらなかった場合において、今後行うであろう損害賠償請求の内容があらかじめ伝わってしまい、当該請求に備えて加害児童等間で口裏を合わされてしまう問題が生じ得る。また、かかる手紙がその後の訴訟において証拠として提出された場合、たとえ当該時点限りの提案であって訴訟提起した場合は白紙撤回する旨手紙上で明記していても、損害に関する被害児童等の認識などが明記されたものであるとして、裁判所の心証にある程度影響を及ぼすおそれも考えられる。その他、示談交渉によって一定程度の金銭を回収できた場合、すべての損害は訴訟提起前の段階で補填されているとして被告より訴えの利益消滅を主張される展開も一応想定され、訴訟における真相解明を依頼者が希望していた場合には思わぬ障害になり得るだろう。

第 2　被害者側における弁護活動

　このように、訴訟提起前の示談交渉については一長一短があり、どのように損害回収を実現するのが適切なのかケース次第では非常に悩ましい。筆者としては、法的責任がより重いと思われる加害児童等を2〜3人取り上げて、事前の示談交渉を行わずダイレクトに訴訟提起した方が、事前の口裏合わせを回避するという観点から有効だろうとの見解であるが、訴訟提起するほどではないという依頼者のニーズに応えていないきらいはある。また、加害児童等の人数にかかわらず、事前の示談交渉においてはどうしても加害児童等からの減額交渉が見込まれるところであって、適切な損害賠償を図るのであれば結局訴訟上での解決しかないと思われる（特に精神的疾患に関する損害については、事前の示談交渉で加害児童等が相当因果関係を自認して賠償に応じるとは、なかなか考えにくい）。付言すれば、調査報告書において認定された事実関係を踏まえると、仮に訴訟提起しても請求が棄却される蓋然性が高い場合、少しでも金銭回収を図るべく駄目元で示談交渉することはあり得るだろう（もっとも、その場合加害児童等も調査報告書の内容を確認していることが想定されるため、当方が提示した示談条件を容易には飲まないと思われる）。結局、この点に関する一義的な正解は存在しないのであって、各弁護士が個々のケースに応じて戦略を組み立てるしかない以上、1つの判断材料として受け止めていただければ幸いである。

　訴訟における責任論の流れとしては、まず原告側が不法行為の要件を満たす加害児童等の加害行為を主張立証し、これに対し被告が、各行為はそもそも存在しないとか、存在するものの不法行為に該当しないといった反論が通常想定される。この点、「コラム1　いじめと不法行為とはイコールか」でも記載したとおり、いじめと不法行為とは必ずしもイコールではないため、訴状段階において加害児童等の行為につき不法行為責任が生じている旨主張することを要するのであって、「いじめ」に該当するとの主張のみでは不十分である（いじめ防止対策推進法4条違反をもって、直ちに相手方の損害賠償責任を基礎付ける関係ではない）。また、被告において、「むしろ原告が先に被告をいじめていたのであって、こちらは被害者である」、「原告と被告とでお互いにやり合っており、決して一方的ないじめで

はない」といった反論がしばしばなされる。筆者は、かかる反論を「逆い
じめの抗弁」と勝手に名付けているが（もっとも、要件事実論として抗弁の
関係にあると理解している趣旨ではなく、あくまで便宜上の名付けである）、少
なくとも原告もいじめていたとの事実をもって被告の不法行為責任が当然
に免責される関係ではなく、結局は過失相殺や正当防衛に関する議論の枠
組みで処理すれば足りると思われる。

　さらに、共同不法行為が成立するかどうかは、ケース次第では重要な争
点となり得る。すなわち、原告としては常に集団からいじめを受けていた
という認識であるところ、被告らとしては個別にいじめを行っており、又
は一部の行為についてしか共同でいじめを行っていないとして、すべての
損害について連帯責任を負わない旨反論してくる展開が現実的にあり得
る。とりわけ、骨折など重篤な外傷が生じた行為について、当該行為自体
には関与していない他の加害児童等に対し共同不法行為責任を追及する場
合には、裁判所としても関連共同性が認められるのかについて慎重に吟味
する姿勢を示してくる可能性がある。その場合、原告としては、それまで
の経緯（他のいじめにおける関連共同性、加害児童等間の人的関係、当該行為
時に他の加害児童等も周囲にいたか、いじめの期間など）を総合的に考慮し
て、実質的にみれば共同の意思に基づいてなされた行為であるとしてその
共同責任を主張することが考えられるのであって、この点に関する下級審
判例の積み上げは今後重要になるかもしれない。その他、損害論とも共通
する問題であるが、小学校（時には中学校）におけるいじめについては、
仮に当事者を尋問申請しても裁判所が採用に難色を示し、尋問せずに判決
を下そうとする展開が少なくない。その場合、代理人としては児童の陳述
書を提出して立証するしかないが、加害児童等の反対尋問機会が付与され
ない関係で陳述書の証拠価値がどうしても低くならざるを得ないため、仮
に調査報告書など他の証拠で不法行為を立証できないおそれがある場合に
は、留意を要する。

　ウ）　損害論
　加害児童等への損害賠償請求においては、損害論において多くの重要な

争点が存在するため、以下重点的に検討する。

　まず、治療費について、「第1・1.いじめとは何か」でも言及したとおり、学校内で生じたいじめで外傷が生じた場合には、その全額（実際には医療費の自己負担分である3割）に、療養に伴って要する費用として医療費の1割が支給される。これは、学校の管理下において児童生徒が怪我や病気をした場合に保護者の実質的、経済的負担をカバーしようとする趣旨に基づいており[7]、偶発的な事故であっても支給されるとともに、被害児童等につき過失が存在する場合でも過失相殺されることなく全額支給される。また、学校でのいじめが原因となったことが明らかな学校外での自傷行為による負傷なども、「その原因である事由が学校の管理下において生じたもの」として給付の対象となるが、児童生徒の成績不振や児童生徒の学校生活における通常の対人関係による不和を原因とする場合は含まれない[8]。なお、医療保険適用外の治療については災害共済給付の対象外であるため、例えば歯の欠損においてインプラント治療を行った場合には、自己負担領収書分のみを添付して申請する形となる。

　同様に、後遺障害が残存した場合でも、その程度に従って障害見舞金が別途支給される。傷害の審査及び認定の方法については、独立行政法人日本スポーツ振興センター障害等級認定の基準に関する規定に基づいて検討されており、この点は交通事故によって後遺障害が残存した場合における損害算定手法と似通っているため、多くの実務家にとってなじみやすいだろう[9]。また、加害行為による死亡でなくとも、いじめを受けた結果、被害児童等が自殺した場合は、自殺の場所が学校の管理下であるかどうかにかかわらず死亡見舞金が支給される。その他、災害共済給付の申請は、加害

7　日本スポーツ振興センター編『災害共済給付ハンドブック―児童生徒等の学校の管理下の災害のために』ぎょうせい（2012年）124頁。

8　前掲注7・日本スポーツ振興センター編46頁。ただし、自傷行為などの原因がいじめか通常の対人関係による不和かについて、その境界線を明確に定義するのは困難であって、被害児童等の代理人としては、いじめを主張する以上まずは給付申請するのが通常だろう。

9　ちなみに、災害共済給付申請における後遺障害の診断書は、書式が存在する。交通事故訴訟における書式（自動車損害賠償責任保険後遺障害診断書）と比べてもだいぶ細かく記載できる形式であって、担当者次第では必要な情報が記載されていないとして診断書の追完を要請してくるおそれがあるので、注意を要する（https://www.jpnsport.go.jp/anzen/Portals/0/anzen/kyosai/pdf/10%20R1_yousi_syougaishindansyo.pdf）。

児童等への損害賠償請求に先立って行っても問題なく、その場合は給付相当額分についてセンターが求償権を取得する。すなわち、治療費について最終的に負担すべきなのは加害児童等であって、仮に被害児童等が加害児童等から治療費について損害賠償を受けた場合には、その限度で災害共済給付金が支給されない扱いとなる[10]。その他、精神的疾患について、精神的な負担が継続的に加わったことにより発症したと認められる心因反応などの疾患も災害共済給付の対象であって[11]、いじめの行為外形や継続性を踏まえて給付の対象となるかどうか判断される。もっとも、医療保険の適用外である治療については原則として給付されない関係で、精神的疾患を発症した場合でもその治療費の支給を受けられないケースが多い。その結果、精神的疾患に関する治療費、とりわけ継続を要するカウンセリングについては、災害共済給付の対象となり得るにもかかわらず実際に支給される展開になりにくく、この点は法の不備であるように思われる。

　次に、慰謝料について、加害児童等の故意過失を問わず災害共済給付としては支給されないため、被害児童等が被った精神的苦痛につき加害児童等へ直接請求する必要がある。そして、慰謝料の算定方法について明確な基準は存在しないものの、交通事故訴訟における入通院慰謝料表を1つの目安として利用・概算することは多く、慰謝料表の利用につき裁判所から難色を示されたことは筆者の経験上存在しない。その一方で、交通事故と異なり、いじめによって被った外傷が打撲痕や擦過傷にとどまるケースは多く、その場合加療期間が数週間にとどまってリハビリも要しない関係で、入通院慰謝料表に基づいて機械的に算出すると慰謝料が低廉化しやすい。そのため、訴訟においては、故意による加害行為である点をとらえて慰謝料額を増額するよう主張すべきであるし、裁判所としても、打撲痕や骨折であれば相当因果関係に争いがまず生じないこともあって（加害児童等が暴行した事実を否認する場合は別であるが）、ある程度増額してくれる傾向にある。

　むしろ、精神的疾患に関する慰謝料の算定が、いじめ案件においては主

10　前掲注7・日本スポーツ振興センター編140頁以下。
11　前掲注7・日本スポーツ振興センター編52頁以下。

要な争点となる。すなわち、いじめ案件の場合、①被害児童等が精神的苦痛を強く訴えており、統合失調症や起立性調節障害、PTSDといった診断名もつきやすい、②外形的な違法性が存在しなくとも被害児童等が精神的苦痛を感じている限り「いじめ」には該当するため、その救済を図る必要が一定程度存在する、③精神的疾患の治療費については災害共済給付の対象外になるのが通常であるため、治療費も含めて加害児童等に対し直接請求するしかない、といった理由から、多くの訴訟において精神的疾患との相当因果関係が争われると思われる。この点、精神的疾患の存在については、世界的に利用されている精神障害の診断統計マニュアルであるDSM-5が非常に有用であって、精神的疾患ごとに定められた診断基準に照らし合わせる形での診断書を取得することで、これを否定する診断書が提出されない限り裁判所も認定することが多いだろう[12]。問題は、いじめと精神的疾患との相当因果関係の有無である。少なくとも医学的な見地において、いじめと精神的疾患との機序はいまだ証明されておらず、どのようなメカニズムで精神的疾患が生じたか、どのいじめ行為が原因で発症したか、精神的疾患がどのように悪化したかを明確に特定するのは、不可能といわざるを得ない。その一方で、精神的疾患との相当因果関係を認定した下級審判例も一定数存在するところであって、例えば広島地判平成19年5月24日判タ1248号271〔28132162〕頁は、「一般に、統合失調症は、何らかの脳の生理学的・生化学的機能や構造上の異常があり、そのためにストレスとなる出来事に対して十分対応できるだけの脳の強さを備えられなくなって発病するものであり、本件各不法行為のような長期間にわたるいじめ行為もまた、統合失調症発症の誘因となるものといえる。」、「本件各不法行為が長期間にわたり執拗にほぼ毎日何回も行われたものであり、その内容も原告Aの自尊心を大きく傷つけ、あるいは、不安感を煽り、多大な精神的打撃を与えるものであったこと……、このようないじめ行為による精神的打撃に基づくストレスは精神疾患発症の誘因となり、時には自殺という結果を招来するものであること……、そして、このような

---

12 裏を返せば、診断根拠を示すことなく端的に診断名を記載した診断書のみだと、加害児童等に診断書の信用性を争われた場合、立証として不十分と評価されるおそれがある。

情報は新聞等によって社会一般に報道されていること……の点を総合勘案すると、一般人からみて、本件各不法行為による原告Aの統合失調症の発症は予見可能な結果というべきである。」として、相当因果関係を肯定している（ただし、原告の身体的訴因や家庭環境等の要因も大きく影響したとして、その7割を過失相殺している）。また、さいたま地判平成29年4月26日平成25年（ワ）1884号〔28251483〕も、いじめとPTSDとの相当因果関係につき、「原告は、本件事故後、フラッシュバックに襲われるなどしたため、aa大学ab病院及びADクリニックを受診し、同クリニックにおいて、外傷後ストレス障害との診断を受けたことが認められ、本件事故に至った事情や本件外傷の程度等に鑑みると、原告のストレス障害及びその治療費も、本件事故と相当因果関係があるといえる。」と認定している。さらに最近だと、佐賀地判令和元年12月20日平成27年（ワ）50号〔28280162〕は、いじめとPTSDとの相当因果関係についてDSM-5に基づいて詳細に検討したうえで、被害児童等の認識が過剰だった事実や審理中にPTSDの症状が悪化した事実をとらえて、3年間の限度で相当因果関係を認定しており、過失相殺とは異なる手法で損害額を限定している点で非常に興味深い[13]。

　その他、最近は複雑性PTSDとの診断が付されるケースが増えている。複雑性PTSDとは、世界保健機関による国際疾病分類第11回改訂版（ICD-11）にて新たに掲載された精神的疾患であって、PTSDの「兄弟診断」として位置づけられているようである。両者を区別するのはその臨床症状であるとされており、PTSDは、①再体験症状（フラッシュバック；悪夢）、②回避症状（思考や感情の回避；事物や状況の回避）、③脅威の感覚（過度の警戒心；過剰な驚愕反応）という中核的な3症状カテゴリーの症状を有し、それが機能障害を伴って続く場合に診断される。これに対し、複雑性PTSDは、PTSDの上記3症状カテゴリーに加えて、自己組織化の障害（DSO（disturbance of self-organization））と呼ばれる3症状

13　このケースは、23名もの生徒を被告として様々な争点を主張するとともに、いじめ防止対策推進法28条の情報提供義務違反をとらえて学校に対しても国家賠償を請求するなど（かかる請求は棄却）、だいぶ特殊な主張構造を展開しており、原告代理人の苦労が垣間見える判決理由となっている。

カテゴリー、すなわち④感情制御困難、⑤否定的自己概念、⑥対人関係障害をすべて有し、それらが機能障害を伴って続く場合に診断されるようである。複雑性PTSDの位置づけについては、下級審判例上もほぼ見解が固まっていない状況であって、結局PTSDの診断基準を満たしていないものの同様の治療を要する場合において（とりわけ解離症状に関する評価が重要である）、医学的な隙間を埋めるべく新たに設けられた概念であるものと思料されるため[14]、相当因果関係の判断に当たっても特有の考慮要素はないものと理解している。そのうえで、PTSDに比べると外的行為を伴わないエピソードが診断基準に多く取り込まれている関係で、各エピソードの真実性なり深刻さが裁判所に伝わりにくい側面はあるため、いじめ発生後におけるエピソードの時系列や原告児童等が受けていた精神的苦痛の重大さなどについて、その主張立証をより丁寧に行う必要はあるかもしれない。

このように、精神的疾患との相当因果関係を認定する下級審判例は存在するものの、その関連性が不明であるとして相当因果関係を否定するケースも少なくないのが実情である。この場合、精神的疾患の治療に要した費用を請求できず、かかる治療に要した入通院日数も原則としては考慮されないという結論となる。その一方で、被害児童等として現に精神的疾患を発症しており、一連の社会的事実としてとらえたときにいじめが何らかの影響を与えた蓋然性が高いと評価できる場合には、傷害慰謝料の算定における増額事由として事実上考慮されやすい。その意味では、精神的疾患の存在を主張するメリットは十分あるため、最終的に相当因果関係が認定されないにしても十分主張立証を尽くすべきであるし、今後は被害児童等の救済という観点から相当因果関係を認定する下級審判例も増えることが予想されるのである。

次に、自殺との相当因果関係も重要な争点となる。この点について、裁判例は、まず、①いじめと自殺との間の事実的因果関係を検討し、②次

14　そのため、「複雑性」という文言を誤解するからか、複雑性PTSDがあたかもPTSDに比べてより重篤な被害が生じているかのごとき主張などを見かけることが稀にあるが、医学的には誤りと思われる。

に、加害児童等の監督義務者について監督義務違反と自殺との間の事実的因果関係を検討したうえで、自殺による損害が損害賠償の範囲に含まれるか、相当因果関係説を採用する場合には通常損害か特別損害かという流れで検討するアプローチを採用している[15]。そして、事実的因果関係について、被害児童等の遺書などによりいじめと自殺との関連性を認めることができれば、いじめが自殺の原因であると認定することは困難でないと考えられる。また、遺書等が存在しない場合でも、いじめの態様や他に自殺の原因となるような事情（例えば、学業不振や健康上の問題、家庭内の問題が考えられる）がうかがえないかを検討し、いじめの内容が暴行や恐喝を伴う苛烈なもので、執拗かつ反復継続して繰り返されており、他に自殺の原因がうかがえない場合には、いじめが自殺の原因又は主要因と推認できることはあるだろう[16]。さらに、通常損害か特別損害かについても、軽微ないじめにより児童生徒が自殺に至るとは考え難く、いじめが苛烈で執拗なもので、これが長期間にわたり反復継続し、肉体的・精神的に重大な苦痛を与える場合には自殺に至ることが多いと考えられることから、この場合には通常損害に当たるということができ、自殺の予見可能性は不要となると解される[17]。これに対し、特別損害に該当する場合は予見可能性の対象が自殺になるところ、加害児童等は自らの加害行為を当然認識しているため、かかる行為の苛烈執拗さや反復継続性と連動する形で、自殺を予見できたかどうか判断することは問題なかろう。この点、いじめと自殺との相当因果関係に関する下級審判例として、大阪高判令和2年2月27日判時2474号54頁〔28281202〕が非常に重要である。本件は、いじめ防止対策推進法の契機となった大津いじめ訴訟の控訴審であるところ、各いじめ行為と被害生徒の自殺との事実的因果関係をまず肯定したうえで、「本件各いじめ行為は、行われた期間が1か月程度と比較的短期間ではあるも

15　横田昌紀「児童生徒のいじめ自殺訴訟の現状　因果関係を中心に」中本敏嗣編『民事実務研究Ｖ』判例タイムズ社（2013年）98頁以下。
16　前掲注15・横田104頁。このアプローチ自体は、精神的疾患の認定でも同様に用い得ると思われるが、医学的見地という要因が絡んでくるため、自殺に比べてむしろ相当因果関係の認定が繊細になりやすい印象を受ける。
17　前掲注15・横田105頁。

の、亡D〔被害生徒〕を負傷させるような暴力行為や極めて陰湿・悪質な嫌がらせ行為を含むものである上、上記の間、頻回にわたり行われたものであり、その態様、頻度等は、亡Dをして自殺者に共通の心理とされる孤立感、無価値感を抱かせるとともに、控訴人らとの関係から離脱することが容易ではないとの無力感、閉塞感を抱かせる上で十分なほどに悪質・陰湿かつ執拗なものであったいえることに加え、その行為当時、いじめによりその被害者が自殺に至る可能性があることについて学術的にも一般的知見として確立し、いじめによる児童生徒の自殺に関連する報道等は決して珍しいものではなく、いじめによってその被害生徒が自殺することもあり得ることは社会一般に広く認知されており、行政の側でもその対策を模索し、平成25年にはいじめ防止対策推進法の成立にまで至っているという経緯をも併せ考慮すれば、本件各いじめ行為を受けた中学2年生の生徒が自殺に及ぶことは、本件各いじめ行為の当時、何ら意外なことではなく、むしろ、社会通念に照らしても、一般的にあり得ることというべきであり、亡Dの自殺に係る損害は、本件各いじめ行為により通常生ずべき損害に当たるものということができ、控訴人らの本件各いじめ行為と亡Dの自殺に係る損害との間には相当因果関係あるものと認められる。」と、判断した。かかる判示は、自殺に関する学術的知見やいじめ防止対策推進法の成立に伴う社会通念の変化などをとらえて、自殺につき通常損害と認定したものであって、明確な規範定立こそないものの、同種事件における先例的価値を有する。その一方で、当該判決は、決して従前の下級審判例から離れた真新しい理論を展開しているわけではなく、いじめによる心理的影響や自殺のメカニズムについて様々な知見に基づいて丁寧な事実認定を行ったものと評価できる。そして、いじめがそこまで執拗苛烈でない場合には、自殺につき特別損害と認定されるケースは今後も生じることが想定されるのであって、少なくとも当該下級審判例をもって、通常損害か特別損害かという判断基準自体に大きな変化が生じたと評価するのは難しいだろう[18]。

---

18 その一方で、期間としては1か月と短いにもかかわらず通常損害と認定していることから、その考慮比重において理論的な変更がなされたと評価する余地もあると解する。

その他、損害費目としては、いじめを原因としてやむを得ず自主退学した場合における転校費用、入学時に学校へ支払う学納金、児童の入通院に親権者が付き添った場合における付添看護費などが考えられる。このうち、転校費用については、奈良地葛城支判平成28年11月7日平成25年（ワ）398号〔28244279〕が、顧問によるわいせつ行為を理由とした自主退学であるものの、学費や転校先の制服代につき不法行為との相当因果関係を認めており参考になる。

最後に、過失相殺について検討する。いじめ訴訟において、被害者やその保護者の落ち度が過失として評価されることは多く、その理由としては被害者の言動や養育環境、被害者の精神的疾患の有無がよく挙げられる[19]。実際、前記大津いじめ訴訟控訴審においても、「亡Dには、自らの意思で自殺を選択したものである上、祖父母宅からの金銭窃取という違法行為により自らを逃げ場のない状態に追い込んだ点で、被控訴人らには、家庭環境を適切に整えることができず、亡Dを精神的に支えられなかった点で、特に被控訴人Eにおいては、体罰や病気の可能性の不用意な告知により亡Dの反発心や精神的動揺を招くなど、同居する監護親として期待される役割を適切に果たし得なかった点で、過失相殺の規定の適用及び類推適用を基礎付ける事情があるというべきである。」として、4割の過失相殺を認めている。東京高判平成14年1月31日判時1773号3頁〔28070617〕（津久井いじめ自殺事件控訴審）においては、特別損害という前提ではあるものの、「本件いじめ行為のようないじめにあった生徒であれば必ず自殺に至るというものではなく、自殺は、被害者の意思的行為であり、その心因的要因が寄与している上、亡K〔被害生徒〕においては、本件いじめ行為を受けたことによる苦悩を担任教諭にも両親にも打ち明けたことがなく、これに対する打開策がとられる機会を自ら閉ざした面があること、本件いじめ行為のうちの個々の行為には、亡Kの言動に触発されたり誘発されて行われたものがあるなど、亡K自身にもその原因に関与している場合があったこと、子供の教育・養育は、学校におけるものと家庭におけ

19　前掲注2・神内著247頁以下参照。

る保護者によるものとが併行して行われるものであり、保護者においてその責任を負担していることは明らかであるところ、被控訴人らにおいて日頃の亡Kとの親子のふれあいが十分でなかったことがうかがわれる」との理由から、実に7割もの過失相殺を認めている。これらの判断について、特別損害の場合は、被害児童等の精神的要因や養育環境が絡んでいる蓋然性が高く[20]、論理的に過失相殺すべき事情が複数存在しているため、その分過失割合が高まるのはやむを得ないように思われる。その一方で、自殺に至るメカニズム、とりわけ未成年者特有の心の揺れ動きを考慮した場合、いじめがその心身に与え得る影響を軽視することは許されず、その場合に「自らの意志で自殺したから」という事実を過失相殺の根拠とするのは、あたかも自殺に至った心の弱さを批難するものであって到底首肯できない[21]。また、被害児童等の言動についても、喧嘩と異なりいじめ被害は中長期的に継続しやすく、仮にいじめの契機となった初期において被害児童等の言動に落ち度があったとしても、かかる言動をもってその後のいじめ被害すべてにつき一部免責してしまうのは、自殺という損害の重大性を考慮するとバランスを欠くように思われる。さらにいえば、発達特性や知的障害など、被害児童等の言動が先天的な要因から生じている可能性も十分想定できるのであって、表面的な言動のみをとらえて一律に過失と評価すること自体、疑問といわざるを得ない。学説上も、前記大津いじめ訴訟控訴審に対し「こうした『社会的相当性を越えた悪質・陰湿かつ執拗ないじめ行為』である故意の不法行為において、成長途上にあり、精神的にも不安定な中学2年生の被害者が、自らの意思によって自殺したことが被害者の『過失』と解釈できるのか、また両親の被害者に対する監護態様をもって4割もの過失相殺をすることに対しては疑問が残る。」との指摘があり[22]、平成28年における自殺対策基本法改正の趣旨や自殺の実態などを

20　そういった要因すら存在しない場合、加害行為に執拗苛烈さが存在しないという前提に立つと、事実的因果関係自体認定できないという判断になりやすいだろう。

21　前掲注15・横田107頁も、「いじめ自殺の場合でも、いじめが苛烈で執拗なもので、これが長期間にわたり反復継続し、肉体的・精神的に重大な苦痛を与えるような場合には、本人の意志的行為が介在していることをもって過失相殺をするのは相当ではないケースがあり得よう」と、従前の下級審判例に対し問題提起を行っている。

22　前掲注5・大塚編〔樫見由美子〕513頁。

踏まえて考慮すれば全く正当だろう。

　この点について、今後議論が発展することが期待されるが、少なくとも通常損害と認定できる限り大幅な過失相殺を適用するのは、遺族の救済という観点からも妥当ではない。そのため、災害共済給付における自殺見舞金によって加害児童等の負担部分は大きく減縮する以上[23]、安易に過失相殺することなくいじめ被害の深刻さがわかる形で損害認定をすることが望ましい。

エ）　その他

　学校に対する法的措置にも通じるところではあるが、いじめ案件においては最終的に和解で解決するケースが多い。そして、和解の場合においては、損害賠償請求以外にも謝罪条項や接触禁止条項、口外禁止条項といった他の要求を組み入れることが可能であって、この辺りのメリットは他の事件類型と異なるものではない。その一方で、いじめ案件においては、容易に想定できるとおり感情面での対立が強くなりがちであって、特に謝罪文言をめぐっては大きな紛争が生じやすい。この点、裁判所としては和解調書上における謝罪をもって解決を図ろうとすることがほとんどであって、そのうえでどの点に関する謝罪を行うかといった協議に関心を抱きやすい。そして、いじめの具体的内容について当事者間の認識が埋まらない場合には（ほとんどのケースにおいて認識は埋まらないところではある）、少なくとも第三者委員会の調査報告書上では一定のいじめが認定されていることを前提として、「調査報告書にて認定されたいじめについて謝罪する」とか「被告が原告に対し一定のいじめを行ったことについて謝罪する」などと、「いじめ」の具体的内容をある程度抽象化する形で謝罪することで解決を図るケースが多いものと思料する。

　しかしながら、このような謝罪だと多くの被害児童等はやはり納得できないところであって、謝罪文を作成してほしいとか裁判所の場で直接謝罪

23　大津いじめ訴訟控訴審では、大津市からの和解金650万円及び災害共済給付金1400万円を控除して、最終的に加害生徒らが連帯して約201万円及びこれに対する遅延損害金を支払うよう命じている。第一審では約1878万円の支払義務が命じられた事実と対比すると、遺族としての不満は大きかったことが容易に推測できる。

してほしいといった要請を行う展開が散見される。この場合、現実的には裁判所もほぼ応じないし、直接やりとりすることでかえって感情面での紛争の蒸し返しが起きることも、代理人として危惧せざるを得ないところではあるのだが、和解調書上のみでの謝罪では本当に解決といえるのか、いじめ案件の性質を考慮すると疑問が生じるのも事実である。この点について、検討している文献を見たことがないため一私見にとどまるが、いじめ紛争においては他の事件類型と比べても謝罪の重要性は大きいと感じており、謝罪の質を高めることは両当事者に対する教育的効果としても有益であるように思われる。そのため、裁判所においてもただ和解調書上の謝罪で十分とするのではなく、被害児童等がどうすれば自らが受けた心の傷を少しでも回復できるのかに思いを馳せる形で、より適切な謝罪方法を模索すべきではなかろうか。

(2) 学校への法的措置

ア) 安全配慮義務をめぐる請求

既に述べてきたとおり、学校内で生じたいじめによって被害が生じており、加害児童等につき責任能力が存在しない場合は、監督代行者である学校につき損害賠償責任を負う余地がある。また、仮に監督代行者責任を追及できないとしても、いじめ及びこれに伴う被害児童等の損害につき学校の安全配慮義務違反が認定できる場合には、かかる義務違反につき損害賠償請求が講じられる。すなわち、私立学校においては、その設置者と児童生徒又はその保護者との間で私法上の在学関係が成立しているところ、かかる在学契約上の付随的義務として、児童生徒に対し、教育課程での児童生徒の安全を確保すべき義務を負うものと解される（大阪地判昭和43年5月2日判時524号57頁〔27421775〕、山形地判昭和52年3月30日判時873号83頁〔27404689〕）。また、公立学校についても、「安全配慮義務は、ある法律関係に基づいて特別な社会的接触の関係に入つた当事者間において、当該法律関係の付随義務として当事者の一方又は双方が相手方に対して信義則上負う義務として一般的に認められるべきものであ」（最三小判昭和

50年2月25日民集29巻2号143頁〔27000387〕）るところ、この安全配慮義務は、私法上の在学契約上の付随的義務として認められている私立学校法人の児童生徒側に対する安全確保義務に準ずるものといえ、公立学校も、私立学校と同様の要件の下に安全配慮義務を負うと理解できる[24]。

そして、安全配慮義務の具体的内容について、いじめ防止対策推進法において「学校の設置者は、基本理念にのっとり、その設置する学校におけるいじめの防止等のために必要な措置を講ずる責務を有する。」（7条）、「学校及び学校の教職員は、基本理念にのっとり、当該学校に在籍する児童等の保護者、地域住民、児童相談所その他の関係者との連携を図りつつ、学校全体でいじめの防止及び早期発見に取り組むとともに、当該学校に在籍する児童等がいじめを受けていると思われるときは、適切かつ迅速にこれに対処する責務を有する。」（8条）と定めている関係で、これ自体は公法上の規定であるとはいえ、当該理念を取り込む形で検討するのが望ましい。実際、下級審判例において、法施行前のケースであるものの福岡高判令和2年7月14日令和元年（ネ）519号裁判所ウェブサイト〔28282306〕は、「法施行の前後を通じて、『いじめ』は、被害を受けた児童生徒の精神的苦痛に着目した概念であって、学校における教育活動及びこれに密接に関連する生活関係において、児童生徒の生命、身体、精神、財産等に悪影響が及ぶ事態であるから、学校の教職員は、被害申告等により児童生徒に対するいじめの発生又はその可能性を認識した場合には、当該児童生徒に対する安全配慮義務の内容として、いじめに係る事実関係をそれが生じる背景事情を含めて確認した上、いじめを行った児童生徒に対する指導等によっていじめをやめさせるだけでなく、いじめが発生する要因を除去し、かつ、いじめの再発防止のための措置を講じるべき義務を負うと解するのが相当であり、そのような措置が講じられたといえるかどうかは、その当時におけるいじめ対応に関する知見に基づいて判断すべきものと考えられる。」、「『いじめが、いじめを受けた児童等の教育を受ける権利を著しく侵害し、その心身の健全な成長及び人格の形成に重大な影響を与えるのみな

---

24 伊藤滋夫編『民事要件事実講座4』青林書院（2007年）〔田中俊次〕338頁。

らず、その生命、身体に重大な危険を生じさせるおそれがある』（法 1 条）ような深刻な肉体的、精神的苦痛を与えるものであることに鑑みれば、公立学校の教職員がいじめに対してその当時の知見に反した対応をした場合には、その態様や児童生徒に対する影響の程度等により、公立学校の開設者の安全配慮義務違反を構成し、国家賠償法上も違法の評価を受け得るものというべきである。」と、法の理念を踏まえて安全配慮義務の具体的内容を特定しており、参考になる。

また、損害論としては、いじめと各損害との事実的因果関係に加えて、安全配慮義務違反と各損害との事実的因果関係も必要となってくる[25]。さらに、特別損害に該当する場合は、学校（主に担任）として各損害の発生を予見できたことが別途要件となる。ここで、予見可能性の有無の判断の考慮要素としては、当該教諭に義務違反があった時点における、①当該教諭が把握していたいじめの程度、内容、被害児童等の肉体的及び精神的な状態や言動、②当該教諭の経験（いじめ事案を担当したことやいじめ防止への取組み等の有無）や知識、知見などが挙げられる[26]。このように、安全配慮義務違反と特別損害との相当因果関係となると、加害児童等の通常損害との相当因果関係に比べて複数の要件が加重されており、認定のハードルは決して低くない。それでも、先述した東京高判平成 14 年 1 月 31 日判時 1773 号 3 頁〔28070617〕は、被害児童等の自殺につき特別損害と認定しつつ、「教諭は、亡 K〔被害生徒〕が転校生でいじめの対象になる可能性があることを予め承知していた上、現にその後、亡 K をめぐるトラブルが継続的に多発していたことを把握、認識していたもので、その中には本件いじめ行為のようにいじめと認識すべきものが少なからず存在しており、かつ、トラブルが発生した都度注意、指導したにもかかわらず、その後もいじめを含むトラブルが絶えなかったのであるから、その個々のトラブルについてその都度注意をしただけでは生徒に対する指導として十分なものであったといえないことが明らかであり、元々いじめの対象になりやすい生徒である亡 K が現に複数の生徒からいじめられているものと認識

25　前掲注 15・横田 98 頁。
26　前掲注 15・横田 106 頁。

して対応すべきであったというべきである」、「しかも、平成6年当時には既に、いじめに関する報道、通達等によって、いたずら、悪ふざけと称して行われている学校内における生徒同士のやりとりを原因として小中学生が自殺するに至った事件が続発していることが相当程度周知されていたのであるから、既に少なからざるトラブル、いじめを把握していた担任教諭としては、中学生が時としていじめなどを契機として自殺等の衝動的な行動を起こすおそれがあり、亡Kに関するトラブル、いじめが継続した場合には、亡Kの精神的、肉体的負担が累積、増加し、亡Kに対する重大な傷害、亡Kの不登校等のほか、場合によっては本件自殺のような重大な結果を招くおそれがあることについて予見すべきであり、これを予見することが可能であったというべきである。」と、自殺の予見可能性を認めて安全配慮義務違反との相当因果関係を肯定している。

　学校は、長年にわたり多くのいじめ解決に携わっており、法制定の背景となったいじめ被害の現状も当然理解している以上、いじめを原因とした自殺などが生じるリスクについて加害児童等よりも熟知しているととらえるのが、社会通念に照らし合理的である。そして、仮に安全配慮義務違反の存在、及び当該違反と各損害との事実的因果関係がいずれも肯定される場合には、その論理的帰結として、教諭として執拗苛烈ないじめを把握しながらこれを放置していたと評価することは容易なのであって、かかるいじめによって被害児童等が自殺する危険も当然視野に入れられると思われる。だとすれば、安全配慮義務違反と特別損害との相当因果関係について、今後は加害児童等に比べてより緩やかに認定される（すなわち、教諭の予見可能性が肯定されやすくなる）可能性があり、被害児童等及びその遺族の救済という観点からも望ましい方向である。

イ）　調査報告及び情報開示をめぐる請求

　「第2・1⑵法23条に基づく措置」及び「同⑶法28条における重大事態」でも検討したとおり、学校としていじめの調査報告を怠った場合に、かかる懈怠につき別途損害賠償を請求できるかという問題がある。この点、いじめ防止対策推進法上の諸規定は公法上の義務であって、当該義

務違反をもって当然に被害児童等への損害賠償責任を根拠づけないという理解が一般的であって、例えば先述した佐賀地判令和元年 12 月 20 日平成27 年（ワ）50 号〔28280162〕においても、いじめ防止対策推進法が、「いじめの防止等に関して地方公共団体等が負う安全配慮義務の内容を定めるものであるとは認められないし、事実調査・情報提供に関する上記の 28 条も、公法上の義務を規定したものと理解すべきであって、地方公共団体と生徒・保護者との間で具体的な権利義務を形成するなどの法的効果を生ずるものとは解されない。」として、国家賠償責任を否定している。その一方で、安全配慮義務の特定に当たっていじめ防止対策推進法の諸規定を考慮している下級審判例は、既に述べたとおり複数存在しており、条文上学校の責務として明示的に規定している以上、法の存在が安全配慮義務の特定に影響しないとの判示部分は、誤りといわざるを得ないように思われる。そのうえで、結局学校としてどこまでの安全配慮義務を負うかの問題に尽きるところ、いじめの真相に関する被害児童等（被害児童等が死亡している場合はその遺族）の知る権利は十分保障されるべきであって、さいたま地判平成 20 年 7 月 18 日平成 18 年（ワ）2513 号裁判所ウェブサイト〔28153021〕も、「X〔被害生徒〕に対するいじめが存在していたとすれば、それを苦にして X から自殺したとも考えられるのであるから、そのような調査をせずに、X の自殺の動機が学校生活とは無関係であるとして格別の調査をしなかった学校の判断は、拙速に過ぎるといわざるを得ない。」、「そうすると、少なくとも被告学校法人は、X の自殺に関して、ほかの生徒に情報提供を呼びかけ、X の日ごろの生活の様子等、X の自殺に結びつく可能性のある事情を調査し、探求する努力をする義務があったというべきである。」と、調査報告義務違反を認めて慰謝料の支払を命じている。そして、「第 2・1(3) 法 28 条における重大事態」でも取り上げたとおり、さいたま地判令和 3 年 12 月 15 日判タ 1503 号 89 頁〔28300012〕において、重大事態の認定に関する指導支援義務違反が認定されており、第三者委員会の設置前においても学校による調査や改善措置を講じる必要がある旨言及している点で、参考となる。その他、不登校重大事態に係る基本的な事実関係についての調査結果の提供義務違反、及び加害児童につ

き別室学習の活用など被害児童の不登校解消に向けた支援義務違反を理由
として、国家賠償請求を一部認容した大阪地判令和6年5月16日令和3
年（ワ）9132号〔28322711〕が存在し、加害児童が教室にいることが不
登校解消の妨げになっている旨認定している点で、非常に興味深い。いじ
めが発覚した場合における一次的な調査対応主体が、警察や児童相談所で
はなく学校である事実を考慮すると、被害児童等を真っ先に救済できる立
場に合わせて相応の責任を課すことが不当であるとも思われない。そのた
め、いじめの程度や被害結果（とりわけ被害児童等が死亡したかどうか）、
被害児童等の年齢、調査経過や重大事態への該当性などを踏まえつつ、ケ
ース次第では安全配慮義務をより広範にとらえる形で解決を図るのが、今
後のいじめ案件における基本的なスタンスになるのではなかろうか。

　また、加害児童等の氏名又は住所の開示については、実務上争点となる
ことが非常に多い。この点、「第2・1⑵法23条に基づく措置」でも述
べたとおり、個人情報の保護に関する法律の適用があるケースでは27条
1項2号「人の生命、身体又は財産の保護のために必要がある場合であっ
て、本人の同意を得ることが困難であるとき」、又は3号「公衆衛生の向
上又は児童の健全な育成の推進のために特に必要がある場合であって、本
人の同意を得ることが困難であるとき」に該当するとして、少なくとも学
校としては加害児童等の同意が得られなくても免責されると解する見解が
多数説である。そして、公立学校についても、近年の法改正に伴い各自治
体の個人情報保護条例が廃止されて個人情報の保護に関する法律が準用さ
れることとなった関係で、やはり違法性の問題は生じないものと思料され
る。この点、①被害児童等又はその代理人が事案について説明を求めた
り、現在の心境や今後の行動についての考えを聞いたり、謝罪を求めた
り、今後の再発防止のために接触を避ける方策等の取決めを行いたいとし
て申入れをしたりしたいと考える場合、②被害児童等が加害児童等の自宅
周辺で不意に出会うことを避けたいと願う場合、又は③被害児童等又はそ
の代理人が加害児童等（及びその保護者）に対して損害賠償請求等の民事
訴訟の提起、民事調停の申立て、又は危害を加える行為を避けるためにな
される一定の行為の差止め等の仮処分の申立て等の法的措置を講じたいと

の意向を有する場合において、「生命、健康、生活又は財産を保護するため、開示することが必要であると認められる情報」（個人情報保護法78条1項2号ロ）に該当するとして、いずれも情報提供義務が生じるとの見解も出ており[27]、従前における多数説と軌を一にしている。しかしながら、実務においては、同趣旨の理論的根拠をもって学校又は教育委員会に対し加害児童等の氏名若しくは住所を提供するよう開示請求しても、「加害児童等の個人情報である」、「加害児童等の同意が得られない」、「調査報告の範囲に加害児童等の個人情報は含まれない」といった理由で、不開示決定を下してくるケースが非常に多い。かかる対応を受けて、代理人として個人情報の保護に関する法律など例外規定への該当性をいくら主張しても学校又は教育委員会が正面から回答することはなく、不服がある場合には審査請求などを検討してほしい旨杓子定規的な対応に終始してくるのである。

当該対応は、理論的にも、いじめ解決に向けた学校の姿勢としても誤っているというほかなく[28]、本来的には不開示決定の取消訴訟（及びそれに伴う義務付け訴訟）や情報開示義務違反などを理由とした国家賠償請求（私立の場合は損害賠償請求）を検討すべきである。しかしながら、現実的には当該法的措置を講じてもその審理に半年から1年程度の期間を要する展開が見込まれるのであって、消滅時効が差し迫っているとか再度の接触により希死念慮など重大な精神的苦痛が生じるといった、償うことのできない損害を避けるため緊急の必要がない限り、仮の義務付け（民事であれば仮処分）が認められるケースは決して多くない。何より、加害児童等の個

27　永田憲史著『逐条解説いじめの重大事態の調査に関するガイドライン』関西大学出版部（2023年）370頁以下。

28　この点、坂田仰編集代表『学校のいじめ対策と弁護士の実務』青林書院（2022年）198頁以下において、「本条項は、当事者間の争いが、情報共有が不十分であることから起こることを防ぐため、当事者に適切に情報共有をするべき義務を定めたものといえます。本条項が、『いじめを受けた児童等の保護者といじめを行った児童等の保護者との間で争いが起きることがないよう』との文言から、個人情報の開示を拒むことができるとの解釈がありそうです。」と、反対の見解を述べている。しかし、被害児童等がいじめによって受けた生命、身体又は財産を保護すべく法的措置を講じるのは、終局的には裁判を受ける権利として保障される正当な権利行使であって、訴訟へ至らなくとも話合いによる解決も十分期待できるところである。にもかかわらず、当事者間で争いが生じないようにとの考えから、加害児童等の住所又は氏名の開示を拒絶してその権利行使を妨げるのは、被害児童等の保護といういじめ防止対策推進法の理念に反するのみでなく、教育的観点からも加害児童等の更生の機会を奪うものであって（加害児童等の逃げ得を許せば再度のいじめ加害にも繋がりかねない）、理論的根拠の不十分さも相まって賛同できない。

人情報を得るためだけに訴訟提起すること自体、当事者（さらにいえば代理人）の負担が大きい割に得られる結果は小さく、いじめ紛争の迅速かつ適切な解決から遠ざかっているきらいがある。そのため、代理人としては、迅速に加害児童等の氏名又は住所を把握できる方法を探る必要があるところ、比較的有効な手段としては、友人を通じて加害児童等の電話番号を把握し、通信会社に対し弁護士会照会を行うという手段が考えられる。もっとも、最近のクラス管理においては、連絡網を作成しない又はLINEグループでの繋がりしか有さないことが多く、株式会社LINEが弁護士会照会に通常応じない運用であると指摘されていることも相まって、加害児童等の電話番号を任意で取得する機会がかなり減っているのが実情である。そこで、①学校又は教育委員会に対し弁護士会照会を行う、又は②自治体に対し住民登録の弁護士会照会を行うといった手段が考えられるところであって、とりわけ②の手段については、加害児童等の誕生日がわからないなど限られた情報であっても（その場合でも、所属する学年から誕生時期をある程度特定することは可能だろう）回答に応じてくれるケースは多く[29]、義務教育課程である公立の小中学校においてはかなり有効な手段ではないかと理解している。裏を返せば、学区の指定がない高等学校や私立の小中学校については、学校又は教育委員会から開示されない限り加害児童等の住所をなかなか把握できないというのが率直なところであって、その場合はやむを得ず学校又は自治体に対し訴訟提起を行い、かかる訴訟の中で加害児童等を巻き込んでいくしか手段がないように思える。この点、いじめを理由に自殺した熊本県立高校3年生の女子生徒の遺族が、県と当時の同級生8人に損害賠償を求めた訴訟において、福岡高決令和4年11月29日は、いじめに関与した生徒の氏名を黒塗りにしていない調査報告書を提出するよう命じた熊本地方裁判所の第一審決定を支持して、県の即時抗告を棄却している。もっとも、これも県に対する訴訟提起を前提としており、仮に県の安全配慮義務違反などが懸念されないケースでは当該訴訟提起が困難であるし、文書提出命令をめぐる審理だけで一定程度時間を

29　ただし、弁護士限りの開示であって依頼者に対しみだりに伝えるのは控えてほしいなど、取扱いについて一定の配慮を求められることが多い。

要するため[30]、被害児童等の迅速な救済という観点からはおよそ不十分な手続保障である。

　結局、加害児童等の氏名又は住所について、いじめ防止対策推進法において具体的な個人情報開示請求権を認めていないのが問題であって、個人情報保護法及びいじめ防止対策推進法の各規定、並びに当該規定に関する解釈論を踏まえても、具体的な請求権を立法化したからといって現場のいじめ対応に問題が生じるとは思えない（むしろ、法的措置を講じる被害児童側の負担感を見越して開示を拒否しているのではないかとさえ思われるところであって、学校又は教育委員会の姿勢がおおいに問題視されるべきである）。そのため、いじめの終局的な解決を図るという観点からも加害児童等の氏名又は住所は積極的に提供されるべきであるし、仮に学校又は教育委員会がその法的根拠にもかかわらず応じない場合には、その違法性を追及すべく毅然と法的措置を講じるのが、社会に向けて早期立法の必要性をアピールするうえで望ましいのかもしれない（もちろん、その場合には依頼者の理解を十分得る必要があろう）。

30　当該ケースも、第一審に対する即時抗告後抗告審の決定まで半年程度を要しており、第一審の審理期間をあわせて考慮するとその審理に過度な労力が割かれている。

3. その他の法的措置

(1) 懲戒処分の促し

　この項では、損害賠償請求以外に考えられる法的事項について検討する。もっとも、前項と異なり議論がそこまで尽くされていない部分は多く、争点となった下級審判例もほぼ存在しないため、概括する形で以下説明するにとどめる。

　まず、調査の結果いじめ被害の存在が明らかになった場合、被害児童等としては加害児童等が引き続き同じ学校へ在籍することを拒絶し、他の学校へ転校してほしい旨要請することが多い。実際、加害児童等が反省していない場合にいじめが再発するケースは少なくなく、仮にいじめが再発しないとしても、加害児童等と顔を合わせるだけで精神的に不安定になって不登校へ陥る被害児童等は存在する。また、保護者としても、自らの子が安心安全に学校生活を過ごせるよう望むのは当然であって、ケース次第では損害賠償請求以上に関心が高いところである以上、代理人としても検討しなければならない。

　もっとも、現実に加害児童等の転校を実現するのは、かなりの困難を伴うのが実情である。すなわち、まず公立の小中学校、義務教育学校又は特別支援学校については、理由のいかんを問わず加害児童等に対し退学処分を下すことが許されない（学校教育法施行規則26条3項）。また、公立の高等学校であれば退学処分を下すことが可能であるし、公立の小中学校においても、理論的には指定校変更の義務付け訴訟が一応考えられなくはない。もっとも、いじめを理由とした指定校変更がそもそも義務付けられるか、加害児童等を指定校変更すべき旨命じることを求めるにつき被害児童等が法律上の利益を有するか、本件における「重大な損害が生ずるおそれ」とは具体的に何か、といった複数の疑問が当然生じる。そして、仮に義務付け訴訟の本案が係属したとしても、その審理が長期化すればその間被害児童等は加害児童等と同じ学校へ通学することを余儀なくされる。そ

| 175 |

第 2　被害者側における弁護活動

のため、仮の義務付けを併せて申し立てる必要があるものの、処分がされ
ないことにより生ずる償うことのできない損害を避けるため緊急の必要が
あるかといわれると、いじめ被害が深刻化している場合には刑事事件など
別の手段を想定し得る関係で、要件を満たすかどうか微妙であるし、係属
中に卒業した場合はその時点で訴えの利益が消滅してしまう。このよう
に、加害児童等のいじめを理由とした義務付け訴訟を講じるのは、多くの
ハードルがあるため現実的に難しく、訴訟提起した下級審判例も見当たら
なかった（ただし、「第 1・3．いじめ案件を取り扱ううえで知るべきこと」
でも述べたとおり、指定校変更をめぐる義務付け訴訟自体は、特別支援学校へ
の就学又は未就学をめぐって過去に何件か係属しているし、仮の義務付けが認
められたケースも決して少なくない。大阪地決平成 19 年 8 月 10 日賃金と社会
保障 1451 号 38 頁〔28140637〕、大阪地決平成 20 年 7 月 18 日判例地方自治 316
号 37 頁〔28151339〕、奈良地決平成 21 年 6 月 26 日判例地方自治 328 号 21 頁
〔28161278〕など[1]）。

　その一方で、私立・国立の小中学校、又は高等学校の場合は、児童生徒
に対し懲戒処分としての退学処分を下すことが可能である。そこで、学校
に対し、仮に加害児童等を今後も在籍させ、その結果いじめが再発したり
被害児童等が不登校に陥ったりするといった損害が生じた場合には、被害
児童等に対する安全配慮義務違反が生じ得ると示唆することで、学校に対
し退学処分を下すよう促すことが考えられる。このアプローチは、比較的
有効な戦略であって、加害児童等へ退学処分を下すよう学校へ要請した結
果、退学処分に至ったケースは筆者の経験上存在する。また、仮に学校が
加害児童等へ退学処分を下さなかった場合でも、その後学校の安全配慮義
務違反を追及するに際して、被害児童等が加害児童等の学外への排除を希
望して通知書を送付した事実は、かかる義務違反を根拠付ける事情として
おおいに働くため、その観点からあらかじめ通知するのが望ましい。もっ
とも、懲戒処分を下すかどうかの最終的な判断について、学校が広範な裁
量権を有しているのは否定できないし、次項にて検討するとおり加害児童

1　富澤賢一郎「学校関係をめぐる紛争」定塚誠編著『行政関係訴訟の実務』商事法務（2015 年）
　400 頁以下が詳しい。

等が退学処分の違法性を争ってくる可能性は想定しなければならないため、退学処分を下すよう法的に強制するのが難しいのは、公立学校と同様であろう。この点、「今後は、いじめによる損害が発生していないものの、そのおそれがある場合に、児童、生徒又はその保護者が、教育関係契約に基づき、学校（設置者）に対して安全配慮義務の履行請求をすることができるか否か（仮処分を含む）が問題となってこよう（ただし、実例は未見である）。」[2]との裁判官の指摘があり、仮処分による迅速な救済の可能性を指摘している点も含めて、非常に興味深い。

　このように、加害児童等につき強制力を持って転校させるのは、公立・私立を問わず現行法ではなかなか難しいのが実情であって、代替案を講じる必要が生じてくる。そこで、「第2・1(2)法23条に基づく措置」でも述べたとおり、出席停止制度（公立の場合）や自宅謹慎措置を講じるよう学校へ要請するのは一案であるし、退学処分に比べて加害児童等の不利益も少ないため、学校も一時的に応じるケースは多い。しかしながら、自宅謹慎措置を卒業まで数年間にわたり継続することは現実的になかなか難しいため（もっとも、実例が全く存在しないわけではない）、最終的には加害児童等が復学してしまうという問題がある。これは、加害児童等から見れば意に反する自宅謹慎措置によって教育を受ける権利が侵害されている以上、学校として退学処分を下さない限りどこかのタイミングで復学させるのはやむを得ず、あとは加害児童等への別室指導や教職員が付き添って被害児童等との接触を一切禁止するといった措置を講じるしかない。そして、このような措置を講じても被害児童等が学校生活に不安を感じる場合には、結局被害児童等が転校するという結末に至りやすく、慰謝料や転校に要した費用を加害児童等又は学校へ損害賠償請求することで一定の満足を図ることとなる。そのため、被害児童等の教育を受ける権利確保という観点からは、現行法にて明確な救済手段がないのが実情であって、被害児童等の今後の人生への悪影響を考慮すると、立法的解決も含めて大いに議論

2　北澤純一「教育関係の契約」内田貴＝門口正人編『講座現代の契約法各論2』青林書院（2019年）81頁以下。安全配慮義務が付随義務であることをもって履行請求の障害とはならない旨、併せて付言している。

第 2 被害者側における弁護活動

すべきテーマであると思料する。

---

(2) 教育を受ける権利の実現

「(1) 懲戒処分の促し」でも既に若干言及しているが、いじめによって被害児童等が長期間不登校に陥っている場合、教育を受ける権利が侵害されているという深刻な問題が生じる。この点、「一般的にいって、総授業時数の半分以上も欠席した生徒については、特別の事情のない限り、卒業の認定を与えられないのが普通であろう」（昭和 28 年 3 月 12 日、文部省初等中等教育庁回答）という解釈は示されているものの[3]、戦後間もない時期における解釈であって現在においてそのまま適用するのは到底難しく、義務教育段階であれば出席日数が 0 日でも卒業できるのが通常である。また、授業には出席できなくても保健室登校であれば可能という被害児童等は多く、この場合も出席日数にカウントするのが主流の運用である。さらに、文部科学省が公表している「不登校への対応について」において、「当該施設への通所または入所が学校への復帰を前提とし、かつ不登校児童生徒の自立を助ける上で有効・適切であると判断される場合」に出席扱いとできる旨通知している。具体的には、公設の適応指導教室（最近では教育支援センターという表記を用いている）や民間のフリースクールなどが考えられ、令和元年 5 月 13 日付け文部科学省「『教育支援センター（適応指導教室）に関する実態調査』結果」によると、平成 29 年度における教育支援センターの在籍者数は、小学校で 4011 人、中学校で 1 万 6710 人と、かなりの人数に上っている。

繰り返し述べているとおり、被害児童等の代理人として、教育を受ける権利の実現のために法的に働きかけられることは残念ながら少なく、とりわけ義務教育ではない高等学校における不登校には、大きな障害が付きまとう。例えば、学校に対し、課題プリントを毎週末にまとめて自宅へ送付するよう要請したり、定期試験の代替措置としてレポート提出による単位

---

3 菱村幸彦著『管理職のためのスクール・コンプライアンス―ここが問われる学校の法的責任』ぎょうせい（2010 年）163 頁以下も参照。

3. その他の法的措置

認定を促したりすることで、高校での必要単位を取得させるといった働きかけは考えられる。また、不登校が長期化して今の学校へ復学できる見込みがない場合には、被害児童等及びその保護者に対し、通信制教育や夜間学校、高卒認定試験の存在を伝えて、転校するのも１つの選択肢である旨代理人の立場でアドバイスするのは一案だろう。それでも、転校後に心身の状態が安定することで、「前の学校へ復学したい」と希望する被害児童等は一定数存在しており、その場合安易に転校をアドバイスしたことで、結果として被害児童等の教育を受ける権利を侵害してしまうおそれがある。また、現実問題として、転入を受け入れている普通科の高等学校は少なく、通信制や夜間学校だとどこまで同様の教育を保障できるのかという懸念は生じるところである。実際に、「まともに添削もしないまま単位を認定し、結局高校卒業資格を売るかのような学校が増えているのも現実です。」、「通信添削を『オプション』と捉えて、通学コースの費用に加えて追加の費用を設定するいわばダブルスタンダードを設けている学校や、教育指導やキャリア相談をおざなりにしている学校もあるなど、問題のある通信制高校も一定数存在します。」[4] との指摘があり、筆者も同様の見解を有している。

　もちろん、無理に在籍させることで被害児童等に二次被害が生じる展開は避けなければならないし、高等学校卒業程度認定試験（かつては大学入学資格検定と呼ばれていた）を受験して大学へ進学する道もあるため、いじめ被害が深刻な場合は自主退学するのも一案である。そのうえで、被害児童等が教育を受ける権利を実現するに当たり、加害児童等が学外へ排除されるか、少なくとも加害児童等と一切接触しない形で学校生活を過ごすのが一番望ましいという結論になりやすいのも否定できない。結局、被害児童等がどのような形で教育を受ける権利を享受するのが望ましいか、ケースごとにある程度客観的に判断するしかなく、かかる判断を踏まえて学校や加害児童等と交渉する姿勢が非常に重要である。

4　石坂浩＝鬼澤秀昌編著『［改訂版］実践事例からみるスクールロイヤーの実務』日本法令（2023年）299頁以下。

（3）刑事告訴

　いじめが悪質であって傷害などの犯罪行為に該当する場合は、14歳以上であれば刑事告訴を検討することとなる。また、14歳未満であっても、警察へ被害届を出すことで加害児童等への調査が実施されたり、児童相談所の関与を期待したりすることができる。

　いじめに対する社会的関心は年々高まっており、最近だと岐阜市の中学3年生が自殺したとみられる問題で、同級生の男子生徒3名が強要などの疑いで書類送検されている[5]。また、令和5年2月7日には、文部科学省より「いじめ問題への的確な対応に向けた警察との連携等の徹底について」と題する通知が出されており、「犯罪に相当する事案を含むいじめ対応における警察との連携の徹底」、「警察との日常的な情報共有体制の構築による連携強化」などがうたわれている。実際には、被害児童等としてわざわざ刑事告訴しなくても、マスメディアでの報道や学校からの告発をもって警察が捜査を開始するケースは多いため、被害児童等の代理人として刑事告訴を要することは少ない。裏を返せば、警察が自発的に捜査を開始しないような比較的軽微ないじめ被害において、被害児童等の処罰感情を踏まえて刑事告訴するケースが想定されるところ、その場合に警察による本格的な捜査を期待するのはなかなか難しく、結局簡易送致されて審判不開始決定で終了となる傾向にある。また、仮に告訴状が受理されたとしても、加害児童等が逮捕勾留されるケースは非常に少なく、せいぜい学校による自宅謹慎措置によって被害児童等の学校生活の平穏を確保できる程度である。この点は、逮捕勾留や起訴も十分期待できる教職員による問題行動（体罰、スクールセクハラなど）とは、事情が大きく異なる。

　このように、いじめ案件における刑事事件での対応は、上記通知もあって年々積極的になる傾向は垣間見えるものの、それでも全体からすればまだまだその件数は少ない印象であって、被害児童等の救済という観点からはあまり期待できないことが多い。もちろん、傷害致死や性犯罪といった

5　弁護士ドットコムニュース「学校いじめ『犯罪化』は抑止力になる？岐阜中3自殺で『同級生3人』書類送検へ」2019年12月29日（https://www.bengo4.com/c_1009/n_10607/）。

極めて悪質なケースであれば、被害者参加も視野に入れる形で活動できる事項は多々あるが、そのようないじめ案件は統計的にみればごく少数だろう。そのため、これからいじめ案件を扱ううえでは、いじめ防止対策推進法に基づく弁護活動や損害賠償請求、教育を受ける権利の実現をまずは優先的に検討し、その間の展開も踏まえて刑事告訴などを検討すれば足りるように思える。

(4) マスメディア対応

いじめ被害は、しばしばテレビや新聞、インターネットにて報道されることが多く、訴訟提起に至った場合には、第1回期日前後において報道機関から問合せを受けることも少なくない。このようなマスメディア対応は、いじめ被害の程度と比例しているかといわれると必ずしもそうではなく、被害児童等が自殺する深刻なケースであるにもかかわらず一切取材を受けないこともあれば、重大事態に該当しないにもかかわらずなぜか主要メディアで大きく取り上げられることもあり、代理人として事前に予測するのは難しい。

マスメディア対応については、基本的に依頼者の意向に即して都度対応すべきであって、一般的な姿勢は他の分野と何ら異なるものではない。強いていえば、被害児童等への直接の接触を控えるよう伝えているにもかかわらず、訴訟記録を通じて被害児童等の住所などを把握して接触してくるマスメディアは存在するため、仮に依頼者が取材を拒絶している場合には、あらかじめ閲覧等制限決定の申立てを行うのは重要だろう（もちろん、万一マスメディアが依頼者へ直接接触してきた場合には、かかる接触につき厳重に抗議すべきである）。また、稀ではあるものの、相手方又はその代理人が、意図的かどうかはともかくマスメディアに対し真実に反する情報を提供し、あたかも被害児童等に全面的な落ち度があったかのように報道される展開があり得る（後述するとおり、このような展開は加害児童等の場合も同様に生じる）。その場合、かかる報道の事前又は事後にマスメディアから取材要請を受けた際、依頼者の意向に応じてノーコメントで通すかそ

れとも真実に反する旨毅然と反論するかは難しいところであって、必要に応じて報道機関へ情報を提供したり抗議したりするのは当然選択肢となり得る。

結局、マスメディア対応については、その都度検討を要するとしかいいようのないところであるが、いじめ対策への社会的関心が高まっている関係で、どうしても被害児童寄りのスタンスで報道される傾向は否定できない。そのため、被害児童等の代理人としては、プライバシー侵害など二次被害の可能性には配慮する必要があるものの、世間から叩かれるリスクがあるのは多くの場合加害児童等であるため、そこまで神経質にならなくても良い場合が多いのも事実である（裏を返せば、加害児童等の代理人において、マスメディア対応は非常に難しい舵取りを迫られる）。その一方で、二次被害を避けるべく秘密裏に解決したいと希望する被害児童等及びその保護者も多数存在するのであって、かかる意向を尊重しつつケースに対する社会的関心や相手方のマスコミ戦略などを総合的に考慮して、客観的な利益をより実現すべく最善の弁護活動を尽くすべきだろう。

コラム9 義務教育における加害児童等への退学対応

本文でも述べたとおり、義務教育課程における公立学校、義務教育学校及び特別支援学校においては、加害児童等への退学処分は法律上許されていない。また、停学処分については、私立・国立の小中学校でも一切禁止されており、公立学校の場合は出席停止措置を下すこと（ただし、出席停止措置が現状ほとんど利用されていない事実は、「第2・1(2)法23条に基づく措置」で述べたとおりである）、教育的な指導を目的とした自宅謹慎措置を下すことができるのみである。しかし、かかる自宅謹慎措置の目的はしばしば非常に曖昧であって、実質的にはいじめ加害に対する懲戒目的ではないかと疑われるケースは多いものの、どちらにしても一時的な措置であるため、いずれは解除して加害児童等を復学させなければならない。

このように、公立の小中学校においては、いじめがどれだけ深刻で

被害児童等の不登校が長期化していても、加害児童等につき強制力を持って学校から排除することは現行法上まず不可能である。そのため、被害児童等は、損害賠償請求など加害児童等への法的措置こそ検討できるものの、少なくとも学校環境の観点からは、加害児童等が任意で転校しない限り引き続き同じ学校へ在籍しなければならない。そして、できる限り被害児童等と加害児童等が接触しないよう、学校でもクラス替えや教職員の付き添いといった形で対応するものの、同一の場にいる以上どうしても限界があるところであって、偶然に接触してしまうと被害児童等が精神的な負担を感じてしまう。さらに、加害児童等が当該いじめを反省していない場合、被害児童等へのいじめを再び行うことがあり、いじめがより悪化して生命身体へ危害が生じるおそれすら存在する。

　そのため、被害児童等は、加害児童等と同じ学校環境にいることへの心身のリスクを理由として、やむを得ず自ら指定校変更や区域外就学を検討しなければならなくなる。その場合、学校で信頼していた教職員や友人から離れて、新しい学校で一から人間関係を構築しなければならないし、何より「いじめた子が学校に残って、被害を受けた私が転校させられた」という理不尽な扱いとして記憶に残ってしまい、今後の成育に悪影響を及ぼす可能性もある。その一方で、加害児童等に指定校変更を義務付けたとしても、転校した学校にて教育を受ける権利は保障されているし、よほどの過疎地域でない限り就学上の困難も生じない。

　このような理由から、公立の小中学校においても、いじめ被害が深刻で加害児童等につき改善が見込めない場合には、私立・国立の小中学校と同様に退学処分類似の手続を認めて差し支えないように思われる。この場合、学校教育法施行規則の改正を要するため、国会などでの検討を経る必要がある。また、被害児童等とは異なり、加害児童等を受け入れてくれる公立学校を探すのは教育委員会が主導しても難航するおそれがあるとか、加害児童等が多数存在する場合にどこまで転校を義務付けるのか（学級人数が一気に少なくなるとクラス編成への影

響が大きくなる）といった懸念があり、かかる懸念への回答は示されなければならない。そのうえで、法がまずは被害児童等の救済を最優先に掲げている事実や私立の小中学校においては退学処分を適法に下し得る事実を考慮すると、義務教育であるとの事実をもって学外への排除の可能性を一切除外してしまうのは、やはりバランスを欠いている印象を受ける。そのため、今後も公立学校におけるいじめ案件が一定数生じ得る事実を視野に入れた場合、被害児童等が安心安全に現在の学校へ登校しつつ加害児童等の教育を受ける権利を確保できるよう（理論的には、安全を確保できるまで加害児童等への出席停止措置を継続することも可能であるが、集団学習の機会を奪う分、指定校変更の義務付けよりも教育を受ける権利への侵害の程度は大きい）、一定の場合には指定校変更を義務付ける法制度が望ましいと考える。

第3

加害者側における
弁護活動

1. 損害賠償請求

(1) はじめに

　ここからは、加害児童等の代理人としての弁護活動に言及する。

　まず総論として、加害児童等は、被害児童等と異なり、生命身体又は財産への被害が通常生じておらず、学校から自宅謹慎措置や懲戒処分を受けていない限り、教育を受ける権利もおおむね問題なく享受できている。そして、いじめの発生や損害の発生、損害との相当因果関係について、被害児童等にてそれぞれ主張立証しなければならず、加害児童としてはかかる立証が不十分である旨弁護活動を進めれば足りるため、損害賠償請求に限れば被害児童等に比べて代理人としての負担感は少ないかもしれない。

　その一方で、加害児童等は、マスメディアでの報道を通じて世論から激しく非難される展開もあり得、被害児童等の言い分と異なる場合に「いじめられた被害者が嘘をつくはずがない」、「いじめたのに全く反省していない」などと責め立てられることがある。また、加害児童等からの依頼は受けないというスタンスの弁護士も少ないながら存在するようで、専門性を有する弁護士が就いて過度の法的責任を負わないよう主張立証を尽くす実益は、被害児童等よりもニーズが高い側面は否定できない。何より、加害児童等への退学処分や自主退学勧告をめぐる紛争は、加害児童等の代理人固有のテーマであるところ、昭和女子大学事件（最三小判昭和49年7月19日民集28巻5号790頁〔27000427〕）やエホバの証人剣道実技拒否事件（最二小判平成8年3月8日民集50巻3号469頁〔28010410〕）といった一連の最高裁判決にもかかわらず、違法と評価されるケースは少ないのが現状であり、とりわけ自主退学勧告の場合はかなり難しい弁護活動を余儀なくされている。

　このような観点から、加害児童等の代理人として検討すべき固有の事項は一定程度存在しており、いじめ案件を取り扱ううえで加害児童等の立場も理解するのは、多角的な解決を目指すうえで極めて有益である。そし

て、同じ未成年者である以上その健全な成育を実現しなければならないのは加害児童等も同様であるため、加害児童等の代理人として活動する機会があれば、被害児童等の代理人にこだわることなくぜひ対応すべきである。

(2) 相談時の対応及び示談交渉

本項目では、損害賠償請求を受けた場合における加害児童等の弁護活動について述べる。この点、「第2・2．損害賠償請求」で記載した被害児童等の損害賠償請求と裏返しの関係であるため、ある程度対比する形で検討したい。

加害児童等又はその親権者から損害賠償請求に関する相談を受けた場合、いじめの行為態様、加害児童等の年齢、いじめを行った経緯、他に加害児童等が存在するかどうか、かかる行為態様が真実かどうか（被害児童等が虚偽の被害を訴えていないか、他の加害児童等によるいじめ行為の可能性）、被害児童等の現状（生命身体への侵害の有無、登校状況、学校に対しどのような要求を行っているか）、加害児童等の現状（自宅謹慎措置を受けているか、他の加害児童等はどうなっているか）、及び重大事態として調査が進んでいるかどうかを聴き取っていく。当然ながら、いじめの行為態様が最も重要であって、仮に被害児童等と事実認識が異なる場合には、①実際にはどうだったのか、②どうして被害児童等が真実に反する主張をしているのか、③学校は何と言っているかについて、丁寧に聴き取らなければならない。また、加害児童等の年齢次第では、監督義務者である親権者が法定監督責任を負わなければならないし、仮に加害児童等に事理弁識能力が備わっている場合でも、被害児童等が親権者の監督義務違反を主張してくる可能性は十分あるので、被害児童等及びその親権者双方から委任状を取得するのが無難だろう。この点、加害児童等に事理弁識能力が存在する場合には、加害児童等とその親権者との間に潜在的には利益相反が生じ得るものの、その身分関係を考慮するとかかる利益相反が顕在化するケースは通常考えられないため、あまり懸念する必要はなかろう（もちろん、受任時に一言説明するのが望ましい）。その他、民法714条1項が適用されるケー

スにおいては、加害児童等の行為につき不法行為が成立する限り、同項ただし書の存在にもかかわらず親権者が法定監督責任を回避するのは現実的にほぼ不可能であって、あとは賠償すべき損害額をどれだけ抑えられるかが争点となる旨、あらかじめ説明した方がよい。

　なお、加害児童等と目される児童生徒が複数存在する場合、かかる児童等から集団で依頼したい旨要請を受けることがある。この場合、代理人として一括して受任することは問題ないし、全体としては１つの事件であるため、加害児童等の間で弁護士費用や訴訟費用を分担することで経済的な負担を軽減できるというメリットも存在する。その一方で、不真正連帯債務の関係であるため利益相反が潜在化しているし、親子間における求償関係と異なり、訴訟などで児童等間の対立が表面化する可能性は十分存在するところである。そのため、受任に際しては、弁護士職務基本規程32条に基づき辞任の可能性その他の不利益を及ぼすおそれのあることを説明しなければならないし（説明したかどうかで後日争いが生じないよう、委任契約書に明記するのが確実である）、仮に受任後現実に利害の対立が生じたときは、同規程42条に基づき辞任も含めて毅然と適切な措置をとらなければならない。

　次に、受任時においていじめに関する調査が進行中であるかどうかは、極めて重要なポイントとなる。すなわち、仮にいじめに関する学校の調査が終了し、既に被害児童等から法的措置が講じられている場合には、加害児童等の代理人としてかかる調査の信用性を事後的に争うしか手段がなくなりがちである。すると、学校又は第三者委員会は、一般論として中立公正な立場から調査報告を行っているという推認が働くため、かかる推認を覆せない限りどうしても調査報告結果は信用できるという結論に至りやすく、裁判でも当該調査報告書を前提として事実認定が行われやすい。もちろん、調査報告書は裁判外で作成された書面である以上、裁判での尋問などを経てかかる書面の信用性が一部否定される可能性はあり得るものの、やはり代理人としての負担は大きいのが実際である。

　これに対し、仮にいじめに関する学校の調査が進行中である場合には、当該調査過程に対し働きかけることが可能である。そこで、代理人として

は、調査中での依頼を受けた場合には速やかに学校へ受任通知書を送付し、加害児童等のいじめ行為を否定する資料（被害児童等やクラスメイトとの、当時のSNSでのやりとりを提出することが多い）を提出したり加害児童等への聴き取りにつき同席したりすることが考えられる。この点、加害児童等への聴き取りに代理人が同席できるかについて、「第2・1.(4)いじめに関する調査」でも述べたとおり、被害児童等と異なり学校から拒絶されるケースは少なくない。もっとも、弁護士は、委任契約に基づき加害児童等の代理人として活動する法的権利を有しているし、加害児童等がどのような事実関係を供述しているかその場で共有し、不当な聴き取りがなされないようチェックすることは、その後作成される調査報告書の信用性という観点からも有益である。そのため、加害児童等の代理人としては、いまだ加害児童等への聴き取りがなされていない場合には同席したい旨法的根拠も踏まえて要請すべきであるし、既に聴き取りがなされている場合には、聴き取り内容が正確に記録されているか確認すべく、聴き取り結果に関する閲覧の機会を求めるべきだろう[1]。

　なお、ケース次第では、被害児童等から示談での解決を提案されることもある。もちろん、訴訟に至ることなく迅速に解決できれば双方の利益に資するため、被害児童等との話合いを拒絶する理由は通常見当たらない。しかしながら、現実にはいじめの行為態様及び損害論において、被害児童等との間で大きな認識のズレが生じているケースがほとんどであって、とりわけ損害論において、習い事代やいじめの事実調査に要した費用といった、およそ相当因果関係が存在するか疑わしい項目まで列挙されることも少なくない[2]。さらに、示談と言いつつその場で加害児童等を厳しく非難し、今すぐ自主退学の手続を行うよう迫ってきたケースも筆者の経験上存在するところであって（双方に代理人が就いているケースであれば、さすが

1　もっとも現実には、今も調査中であるとの理由で聴き取り内容を閲覧させないケースがほとんどである。しかし、加害児童等の場合、教育委員会への調査報告書の提出に際し、被害児童等と異なり意見書の添付機会が保障されないことも多く、再調査の上申にもなかなか応じてもらえないのが実情である。そのため、調査報告書の完成前に働きかける必要性が被害児童等よりも高いのであって、その観点から弁護活動を遂行する必要がある。

2　そもそも、第三者委員会の委員報酬などは学校の設置者が全額負担するため、被害児童等に生じたとされる事実調査に関する費用が、具体的に何を意味しているのか必ずしも明確ではない。

にそのような展開には通常なりにくい）、裁判では実現できない目的を実現すべく示談（という名の交渉）を迫っているのではないかという被害児童等又はその保護者が存在するのも事実である。この点は、被害児童等が調停を申し立てた場合においてもさほど変わることはなく、むしろ調停委員がいじめ紛争に精通していない場合はかえって混乱する要因となるので、加害児童等の代理人として調停に応じるメリットが見当たらないように思える[3]。

　このように、損害額がよほど低廉で当事者間に感情的な対立がないといった事情が存在しない限り、示談しても決裂する蓋然性は高いものと思料される。そのため、示談での紛糾が見込まれる場合には、最終的には和解も視野に入れている旨あらかじめ意向を示しつつ、被害児童等に対し早期の訴訟提起を促して裁判所の面前で適切な和解交渉を進めた方が、結果的には感情的な対立を抑える形でスマートに解決できると理解している。

(3) 訴訟での弁護活動（総論）

　次に、訴訟における弁護活動としては、仮にマスメディアによる報道が過熱している場合には、閲覧等制限の申立てを先立って検討すべきである。この点、被害児童等の代理人としても閲覧等制限の申立てを行うケースはしばしば存在するところ、加害児童等の場合はその氏名や住所が公表されることで世間から攻撃される可能性があり、むしろ被害児童等よりも閲覧等を制限する必要性が高い。この点、いじめに関する経過が「当事者の私生活についての重大な秘密」（民事訴訟法92条1項1号）に該当するかについて、被害児童等については実務上比較的緩やかに認定されているものの、加害児童等について判断した下級審判例は見当たらず、明示的に

3　調停を申し立てて裁判所から申立書を送達することで、加害児童等の親権者に知らしめて和解の機運を高めるという考えも、一部に存在するようである。もっとも、重大事態として調査が開始されれば、学校又は教育委員会から加害児童等の保護者へ連絡が入ることでいじめの事実は伝わるし、事実認識につき争いがあれば調停も不調に終わりやすい。そのため、被害児童等が弁護士を就けていない場合はともかく、弁護士へ依頼して本格的に権利主張する意向を示している以上、加害児童等としても訴訟を視野に入れざるを得ないケースがほとんどである。

検討している文献も存在しないようである。そのため、今後の判例の蓄積次第ではあるが、訴訟係属中にもかかわらずマスコミ報道が過熱して加害児童等の日常生活に支障が生じる事態は、加害児童等の健全な育成という観点から望ましくなく、被害児童等やクラスメイトの学校生活への影響も看過できない以上、ある程度緩やかに閲覧等制限を認めて差し支えないように思われる。

　そして、訴訟においては、いじめの行為態様や不法行為への該当性につき争いがある場合は適宜主張立証し、損害論についても各項目の損害性やいじめ行為との相当因果関係、被害児童等に落ち度が存在する場合には過失相殺の適用を争うことになる。また、既に述べてきたとおり、自殺結果が生じた場合には、特別損害か通常損害かの問題も生じるため、加害児童等として予見可能性が存在しなかった旨反論しなければならない。その他、被害児童等が災害共済給付を申請している場合には、損益相殺の議論が生じる可能性があり、給付金としていくら支給されているか必ず確認する必要がある。とりわけ、後遺障害や死亡した場合における各見舞金について、障害慰謝料や逸失利益との関連性が必ずしも明確ではなく、この点を判断した最高裁判例も存在しない。もっとも、福岡高判令和2年7月14日判時2495号36頁〔28282306〕は、死亡見舞金の性格につき「被控訴人の安全配慮義務違反により亡A〔被害生徒〕がその生前に被った精神的苦痛に対するものであって、これと上記死亡見舞金の支給の原因となった亡Aの死亡による損害との間に『同一の事由』の関係があるということはできない。」として、独立行政法人日本スポーツ振興センター法16条1項に基づく免責を否定している。そのため、実際には免責されない可能性は存在するものの、まずは災害共済支援センターでの障害等級認定を必ず確認し、各見舞金が支給されていないかどうか場合によっては求釈明を行うべきだろう。

(4) 訴訟における主なポイント

　責任論において、繰り返し述べているとおり、仮に学校にて調査報告書を作成している場合にはその記載内容の信用性が大きな争点となるし、災

第 3 加害者側における弁護活動

害共済給付の申請段階において災害報告書が通常作成されているため、その信用性を争うことも考えられる。そして、信用性を争う場合には、調査過程における聴き取りの瑕疵や調査報告書と矛盾する客観的証拠の提出、加害児童等への尋問を通じた真相解明といった手段が挙げられる。その一方で、被害児童等が学校の安全配慮義務違反を併せて追及しているケースであればともかく、児童間における訴訟において、学校や第三者委員を証人として尋問してその調査過程の瑕疵などを明らかにするのは、現実的に難しい。また、学校の協力を得るべく訴訟告知しても、加害児童等と学校との間で求償関係が通常生じていない以上、補助参加の効力が生じずにそのまま訴訟が進行してしまうおそれは否定できない。そのため、加害児童等が複数存在する場合は、相互に補強し合う形で証言することで調査報告書の信用性を弾劾する展開はあり得ようが、実際にはおおむね調査報告書の記載どおり事実認定されてしまう傾向は否定できず、だからこそ調査段階で積極的に働きかけることに実益がある。その他、調査報告書の記載を前提としても、過失相殺率の判断は裁判所の専権であるため、いじめに至った背景事情や被害児童等の落ち度を踏まえて損害につき過失相殺を行うべきである旨、適宜主張すべきだろう[4]。

　また、損害論について、外傷が生じてリハビリが長期化している場合には、リハビリの必要性を確認すべくカルテ開示を要請すべきであって、仮に被害児童等が応じない場合には調査嘱託を申し立てて資料を取得する必要がある。そして、精神的疾患が生じている場合には、かかる疾患といじめとの相当因果関係が大きな争点となるところ、DSM-5 に基づく正確な診断経過を明らかにするよう原告へ求めたり、いじめによる発症の機序がいまだ医学的に明らかになっておらず相当因果関係を認定し得ないなどと反論することが考えられる。もっとも、仮に DSM-5 に基づく診断書を証拠提出された場合には、加害児童等にてセカンドオピニオンを取得する方法がかなり限定されてしまうし、精神的疾患との相当因果関係について

4　ただし、いじめの悪質性にもかかわらず加害児童等が何ら反省していないと評価されてしまうと、慰謝料の算定に当たり増額事由として考慮されるおそれがあるため、その点に配慮しつつ客観的事実を粛々と反論する姿勢が重要である。

| 192 |

1. 損害賠償請求

も、「第2・2.(1) 加害児童等への法的措置」で紹介したとおり、いじめの行為態様や被害児童等の行動の変化などを根拠として、医学的な未解明にもかかわらず相当因果関係を肯定する下級審判例は一定数存在する。結局、被害児童等においてある程度の立証に成功してしまうと、加害児童としてかかる立証を弾劾するのはかなり難しいというのが実際である。それでも、「第2・2(1)ウ) 損害論」でも記載したとおり、複雑性 PTSD との診断が出ている場合においては、裏を返すと通常の PTSD と診断できる程のエピソードは存在しなかったとも評価し得る[5]。この場合においては、複雑性 PTSD の診断基準において反復継続性を有するエピソードが重視されている事実を踏まえて、いじめとの関係性、とりわけその間に被害児童等へストレスを及ぼし得る別の外的要因が存在したのではないかとの観点から反論することは考えられるところである。また、診断名の変遷や治療経過から反論の糸口をつかめることも少ないながら存在するため、受診したとされるすべての医療機関からカルテを取得して提出するよう原告へ要請するとともに[6]、可能であれば当該カルテを踏まえてセカンドオピニオンを打診するなど、諦めない姿勢が重要である。

そのうえで、自殺との相当因果関係（特別損害か通常損害かの認定も含む）や過失相殺率といった、損害額が大きく増減し得る争点が存在しない限り、双方の当事者から主張立証がある程度尽くされた段階で、事件としての区切りをつけるべく早期の和解に応じるのは一案である。早期和解に応じることで、当事者への尋問や控訴審まで継続することによる時間的経済的負担を回避できるし、謝罪文言や口外禁止条項、賠償額が高額化した場合における分割払といった、ケースに応じた柔軟な解決も図りやすいため、結果的に依頼者の利益に資することも多い（この点は、被害児童等の代理人についても同様のことがいえる）。

5　もっとも、両概念は診断基準をみてもわかるとおり決して非両立の関係ではなく、併発することもあり得ると思料される。そのうえで、仮に併発している場合でもどうして PTSD の診断名を付さなかったのか（新規の概念である複雑性 PTSD との診断名をあえて付けたのか）について調査することは、被告側の弁護活動として一定の意味があるだろう。
6　1～2回しか通院していない医療機関がある場合、被害児童等として希望する診断名が付かない見込みとなったため転院した可能性があり、その診断経過は相当因果関係を否定する重要な資料となり得る。

(5) その他

　最後に、既に若干言及しているが、被害児童等が、加害児童等及び学校を共同被告として訴訟提起してくるケースがある。この場合、仮にいじめの存在や不法行為への該当性自体を争う場合には、加害児童等と学校とで事実認識がある程度共通するため、事実上協調し合う形で審理を進めていくことになる[7]。これに対し、いじめの行為態様につき加害児童等と学校とで認識が異なる場合、とりわけ学校が加害児童等に退学処分を下している場合には、両者間の対立が激しく生じることとなる。その場合、共同被告であるにもかかわらず、学校はむしろ被害児童等（原告）と歩調を合わせる形でいじめの存在を主張しつつ、当時における学校の対応に安全配慮義務違反は見当たらないとか、被害児童等の損害につき安全配慮義務違反との相当因果関係や予見可能性がない旨反論してくる。また、加害児童等としても、仮に退学処分の違法性を別訴で争っている場合には、いじめ調査における学校対応の不備を主張立証するのが通常であるため、別訴での審理経過が反映されると一気に複雑化する。

　この点、最終的には裁判所の訴訟指揮に委ねる事項であって、当事者としては粛々と主張立証を尽くせば足りるところではあるものの、あまりにも加害児童等と学校との対立が激しい場合には、弁論を分離して個別に審理するのが望ましい印象を受ける。その場合、相当因果関係の認定や損害額の算定に際し判断が分かれる可能性は当然生じるため、紛争の一体的解決という要請は後退してしまうが、複雑なケースだと第一審だけで3～4年もの長期にわたるため、その期間の短縮にはおおいに貢献するように思われる。加害児童等と学校とが共同被告の場合における適切な審理方法について検討した文献は、筆者にて見当たらなかったため、今後の議論が期待される。

7　「コラム1　いじめと不法行為とはイコールか」で紹介した東京高判平成29年5月11日平成28年（ネ）5551号〔28260508〕も、原審記録をみる限り、加害児童等と学校とが相互の主張を補強し合っている印象を受ける。

コラム10 児童相談所が関与してきた場合における弁護対応

　学校での傷害など、いじめの行為態様が深刻である場合には、警察が加害児童等の身柄をいったん確保したうえで、非行少年として児童相談所へ通告してくる展開があり得る。いわゆる「身柄付通告」と呼ばれるものであって、全国的に散見されるところ、身柄付通告には法律上直接の根拠規定が存在せず、児童相談所の判断を経ることなく警察が権限なく一時保護を行っていると評価できる点で、権限濫用ではないかと従前より指摘されている[8]。その一方で、多くの児童相談所は、身柄付通告を受けると事実関係が不明確なまま一時保護してしまい、加害児童等の教育を受ける権利や居住の自由を侵害してしまう。すると、学校としても、ある日突然加害児童等への授業を行えなくなってしまい、事実関係を把握すべく児童相談所へ連絡しても適切な情報開示がなされないため、最終的に出席日数不足や定期試験の不受験を理由として、原級留置などの処分を検討せざるを得ない。

　このように、いじめを理由として児童相談所が加害児童等を一時保護してきた場合には、被害児童等からの法的請求への対応と並行して、加害児童等を速やかに一時保護所から出して学校へ早期に復学できるよう、児童相談所との交渉が必要となる。かかる交渉は、児童相談所が広範な裁量権を有していることもあって難航することが非常に多く、保護者による監督不十分が原因で加害児童等がいじめに及んだとして、児童虐待（ネグレクト）の存在を指摘してくるケースがほとんどである。その場合には、児童虐待の防止等に関する法律において、ネグレクトの定義が「児童の心身の正常な発達を妨げるような著しい減食又は長時間の放置、保護者以外の同居人による前2号又は次号に掲げる行為と同様の行為の放置その他の保護者としての監護を著しく怠ること」（同法2条3号）となっている点を踏まえて、加害児童等への監護を著しく

8　久保健二著『3訂　児童相談所における子ども虐待事案への法的対応―常勤弁護士の視点から』日本加除出版（2022年）196頁以下。

行ったと評価できないため児童虐待に該当しない旨、適切に主張する必要がある。それでもなお、児童相談所が任意での一時保護解除に応じず、家庭裁判所への送致や児童養護施設などへの入所を示唆してきた場合には、それぞれの手続に応じて裁判所にて争わなければならない。ここまで進んでしまうと、仮に審判を経て早期の家庭復帰を実現できたとしても、かかる実現までに一定の期間を要しているのが通常であるため、その教育を受ける権利につき大きな損害が生じているのである。

　このような展開は、いじめの行為態様次第ではやむを得ないものの、いじめが比較的軽微なケースにおける加害児童等の負担としては過度に酷であって、その成育に重大な支障が生じかねない。その一方で、被害児童等からみれば、審判での最終的な結果を問わず加害児童等を学外へ排除できる公算が高いため、その学校環境の改善という観点からは望ましいとも評価できる。この辺りのバランスは非常に難しいものの、警察や児童相談所が過度に介入したために学校内で収拾つかなくなったケースを、複数見てきたのも事実である。そのため、児童相談所におけるケースワークがより適切に行えるよう、身柄付通告の時点で学校や各児童等といった関係者の意見が十分に反映されるよう、何らかの手続的ケアが担保されるべきではないかという印象を受けている次第である。

2. 退学処分及び自主退学勧告をめぐる弁護活動

(1) はじめに

　加害児童等は、いじめへの関与を理由として、学校から退学処分や自主退学勧告を受けることがある。

　その場合に、いじめに関する事実誤認の存在、具体的にはいじめの行為態様やいじめグループにおける役割（主犯格かどうかなど）、いじめ行為と被害生徒等が主張している被害との関連性が問題になるのはもちろん、仮に事実面では大きな争いがない場合でも、退学処分は重すぎるとしてその評価を争うケースは少なくない。また、自主退学勧告を受けて学校を自主退学した場合には、かかる勧告に強制力が存在したかどうか、いうなれば退学処分と同視できる事情が存在するかどうかによって、その違法性の判断基準も異なってくる。さらに、既に退学処分を受けた場合にどうやって教育を受ける権利を確保するか、すなわち在学地位確保の仮処分又は退学処分の執行停止といった手段も、ケース次第では検討しなければならない。

　このように、退学処分又は自主退学勧告をめぐる紛争は、いじめ案件に限らず学校案件を扱ううえで避けて通れないところである。そこで、加害児童等が退学処分を示唆され、実際に退学した場合における弁護活動を検討していく。

(2) 退学処分の法的性質

　まず、退学処分の法的性質について言及する。

　校長及び教員は、教育上必要があると認めるときは、文部科学大臣の定めるところにより、児童生徒及び学生に懲戒を加えることができる（学校教育法 11 条）。ここで、懲戒には、単に叱ったり、授業中一定の時間立たせたりするなど、法的な効果を伴わない事実行為として行われるものと、

生徒などが学校で授業を受けることができるという法的な地位に変動を及ぼすような法的効果を伴うものの2種類があり、退学処分は後者に該当する[1]。そして、懲戒処分には複数の内容が含まれるところ、「退学」は学生生徒の教育を受ける権利を奪うものであり、「停学」はその権利を一定期間停止するものと理解されている。そして、「退学」には除籍、放校など、「停学」には謹慎、出校停止などの実質的にこれらに準ずる懲戒処分も含まれており[2]、処分時の名称に必ずしも拘束されない。

　懲戒処分は、学校教育法施行規則 26 条に基づき、懲戒権者である校長の教育的見地に基づく裁量に委ねられている。もっとも、いずれの懲戒処分を選択するかに際しては、「当該行為の軽重のほか、本人の性格及び平素の行状、右行為の他の学生に与える影響、懲戒処分の本人及び他の学生に及ぼす訓戒的効果、右行為を不問に付した場合の一般的影響等諸般の要素を考慮する必要があり」（最三小判昭和 49 年 7 月 19 日民集 28 巻 5 号 790 頁〔27000427〕（「昭和女子大学事件」。以下、「昭和 49 年判決」という））、その考慮過程が社会通念上著しく妥当性を欠く場合には、裁量権の逸脱濫用と評価し得る。そして、学校教育法施行規則 26 条 3 項は以下のとおり定められているところ、「退学処分が、他の懲戒処分と異なり、学生の身分を剥奪する重大な措置であることにかんがみ、当該学生に改善の見込がなく、これを学外に排除することが教育上やむをえないと認められる場合にかぎつて退学処分を選択すべきであるとの趣旨において、その処分事由を限定的に列挙したものと解される」（昭和 49 年判決）。すなわち、退学処分については、生徒等を学外に排除することが教育上やむを得ないと認められる場合に限って退学処分を選択すべきであり、その要件の認定につき他の処分の選択に比較して特に慎重な配慮を要するものであるとして、その裁量権の範囲を狭く解することとなる[3]。

1　斗谷匡志「学校における学生、生徒に対する懲戒処分（特に退学処分）をめぐる問題」判タ 1417 号（2015 年）14 頁。
2　前掲注 1・斗谷 14 頁以下。
3　前掲注 1・斗谷 19 頁。

学校教育法施行規則

第26条

1・2　（略）

3　前項の退学は、公立の小学校、中学校（学校教育法第71条の規定により高等学校における教育と一貫した教育を施すもの（以下「併設型中学校」という。）を除く。）、義務教育学校又は特別支援学校に在学する学齢児童又は学齢生徒を除き、次の各号のいずれかに該当する児童等に対して行うことができる。

一　性行不良で改善の見込がないと認められる者

二　学力劣等で成業の見込がないと認められる者

三　正当の理由がなくて出席常でない者

四　学校の秩序を乱し、その他学生又は生徒としての本分に反した者

4・5　（略）

(3) 下級審判例の傾向

　昭和49年判決は、その後の下級審判例においてほぼ引用されており、退学処分の違法性を判断するうえで確立された規範となっている。

　もっとも、当該規範がどれだけ学校の裁量権を拘束するかについては判断が分かれるところであって、例えば東京地判平成26年3月28日平成24年（ワ）26027号〔29026847〕は、「退学処分を行うにあたっては、その要件の認定につき他の処分の選択に比較して特に慎重な配慮を要することはもちろん、原告に改善の見込みがなくこれを学外に排除することが教育上やむを得ないと認められる場合に限られるというべきである。」と、当該規範をそのまま当てはめて退学処分を違法としており、判断代置に近い形で裁量権の範囲を絞っている[4]。これに対し、一部の下級審判例は、昭

4　同様の判断基準を採用した下級審判例として、名古屋高判平成29年9月29日判時2365号52頁〔28253653〕、東京地判平成20年10月17日判時2028号50頁〔28150335〕が挙げられる。広島地判平成28年1月22日平成26年（ワ）712号裁判所ウェブサイト〔28253701〕も、結論部分で「社会通念上合理性を欠くものというべきであり、」という表現を用いているものの、その判断過程を踏まえる限り昭和49年判決をそのまま適用したと評価できる。

和49年判決を踏まえつつ学校の裁量権に一定の幅があることを認めており、東京地判平成29年12月19日平成26年（ワ）26801号〔29047893〕は、「当該生徒に改善の見込がなくこれを退学させることが教育上やむをえないかどうかを判断するについて、あらかじめ本人に反省を促すための補導を行うことが教育上必要かつ適切であるか、また、その補導をどのような方法と程度において行うべきか等については、それぞれの学校の方針に基づく学校当局の具体的かつ専門的・自律的判断に委ねざるをえないのであって」、「その点をも含めた当該事案の諸事情を総合的に観察して、その退学処分の選択が社会通念上合理性を認めることができないようなものでないかぎり、退学処分は、学校長の裁量権の範囲内にあるものとして、有効であるというべきである」と、社会通念上合理性を認めることができないようなものでない限り、退学処分は適法であると判断している[5]。さらに、東京地判平成20年2月1日平成18年（ワ）12885号〔28293282〕は、昭和49年判決に言及することなく「その裁量権に基づく懲戒の要否の判断には、学内の事情に精通して直接教育を担当する者による専門的、教育的見地からの検討が不可欠であるから、学生に対して懲戒処分を発動するかどうか、懲戒処分のうちのいずれを選ぶかを決定することは、原則として懲戒権者である被告の裁量に任されていると解され、その判断が全く事実的基礎を欠くものであるか、又は社会通念上著しく妥当性を欠き裁量権の範囲を逸脱したものと認められない限り、違法無効とならないと解される」と、社会通念上著しく妥当性を欠くかどうかという非常に緩やかな裁量論を採用しているのである[6]。

　この点について、明示的に比較検討している論文は見当たらないものの、社会通念上著しく妥当性を欠き裁量権を逸脱したものと認められない限り違法とならないとの見解は、少なくとも昭和49年判決との整合性が不明であって、生徒の教育を受ける権利を軽視しているといわざるを得な

5　同様の判断基準を採用した下級審判例として、広島高判平成28年8月25日平成28年（ネ）99号〔28292364〕、宇都宮地判平成28年3月24日平成26年（ワ）909号〔28292369〕、大阪地判平成17年3月29日判時1923号69頁〔28111037〕など。
6　他に、東京地判平成29年12月19日平成26年（ワ）26801号〔29047893〕、大阪地判平成20年9月25日判時2057号120頁〔28160023〕など。

い。実際、当該基準を採用した各判例も、昭和49年判決を規範として引用しつつ、結論部分において突如「著しく妥当性を欠くとは言えない」との評価を行ったり、又はそもそも昭和49年判決を引用しないものであって、理論的な説明をあえて避けている印象を受ける。この点、最二小判平成8年3月8日民集50巻3号469頁〔28010410〕（エホバの証人剣道実技拒否事件）は、「高等専門学校の校長が学生に対し原級留置処分又は退学処分を行うかどうかの判断は、校長の合理的な教育的裁量にゆだねられるべきものであり、裁判所がその処分の適否を審査するに当たっては、校長と同一の立場に立って当該処分をすべきであったかどうか等について判断し、その結果と当該処分とを比較してその適否、軽重等を論ずべきものではなく、校長の裁量権の行使としての処分が、全く事実の基礎を欠くか又は社会観念上著しく妥当を欠き、裁量権の範囲を超え又は裁量権を濫用してされたと認められる場合に限り、違法であると判断すべきものである」と判示しており、この判示部分を根拠として非常に緩やかな裁量論を採用したと理解できなくもない。しかしながら、当該最高裁判例は、信教の自由という基本的人権の侵害が問題となっており、剣道の受講を2年間拒否し続けたために原級留置処分及び退学処分を受けたという特殊なケースであって、結論としても退学処分を違法と判断している[7]。そして、その判断理由としても、「正当な理由のない履修拒否と区別することなく、代替措置が不可能というわけでもないのに、代替措置について何ら検討することもなく」原級留置処分・退学処分をしたことが「考慮すべき事項を考慮しておらず、又は考慮された事実に対する評価が明白に合理性を欠き」と述べており、他事考慮を主たる問題点としている[8]。だとすれば、当該最高裁判例は、昭和49年判決を当然の前提としつつ、仮に昭和49年判決の規範が直接適用できず、又は適用するのがふさわしくないケースにおいて、比例原則違反、平等原則違反、信義則、他事考慮又は手続上の瑕疵といった

---

[7]　すなわち、仮に前2者のより厳格な基準を採用した場合でも、学校による一連の処分が違法と判断される関係にあったのであり、信教の自由の重要性を踏まえてかかる処分の違法性を強調すべく、あえて緩やかな判断基準を採用したと理解できなくもない。
[8]　神内聡著『スクールロイヤー──学校現場の事例で学ぶ教育紛争実務Q&A170』日本加除出版（2018年）305頁以下。

第3 加害者側における弁護活動

一般的な違法事由が存在する場合には、緩やかな裁量統制ではあるものの別途違法と評価する余地を残したにすぎないと理解すべきである[9]。

そのうえで、昭和49年判決をそのまま適用する形で違法性を判断するか、昭和49年判決を踏まえつつ社会通念上妥当性を欠くかどうかという比較的緩やかな裁量統制を行うかについては、まだ議論が十分なされておらず、今後の検討を要するように思われる。もっとも、かかる判断枠組み自体は、具体的な裁量権の逸脱濫用の有無に関する判断の段階では違いが生じ得るものの、国公立私立を問わず、また、大学、高校、中学を問わず、一律に妥当するものである[10]。そのため、私立学校であるとの一事をもって、公立学校よりも退学処分の合理的裁量が広く認められるものではないし[11]、前掲東京地判平成26年3月28日も、「具体的に学生のいかなる行動についていかなる程度、方法の規制を加えることが適切であるとするかは、それが教育上の措置に関するものであるだけに、必ずしも画一的に決することはできず、各学校の伝統ないし校風や教育方針によってもおのずから異なることを認めざるをえない。」と、校風や教育方針が裁量権の逸脱濫用の判断時における一考慮事由となることは認めつつ、昭和49年判決をそのまま適用する形で退学処分を違法としているため、この点は留意を要する。

(4) 自主退学勧告の法的規律

次に、自主退学勧告について検討するに、自主退学勧告に関する規定は法律上存在しない。そして、自主退学勧告は、広義の教育措置の一種であるものの、校長が懲戒として行う退学処分とは異なり、学校側の一方的意思表示のみにより生徒などの身分を失わせるものではない[12]。すなわち、児童等及びその保護者の同意に基づいて、任意で退学するよう働きかける行為にすぎず、かかる勧告自体は校長の裁量権の範囲内であるとして、問

9　前掲注8・神内著305頁以下も、同様の判断構造を採用していると思われる。
10　前掲注1・斗谷19頁。
11　反対意見として、前掲注8・神内著306頁。
12　前掲注1・斗谷19頁。

題が生じないのが原則である。その一方で、執拗かつ継続的な態様で行われた自主退学勧告や、勧告に同意するかは任意である旨を告げていない場合は、実質的な退学処分と評価されてしまい[13]、懲戒処分としての退学処分に準じて同様の枠組みで判断されることとなる。その場合、生徒の行為の態様、反省の状況、平素の状況、従前の学校の指導及び措置、家庭の協力の有無・程度、自主退学勧告に至る経過等の事情を勘案して[14]、児童生徒に改善の見込みがなく、これを学外に排除することが教育上やむを得ないと認められるかどうか、検討しなければならない。

　以上が、自主退学勧告に関する一般的な説明であり、下級審判例も基本的には同様の理解を示しているものの、その判断枠組みは微妙に変容しつつある。例えば、福岡高判令和2年5月29日判時2471号74頁〔28281902〕は、自主退学勧告が本質的に退学処分と異なるとしつつ、「自主退学勧告は、当該学校の生徒としての身分の喪失につながる重大な措置であるから、学校が生徒に対して自主退学勧告を行うに当たっては、問題となっている行為の内容のほか、本人の性格、平素の行状及び反省状況、当該行為が他の生徒に与える影響、自主退学勧告の措置の本人及び他の生徒に及ぼす効果、当該行為を不問に付した場合の一般的影響等諸般の要素を特に慎重に考慮することが要求されるというべきである。」、「これらの点の判断は、基本的には、学校内の事情に通暁し、直接教育の衝に当たる校長及び教師の専門的、教育的な判断に委ねられるべきものと解される。しかし、自主退学勧告についての学校当局の判断が社会通念上不合理であり、裁量権の範囲を超えていると認められる場合にはその勧告は違法となり、その勧告に従った生徒の自主退学の意思表示も無効となると解するのが相当である。」として、自主退学勧告が裁量権の範囲を超えているかどうか検討し、仮にその範囲を逸脱して違法である場合には、かかる勧告に従った生徒の意思表示も当然に無効となると理解する。同様に、東京地立川支判令和2年2月5日平成30年（ワ）1143号〔28292551〕も、「退学処分ないしそれに準ずるような退学勧告については、他の懲戒処分と異なり、生徒

13　前掲注8・神内著307頁。
14　前掲注1・斗谷19頁。

としての身分を剥奪する重大な措置であることに鑑み、当該生徒に改善の見込みがなく、これを学校外に排除することが教育上やむを得ないと認められる場合に限って許容されるべきであり、その要件の認定については、他の処分の選択に比較し、特に慎重な配慮を要する。」、「しかしながら、退学勧告の選択も、前記のような諸般の要素を勘案して決定される教育的判断にほかならないことからすれば、具体的事案において、当該生徒に改善の見込みがなく、これを学校外に排除することが教育上やむを得ないかどうかを判定するには、各学校の教育方針に基づく具体的かつ専門的、自律的判断に委ねざるを得ないのであるから、当該事案の諸事情を総合的に観察し、当該勧告の選択が社会通念上合理性を認めることのできないようなものでない限り、同勧告は、懲戒権者の裁量権の範囲内にあるものとして、その効力を否定し、また違法と判断することはできないものというべきである。」としたうえで、「一般に、退学勧告自体に違法性が認められる等の特別な事情がある場合には、その勧告に従った自主退学の意思表示も無効になる余地があるものの、本件における原告の自主退学の意思表示は、違法な退学勧告に基づくものではないことから、有効であると認められる。」として、原告の請求を棄却している。すなわち、自主退学勧告につき実質的な退学処分と同視すべき事情が存在するかどうか（懲戒処分としての退学処分に準じて同様の枠組みで判断すべきかどうか）を検討するのではなく、自主退学勧告の法的性質を直接的に検討している。そのうえで、仮にかかる勧告が裁量権の範囲内にとどまり適法である場合には、自主退学の意思表示に瑕疵があるかどうかを問うことなく、自主退学も有効であって学校に法的責任は生じないと理解するのである。

　かかる理解自体はそれなりに妥当ではあるものの、自主退学勧告を受けた生徒からみた場合、学外への排除に向けた学校からの圧力を強く感じるのが通常であって、自由に意思表示を行うのが難しいケースは存在する。具体的には、「２週間以内に自主退学しない場合には退学処分を下します」、「退学処分を下した場合には、転入ではなく編入になるため取得単位にも影響が出ますよ」などと、退学処分が下された場合の不利益を強調したり、「任意なので勧告に応じなくても構いませんが、今度の定期試験を

受けさせないので留年は避けられませんよ」、「通常学級に復学させるのは難しく、卒業まで1人で授業を受けてもらいます」などと、在学した場合における不利益取扱いを示唆してくるケースが考えられる。これに対し、学校との一種の権力関係にある児童等及びその保護者が、その発言の問題性を冷静に判断するのは難しく、混乱の中で言われるがままに自主退学勧告に応じてしまい、その後納得できずに弁護士へ相談してくるケースは少なくないのが実際である。そのような場合に、自主退学勧告が裁量権の範囲内かどうかのみで違法性を判断されてしまうと、退学処分においては適正手続を経ることが懲戒処分の適法要件とは解されておらず、下級審判例においても適正手続の欠如を理由として懲戒処分を違法と判断したケースがない関係で[15]、学校としては自主退学勧告に応じさせるべくあらゆる手段をとってくるおそれがある。また、いったん自主退学勧告に応じてしまうと、学校としては「最終的には生徒側から退学届を提出している」という主張にこだわってしまい、自主退学勧告に応じなかった場合の取扱い（とりわけ、退学処分を下す予定だったかどうか）について、裁判にて主たる争点となりにくい実情がある。そのため、自主退学勧告の違法性が争われるケースにおいては、かかる勧告が社会通念上合理性を欠いており裁量権の範囲内を超えているかどうかという判断基準に加えて[16]、仮に勧告自体は裁量権の範囲内であっても、欺罔や脅迫、利益供与[17]など、自主退学の意思表示に向けた学校の働きかけにおいて著しく妥当性を欠く手段がとられていた場合には、学校の適正な運営を担保する観点から意思表示を無効とすべきだと思われる。

---

15 前掲注1・斗谷29頁。

16 この点、自主退学勧告が学校側の一方的意思表示のみにより生徒などの身分を失わせるものではない以上、その限度で退学処分に比べて裁量権の範囲が広がるのはやむを得ないと思料する。「懲戒処分としての退学処分に準じて」という表現も、昭和49年判決と全く同様の判断基準を採用する趣旨ではないことを含んでいよう。

17 筆者の経験として、複数の生徒に対する自主退学勧告がなされたケースにおいて、かかる勧告に応じた生徒のみを対象として、口外禁止及び学校への協力を条件とした授業料の一部返還を提示していた学校があり、その聴き取り内容の信用性を争ったことがある。このように、自主退学勧告の手続面で看過し得ない瑕疵が存在する場合、事件の真相そのものが歪められてしまうおそれがあり、自主退学勧告自体の裁量論にも影響を及ぼしてくる以上、手続面の適正を追及するメリットは存在する。

(5) 相談時の対応及び示談交渉

　以上を前提として、加害児童等における弁護活動について言及する。

　まず、自主退学勧告を受けた段階で相談を受けた場合には、職員会議にて退学処分を下す方針でいまだ固まっていない可能性があり、早急に弁護士が介入して交渉することで、かかる勧告を早期に撤回させられる可能性が十分あり得る。そのため、相談を受けた段階で速やかに面談・受任し、かかる勧告に任意で応じる意向がなく速やかに撤回してほしい旨受任通知書を送付するのが肝要である。また、自主退学勧告がなされているほぼすべてのケースにおいて、同時に無期限の自宅謹慎措置を受けているため、速やかにかかる自宅謹慎措置も解除して通常登校を許可するとともに、自宅謹慎中も課題プリントの提供や定期試験の受験機会を付与するなど、教育を受ける権利を適切に保障するよう要請しなければならない。とりわけ、定期試験の受験機会については、仮に最終的に学校へ残れたとしても単位不足を理由として原級留置処分を受ける展開があり得るところであって、かかる原級留置処分の違法性を争うのは現実的に非常に難しい。そこで、自宅謹慎措置が長期化しないよう働きかけるとともに、謹慎措置解除後にスムーズに復学できるよう学校環境を整える作業も、並行して進めなければならない。

　なお、多くの場合は学校と学校法人とが実質的にも同一であって、自主退学勧告に当たり学校法人も把握しているのだが、大学の附属校などにおいて、経営母体である大学側が学校による自主退学勧告の事実を把握していないケースが存在する。その場合において、自主退学勧告が不適切になされているとして、大学側が自主的に学校へ指導してかかる勧告を撤回するよう促すことがあり得るようである（その際、訴訟などへ発展することによる人的経済的負担や、レピュテーションリスクの問題も考慮されるだろう）。そこで、受任通知書については、学校の他に学校法人にも併せて送付することでより円滑な解決が見込めるのであって、公立の場合においても、同じような理由から学校に加えてその監督庁である教育委員会にも送付した方が無難である[18]。

　また、加害児童等が複数名存在する場合において、自主退学勧告に関す

2. 退学処分及び自主退学勧告をめぐる弁護活動

る交渉段階で複数名から受任すべきかという問題がある。この点は完全に私見であるが、損害賠償請求の段階とは異なり、自主退学勧告や懲戒処分においては加害児童等に応じて学校の判断が分かれることも少なくなく、かかる判断が分かれた理由について、加害児童等側からみると必ずしも明瞭には理解できない[19]。そして、自主退学勧告を回避できた生徒とそうでない生徒とでは、当然ながらその後の学校に対する法的措置の意向も異なってくるし、いじめに関する認識も対立するおそれがある。そのため、自主退学勧告に関する相談については、交渉段階で利益相反が顕在化してしまう可能性が高いという危惧がある以上、複数の加害児童等から受任するのは避けるべきかもしれない。

そして、受任通知書を送付した後は、自主退学勧告の撤回に向けて具体的に協議すべく、学校へ訪れて校長や学校側代理人と直接交渉するのが望ましい。その際、少なくとも保護者は同伴し、仮に復学できる場合は再発防止に向けてどのように加害児童等への監督を徹底していくかについて、保護者が具体的に説明することで学校側の理解を得られやすくなる。また、仮に疑われているいじめが真実である場合には、加害児童として被害児童等へ直接謝罪したい意向がある旨伝えて、反省の意向を誠実に示していかなければならない。もっとも、被害児童等としてかかる謝罪を受け入れる意向がないケースは少なくなく、被害児童等の意向に反してまで顔合わせを行って謝罪するのは難しいため、その場合には反省文の提出などを通じて関係者の理解を求めるしかないだろう。なお、自主退学勧告の撤回に関する条件として、誓約書を提出するよう学校から要請されるケースは

---

18 都道府県立の学校であれば悩む必要がないものの、市町村や区立の学校であって、教職員の人事権については都道府県が有している場合において、どの教育委員会へ受任通知書を送付するかについては、意外と悩ましい。この点、直接的な監督を行っているのは市町村や特別区の教育委員会であって、第三者委員会も当該教育委員会が立ち上げるのが通常であるため、原則としては都道府県の教育委員会へ別途受任通知書を送付する必要はないだろう。その一方で、当該教育委員会のガバナンスが適切に機能しておらずに違法な自主退学勧告の撤回などを期待できなかったり、学校側の対応に重大な問題があって懲戒処分を促すべきケースにおいては、上級庁である都道府県の教育委員会を介入させた方が望ましい解決につながりやすいように思われる。

19 いじめへの具体的関与はほぼ同一であるにもかかわらず、学業における成績や部活動における活躍などを理由として、一部の加害児童等のみ退学処分を回避できたのではないかと邪推してしまうケースは、筆者の経験上否定できないところである。

多いし、加害児童等としていじめ被害の深刻さを認識させる観点からも、誓約書の作成自体には応じて差し支えない。問題は誓約条項の内容であって、典型的には「仮に今後新たなトラブルが生じて自主退学を勧告された場合には、一切の異議を述べない」といった条項については、「新たなトラブル」の具体的内容が全く不明であるし、経過次第では再度の自主退学勧告も当然争うという話になるため、誓約書から削除する必要がある[20]。その他、「以後一切被害児童等との接触を避け、仮に被害児童等と接触した場合には速やかにその場を立ち去る」といった条項も、状況次第では加害児童等の意に反する形で接触せざるを得ないこともあるのであって、加害児童等の意志のみでは遵守できない可能性がある。そこで、誓約書を提出する場合には、通常登校再開後も現実的に遵守できるかという観点から検討するのが重要であって、およそ遵守するのが難しい条項においては、誓約書から除外するよう交渉するとともに、仮に学校がかかる除外に応じない場合には、交渉したやりとりを後日立証できるよう書面にて通知しておくのが望ましい。

(6) 退学処分後における弁護活動

　次に、学校が自主退学勧告を撤回せず、実際に退学処分を下してきた場合を検討する。

　この点、当初こそ退学処分を回避して復学したいとの意向を有していたものの、学校との交渉を重ねる中で学校の態度に辟易してしまい、途中から在学する意向を失ってしまう依頼者は意外と多い。そのうえで、自主退学勧告を撤回せずに学外への排除を迫った学校を許せないとして、退学後に学校への損害賠償請求を講じるケースはしばしば経験するところである。そして、退学処分が下されている場合には当然退学処分の違法性を検討するものの、退学処分が下されるギリギリの段階で、転出によるメリッ

20　もちろん、自主退学勧告の違法性をめぐって訴訟になった際に、当該条項の存在をもって当然に適法と評価されるわけではないが、それでも復学時における合意内容として不利に考慮されるおそれがある以上、加害児童等として誓約書に含めるメリットがない。実際、かかる条項を明記できないのであれば退学処分を下す旨、学校が強硬的に反発してくる展開にはまずならないし、その場合はその経過も含めて争う旨示唆すれば解決するように思われる。

ト（単位の引継ぎや内申書への記載など）を考慮して自主退学してしまう場合に、かかる自主退学が強制力に基づく事実を訴訟にてある程度立証する必要がある。基本的には、学校との書面でのやりとりを証拠提出することで、学外への排除に向けた学校の強制力をある程度立証できるし、「(4)自主退学勧告の法的規律」でも検討したとおり、最近の判例は自主退学勧告の強制力を個別には検討しない傾向にあるため、大きな争点となるケースは少ない。それでも、全くの任意で勧告に応じた場合には有効な合意が成立している以上違法と評価する余地はないので、加害児童等の代理人としては配慮すべきである。また、退学処分が下された場合において、その違法性を争っている間も学校にて教育を受ける権利を確保すべく、私立であれば仮処分命令の申立てを、公立であれば取消訴訟に伴う執行停止の申立てを検討しなければならない。とりわけ、仮処分命令に関する審理において、裁判所が促す形で終局的な解決を内容とする和解が成立するケースも一定数存在しており、本案における審理の長期化を避けられるというメリットは存在する。

　その一方で、仮処分命令の申立てが却下されてしまうと、その決定理由次第では本案（損害賠償請求も含む）にも少なくない影響を与えることが予想されるし、保全事件の性質上、当事者への尋問などを行うのは不可能であるため、どうしても不十分な証拠関係に基づいて暫定的な結論に至りやすい。そのため、仮処分命令を申し立てるかどうかは、申立て認容の見込みや和解の可能性を慎重に検討しながら判断すべきであって、かかる判断は経験を積んでも非常に悩むところである。

　また、仮処分の決定と本案判決とが異なった場合において、決定から判決までの間に行われた教育活動の法的効力が問題となる。この点、退学処分の有効性を理由として教育活動の法的効力も遡及的に消滅すると解すると、単位の履修や卒業認定の効力も失われてしまい、仮に大学などへ進学していた場合にはその入学資格も失ってしまうこととなる。このような結論だと、生徒が被る不利益があまりにも大きすぎるとして、学習権の保障の観点から卒業認定の効力自体は否定せず、学校が紛争で受けた損害のみ

第3 加害者側における弁護活動

金銭賠償すれば足りるという見解がある[21]。教育を受ける権利の重要性を踏まえつつ、保全手続にて争う機会を実質的に保障するものであって、筆者も全面的に賛同する。

(7) 訴訟におけるポイント

そして、訴訟において、損害賠償請求が主たる請求となりやすいところ、退学処分又は自主退学勧告の違法性が当然ながら争点となる。そのため、責任論としては、①加害児童等が行ったいじめの有無及び具体的内容、②退学処分又は自主退学に追い込まれた経緯、③同種行為における過去の懲戒状況（懲戒処分に関する学校の内規）、④被害児童等が被った被害の程度、⑤自宅謹慎措置後における加害児童等の反省状況、⑥加害児童等に対する過去における懲戒処分の有無、⑦他の加害児童等に対する懲戒処分、⑧その他関連する事情を主張立証し、当該加害児童等に改善の見込みがなく、これを学外に排除することが教育上やむを得ないとは認められない旨論じる必要がある。この点、訴訟提起段階では、①②⑤及び⑥は主張できるものの、③④及び⑦については、学校からの反論又は学校に対する求釈明をもって初めて明らかになるのが通常である。とりわけ、懲戒処分に関する内規は、その性質上訴訟提起の段階では把握できていないことが多く[22]、仮に学校が自主的に証拠提出してこない場合には、証拠提出するよう必ず求釈明する。また、学校にて退学処分相当と判断した経緯を確認すべく、当時の職員会議に関する議事録を証拠提出するよう求釈明することも重要であるが、かかる議事録は部分的に黒塗りされていることが多く、事後的に改ざんされている疑いが否定できないケースもある。そのため、議事録の信用性を争い得る客観的資料が手元にある場合はともかく、学校の主張をひたすら補強する形で証拠提出されてしまうと、教職員への

21　前掲注8・神内著96頁。
22　もっとも、文部科学省「高等学校における生徒への懲戒の適切な運用の徹底について（通知）」平成22年2月1日21初児生30号において、「生徒への懲戒に関する内容及び運用に関する基準について、あらかじめ明確化し、これを生徒や保護者等に周知すること」との通知がなされており、本来的には懲戒基準をあらかじめ周知するのが望ましい。

2. 退学処分及び自主退学勧告をめぐる弁護活動

反対尋問にてその信用性を崩せない限り不利に働いてしまうため、留意を要する。くわえて、学校にて作成が義務付けられている指導要録についても、原告に対する学校の日頃の評価を把握するうえで重要な資料となり得るため、求釈明の申立てなどを通じて取得するのが望ましい。

　また、最近の自主退学勧告をめぐる紛争においては、自主退学勧告を直接根拠付けた事由以外にも、原告には日頃から多くの問題行動があったとして、後付け的に訴訟で問題行動の存在を網羅的に主張立証してくるケースが増えている。問題行動の具体的内容としては、授業中に他の生徒と雑談していたとか、集団行動時に引率教諭の指示を聞かなかったとか、指導にもかかわらず忘れ物や宿題忘れが改ざんされなかったというものであって、単独では懲戒事由と通常評価し得ない態様を多数並べることで、原告の素行の悪さ及び学校秩序への悪影響を立証しようとする趣旨であると解される。かかる主張に対しては、心身がいまだ成熟していない児童生徒の場合、一定の教育的指導を受けるのは当然であって、かかる教育的指導をとらえて事後的に懲戒事由としての性質を主張することが不当である旨指摘するとともに、そのような軽微な指導をいくら積み重ねても当該生徒を学外へ排除する正当化根拠とはなり得ず、むしろ教育的指導を通じて人格的な成育を促すのが学校の役割である旨、適宜反論するのが重要である。とりわけ、当該問題行動（そもそも問題行動として評価すべきかという疑問もある）がどうしてなされたかに着目する場合、何らかの発達特性に基づき不可避的に当該行動に及んでいるケースは少なくない。その場合、親権者らが以前から発達特性の有無などについてどれだけ学校と連携し、日常生活への支障を抑えるべく医学的ケアを行っていたかについて事実主張することは、有益な反論になるものと思料される。さらにいえば、学校は、障害者の権利利益を侵害することとならないよう、当該障害者の性別、年齢及び障害の状態に応じて、社会的障壁の除去の実施について必要かつ合理的な配慮しなければならず（障害を理由とする差別の解消の推進に関する法律7条2項、及び8条2項）、発達障害児が、その年齢及び能力に応じ、かつ、その特性を踏まえた十分な教育を受けられるようにするため、可能な限り発達障害児が発達障害児でない児童とともに教育を受けられるよう

| 211 |

第 3 加害者側における弁護活動

配慮しつつ、適切な教育的支援を行う必要がある（発達障害者支援法 8 条
1 項）。そのため、仮に原告における問題行動が複数存在した場合でも、
上記視点を踏まえて他事考慮であるとか自主退学勧告の正当化根拠として
乏しい旨、適切に反論すべきである。

　その他、退学処分又は自主退学勧告を違法付ける根拠として、他の加害
児童等への懲戒処分との差異を理由として平等原則違反を主張したり、聴
き取りにおける強要など手続的瑕疵などを主張したりすることは考えられ
る。もっとも、いじめの事実認定へダイレクトに影響する場合はともか
く、それらの事由をもって退学処分又は自主退学勧告が直ちに違法と評価
されるケースは、通常考えにくい（自主退学の意思表示に影響を及ぼしたと
評価できる程度の手続的違法が存在する場合は、別である）。また、過去の懲
戒処分についても、仮に戒告や停学といった懲戒処分を受けていた場合
に、そもそもかかる処分が対象事実に照らして過度に重いケースはある
し、逆に従前不問に付されていた場合でも、一連の問題行動の積み重ねを
もって一発での退学処分もやむを得ないと評価できるケースはあり得る[23]
（既に述べたとおり、学校が主張するところの「問題行動」が本当に懲戒事由と
して問題視すべき内容なのかは、十分吟味する必要がある）。結局、いじめ行
為への具体的関与、被害児童等の被害程度、及び加害児童等の改善の見込
みを中心として、加害児童等の教育を受ける権利の重要性を考慮してもな
お学外へ排除するしか選択肢がなかったかという観点から、原告被告が主
張立証を尽くすのが基本的な進行となろう。

(8) その他

　最後に、損害論へ簡単に言及すると、主な費目としては慰謝料、入学
金、授業料、転校に要した費用、中高一貫校からの退学で再度受験する必

23　過去の問題行動につき懲戒処分が下されてこなかった場合でも、説教など事実上の指導や自宅謹
慎措置といった反省を促す機会は、その都度学校から付与されているのがほとんどである。そのた
め、過去における懲戒処分の有無をもって一概に判断できる関係ではなく、個々の行動につきどれ
だけ問題性があるか、各行動に関連性があり全体として悪質性を評価できるかといった観点から、
その結果としての退学処分又は自主退学勧告の違法性を検討すべきである。

要が生じた場合には通塾代などが考えられる。この点、入学金及び授業料については、東京地判平成26年3月28日平成24年（ワ）26027号〔29026847〕において「本件退学処分は違法であり、これによって、原告は、被告学校において教育を受けることができなくなったと認められるから、原告が被告学校に入学するために支払った入学金及び授業料の合計79万5000円については、被告の不法行為と相当因果関係のある損害と認められる。また、原告が被告学校の指定する教材費として6万5448円を支出したことについては当事者間に争いがないところ、これについても、被告の不法行為と相当因果関係のある損害と認められる。」と、全額を損害として認定している。筆者の経験上も、和解であるものの、授業料として数百万円の損害が生じている事実を前提として解決金を算定したケースがあり、相当因果関係が認定される可能性は十分存在すると思料する。

　また、慰謝料については、事実関係によるものの50～200万円程度が1つの相場を形成しているようで、例えば広島高判平成28年8月25日平成28年（ネ）99号〔28292364〕は、「本件退学処分の違法性の内容、控訴人が被控訴人高校において高等学校卒業の資格を取得することができなかったこと、同時期に入学した友人らと同時に被控訴人高校を卒業することができなかったこと等の本件に表れた一切の事情を考慮すると、本件退学処分により控訴人が被った精神的苦痛を慰謝するためには、150万円をもって相当と認める。」と、150万円もの慰謝料を認定している。また、宇都宮地判平成28年3月24日平成26年（ワ）909号〔28292369〕は、「原告が過度に重い本件退学処分により、被告学園において学習することができる地位を自らの意思によらず奪われたことを合わせ考えても、これを慰謝するものとしては50万円が相当である。」と、教育を受ける権利に言及したうえで慰謝料を算定している。この点、慰謝料の算定に関する明確な基準は存在しないものの、対象となった行為の悪質性や学校を卒業できないことによる加害児童等の不利益を踏まえて、裁判所の裁量で適宜認定しているようである[24]。なお、いじめ被害に関する損害賠償請求とは異なり、退学処分における損害算定において加害児童等の落ち度を理由に過失相殺した下級審判例は見当たらない。これは、退学処分の違法性を検討

第3 加害者側における弁護活動

するに当たり、対象となったいじめ行為の悪質性に比して相当な懲戒処分かどうかを既に考慮しているため（この段階で相当と判断される場合には、請求が棄却される関係にある）、違法性の程度を踏まえて慰謝料を直接的に算定しており、別途過失相殺を行う必要がないからであろう。

　その他、テーマから離れた問題になるが、退学処分こそ回避したものの、被害児童等が加害児童等に遭遇して精神的疾患を発症させるリスクがあるといった理由で、卒業まで長期間にわたり自宅謹慎措置や別室指導を余儀なくされ、学校内において他の児童生徒との交流を一切禁止されるケースが稀に存在する。この場合、学園祭や修学旅行といった学校行事に一切参加できないのみでなく、体育や音楽といった集団活動を要する授業もなされず、その教育を受ける権利について退学処分を受ける以上に深刻な被害が生じる余地がある。今後の議論を待つ必要があるものの、加害児童等につき退学処分を下さずに当該学校の生徒として受け入れる選択をいったん行った以上、かかる選択後は責任をもってその教育を受ける権利を保障しなければならない。この点、千葉地判令和6年2月15日令和4年（ワ）1293号〔28323403〕は、中高一貫校における中学卒業までの自宅謹慎措置の違法性が争われたケースにおいて（卒業後高等学校への入学を拒否されたため、原告は別の高等学校へ進学している）、「学則に違反する行為を行ったことを理由に、本件中学校の卒業まで自宅で謹慎するよう指示し、その後、同年1月25日に学校謹慎に変更するまで、原告を自宅謹慎させたことが認められるところ、本件自宅謹慎は、実質的には、原告に対する停学処分に該当するといわざるを得ない。そうすると、中学校の校長において、生徒に対して懲戒処分につき、合理的な教育的裁量権を有していると認められることを考慮しても、停学は、中学校の生徒に対しては行うことができない旨明確に定められていることに照らせば、本件自宅謹慎は、本件校長の裁量権を逸脱濫用したものとして違法であるといわざるを得ない。」、「本件全証拠によっても、本件中学校が原告に対して教育的指導を

24　なお、学費相当額を損害として計上する場合に、慰謝料として10万円前後の金額しか認定していない下級審判例が複数存在する。この点、全体の損害額を調整する趣旨だとしてもその根拠が判決理由上全く示されていないし、何より退学処分によって人生設計が大きく狂った児童等の精神的苦痛をあまりにも過小評価するものであって、非常に問題がある。

214

行い、原告を卒業まで謹慎させる旨の判断を見直すことを検討していたという具体的かつ客観的事情は見出せない。そうすると、本件自宅謹慎が、原告に対する教育的指導のための一時的な措置であったということはできない。」と、自宅謹慎措置が実質的に懲戒としての性質を有していることを理由として、違法と判断している。本件は、義務教育課程における停学処分が禁止されている事実（学校教育法施行規則26条4項）を踏まえて理解する必要があるものの、その状況次第では学校の意向にもかかわらず、自宅謹慎措置が教育的指導として評価されない可能性があることを指摘するものであって、各児童生徒が有する教育を受ける権利の重要性を考慮すれば妥当な判断と思われる。そのため、当然ながら被害児童等の二次被害には配慮する必要があるものの、加害児童等につき長期にわたり自宅での謹慎や孤独な授業を強要するというのはバランスを欠くのであって、学校として学外への排除を行わないという判断をいったん下した以上、加害児童等の更生を図るという観点からも責任を持って加害児童等に対し適切な教育を施す法的義務を負っているのである。

　また、各論的なテーマとなるが、学校における調査の結果いじめが認定された場合においても、その第三者に対する公表の内容及び方法次第では、名誉毀損に当たるとして学校に対し別途損害賠償を請求する余地がある。この点、水戸地判令和6年3月28日令和2年（ワ）60号／令和2年（ワ）127号〔28321753〕において、中学校で開催された学年集会及び保護者会において、学校側が「一方的ないじめがあった」と事案を公表したことが真実に反し名誉毀損に当たるとして、学校を運営する国立大学法人に対し55万円の損害賠償責任を認めたケースがあり、参考となる[25]。いじめ案件においては、双方がいじめ被害を訴えているケースが少なくないため、不法行為への該当性なども含めて一方的な加害被害の関係が認定できるかどうかは、学校として慎重に検討のうえ公表する姿勢が望ましいだろう。

25　被告国立大学法人における謝罪として、茨城大学「本学教育学部附属中学校に係る訴訟の判決確定を受けて」（https://www.ibaraki.ac.jp/generalinfo/information/2024/05/02012348.html）。

第 3 加害者側における弁護活動

コラム11 コロナ禍におけるいじめ

　令和 2 年頃から、いわゆる新型コロナウイルスの影響で全国的に日常生活に支障が生じており、緊急事態宣言の発令に伴いすべての学校にて通常登校が一時的に制限されていた。緊急事態宣言中及び宣言解除後における一定期間、学校における授業形式は大きく変容したところであって、文部科学省「大学における後期等の授業の実施方針等に関する調査結果」によると、令和 2 年度後期における対面授業の割合はわずか 19.3％と、対面・遠隔を併用した大学においても半分以上遠隔授業を展開した大学が約 7 割に及んだ。また、1 人につき 1 台のコンピュータ環境を実現する「GIGA スクール構想」についても、新型コロナウイルス蔓延による学習環境の悪化に伴い、当初令和 5 年度での実現を予定していた制度が前倒しされたといわれている。

　コロナ禍のいじめへの影響について、新型コロナウイルス感染を理由としたいじめに関するケアを内容とした法改正は、特段検討されることなく現在まで至っている。また、通常登校の制限に伴い学校内におけるいじめが物理的に消滅したため、「第 1・2. いじめの現状」でも検討しているとおり、令和 2 年度におけるいじめの認知件数は全国的に減少したものの、残念ながら令和 3 年以降は再び増加傾向にある。その他、新型コロナウイルスへの感染を理由とした差別が生じないよう、文部科学省も「新型コロナウイルス感染症に関する差別・偏見の防止に向けて」と題するメッセージを公表しており、「誤った情報や認識、不確かな情報に惑わされることなく、正確な情報や科学的根拠に基づいた行動を行うことができるようになること。」、「感染者、濃厚接触者等とその家族に対する誤解や偏見に基づく差別を行わないこと。感染を責める雰囲気が広がると、医療機関での受診が遅れたり、感染を隠したりすることにもつながりかねず、地域での感染につながり得ること。」といった注意喚起を行っている。実際、クラス内において感染者が出てしまい、学校における情報コントロールがうまくいかずに他の児童等が感染者を特定してしまった場合、からかい

| 216 |

や暴言が生じたケースは一定程度あったことが確認される。

　筆者の経験上、新型コロナウイルス感染を理由としたいじめ相談はほぼ存在せず、従前よりいじめを受けていた被害児童等が、新たないじめ事由として新型コロナウイルスへの感染を揶揄されるというケースが散見される程度である。これは、新型コロナウイルス感染を理由とした差別が生じないよう、学校現場における教育が成功しているとも評価できるし、感染者が生じた場合はクラスメイトも濃厚接触者に指定されて２週間登校できないのが通常であるため、誰が感染者であるか特定しにくいという実情もあろう。また、新型コロナウイルスの場合加害児童等も容易に感染するリスクが存在するため、そもそも差別事由になりにくいという可能性も考えられる。加害児童等と直接接触する機会が少なくなった事実は、いじめ被害という観点からはむしろ軽減する要因として働いていたように思われるし、とりわけ暴力を伴ういじめ相談については、物理的な隔離もあってか、一時的に大きく減少していたというのが実感である。その一方で、部活動において新型コロナウイルス感染に特有のいじめは生じていたと理解している。すなわち、一部の部員につき新型コロナウイルス感染が発覚した場合、かかる感染を公表することで大会への出場を辞退しなければならなくなり、とりわけ最終学年の生徒にとっては最後の出場機会が奪われてしまう。そこで、感染した部員に対し、感染した事実を第三者へ告げないよう圧力をかけ、他の部員も大会への出場を優先するあまりに隠ぺいしてしまうという組織的な問題が生じてしまうのである。

　このような対応は、部活内におけるクラスター発生の要因となり得るし、感染した生徒から適切な治療機会を奪う点で、深刻な被害につながるおそれがある。また、感染した生徒としても、自らの意に反して治療に専念できない点で多大なる精神的な苦痛を受けがちであって、隠ぺいにつき顧問も加担している場合には、学校に対する不信感を抱く要因となる。そのため、仮に新型コロナウイルスへの感染を公表できずに学校生活に支障が生じている場合には、かかる公表を妨げている要因を取り除くべく必要に応じて弁護士が介入するとともに、

第3 加害者側における弁護活動

　学校としても感染を隠ぺいする顧問を発見した場合には、その管理者責任を毅然と追及すべきだろう。

　新型コロナウイルス感染症の5類感染症への移行に伴い、文部科学省からも令和5年5月8日付け「学校における新型コロナウイルス感染症に関する衛生管理マニュアル」が公表された。かかるガイドラインに基づく限り、仮に今後同様の感染拡大が広がった場合でも当時のような徹底した対策は講じられない可能性があり、その場合いじめ案件において特有の問題が生じることもないように思われる。その一方で、内閣官房作成の資料において、学校現場で新型コロナに関する差別を見たことがある人は14パーセントいたとの指摘もあるところであって[26]、今後未知の感染症が拡大した場合において、差別を伴ういじめが生じるおそれは潜在的ながら想定できるだろう。感染症に対する差別や偏見は、学校に限らず社会生活においても生じ得るものであって、かかる差別を回避するうえで適切な知見の周知が必要不可欠であることを理解し今後の教育に活かしていくことが、当時の教訓として考えられる次第である。

26　https://www.cas.go.jp/jp/seisaku/ful/wg_h_3_8.pdf

第4

その他

いじめ防止対策推進法では
取り扱えない「いじめ」

1. 教員による体罰

(1) はじめに

　今まで、いじめ防止対策推進法におけるいじめに該当するケースを前提として、被害児童等又は加害児童等の代理人としての弁護活動を検討してきた。

　もっとも、法律上のいじめには定義上該当しないものの、学校内で「いじめ」が起きているとして相談を受けるケースは少なくなく、学校案件を扱ううえでこれらのケースにも対応する必要がある。実際、教職員による体罰やしごき、研究室におけるアカデミックハラスメントなど、教職員からの加害行為は散見されるところであって、対象となっている児童等が心身の苦痛を感じている事実に変わりない以上、安心安全な学校環境を確保するという観点から弁護士が介入する実益は同様に存在している。また、大学や専門学校など、学校の性質ゆえに法律上いじめに該当しないケースが存在するところ、学生間におけるいじめの構造は本質的に変わりなく、とりわけ後述するとおり、高等専門学校について特別規定を定めた趣旨は、必ずしも合理性を有していない。

　このように、いじめ防止対策推進法上いじめに該当しなくても、代理人として弁護活動すべきケースは多く存在しており、その類型ごとに固有の問題点が生じ得るため、以下検討していく。

(2) 教員による体罰

　まず、教員による体罰について、「第1・3. いじめ案件を取り扱ううえで知るべきこと」でも説明してきたとおり、学校教育法11条ただし書にて体罰は絶対的に禁止されている。もっとも、あらゆる有形力の行使が体罰に該当するわけではなく、その目的、態様、継続時間等から判断して、教員が児童に対して行うことが許される教育的指導の範囲を逸脱する

ものではないと判断された場合には、体罰への該当性が否定される。また、仮に児童等への有形力の行使が教育的指導の範囲を逸脱しているとしても、児童等から暴行を受けてやむを得ず反撃した場合や、児童等が第三者へ暴行を加えており抑止する緊急の必要が生じている場合には、正当防衛や正当行為として別途違法性が阻却されるだろう[1]。

　その一方で、殴る蹴るといった有形力の行使に加えて、有形力の行使を伴わないものの児童等に肉体的苦痛を与える行為も、原則としては体罰に該当する。そして、かかる肉体的苦痛を与えるかどうかの判断は、行為の目的、態様、継続時間に加えて、対象となった児童等の年齢、健康、心身の発達状況を踏まえて、かかる行為が当該児童等へどのような影響を及ぼしたか総合的に評価しなければならない[2]。そのため、たとえ教員による有形力の行使が存在しない場合でも、誰もいない別室で長時間立たせる行為や食べ残した給食を食べさせるべく放課後1人だけ残す行為など、実質的に懲戒と評価し得る行為によって児童等に何らかの肉体的苦痛が生じ、不登校など学校生活に重大な支障が生じている場合には、体罰へ該当しないかどうか吟味する姿勢が重要となる。

　さらにいえば、暴言や無視など、体罰には該当しないものの不適切な指導に該当するケースもあり得るのであり、このような不適切な指導が積み重なって児童等が精神的苦痛を感じている場合には、弁護士が介入する余地はある。文部科学省も、「知識、技術、指導方法その他教員として求められる資質、能力に課題があるため、日常的に児童等への指導を行わせることが適当ではない教諭等のうち、研修によって指導の改善が見込まれる者であって、直ちに後述する分限処分等の対象とはならない者」を、指導が不適切である教諭等として定義付けており、具体例として、①教科に関

1　文部科学省「学校教育法第11条に規定する児童生徒の懲戒・体罰等に関する参考事例」においては、通常、正当防衛、正当行為と判断されると考えられる行為として、「児童が教員の指導に反抗して教員の足を蹴ったため、児童の背後に回り、体をきつく押さえる。」、「休み時間に廊下で、他の児童を押さえつけて殴るという行為に及んだ児童がいたため、この児童の両肩をつかんで引き離す。」、「他の生徒をからかっていた生徒を指導しようとしたところ、当該生徒が教員に暴言を吐きつばを吐いて逃げ出そうとしたため、生徒が落ち着くまでの数分間、肩を両手でつかんで壁へ押しつけ、制止させる。」といった例を挙げている。

2　菱村幸彦著『管理職のためのスクール・コンプライアンス―ここが問われる学校の法的責任』ぎょうせい（2010年）143頁以下。

第4 その他

する専門的知識、技術等が不足しているため、学習指導を適切に行うことができない場合（教える内容に誤りが多かったり、児童等の質問に正確に答え得ることができない等）、②指導方法が不適切であるため、学習指導を適切に行うことができない場合（ほとんど授業内容を板書するだけで、児童等の質問を受け付けない等）、③児童等の心を理解する能力や意欲に欠け、学級経営や生徒指導を適切に行うことができない場合（児童等の意見を全く聞かず、対話もしないなど、児童等とのコミュニケーションをとろうとしない等）、を挙げている。

　その他、「ブラック校則」としばしばいわれるように、学校内における不合理なルールを理由とした指導などに対し損害賠償を請求するケースが最近増えているようである。例えば、甲府地判令和3年11月30日令和元年（ワ）403号〔28300033〕は、教員が学校内で女子生徒の髪の毛を切った行為について、「教諭が行った本件ヘアカット行為の態様は、他の生徒に見られる可能性のある廊下で、底に穴をあけたポリ袋を頭から原告に被せるという、他の生徒に見られることにより自尊心が傷つけられる可能性のある方法によるものであって、鏡もない場所で工作用のはさみを用いて行われた本件ヘアカット行為は、その態様や方法において不適切であったといわざるを得ない。」、「教諭は、本件ヘアカット行為に先立ち保護者に原告の髪を切ることの当否を確認する義務を負っていたにもかかわらず、これを怠ったというべきであり、髪を切る方法や態様も適切であったとはいえず、原告に対して負う職務上の法的義務に違反したものと認められる。」として、11万円の損害賠償を認めている。また、東京地判令和4年11月30日令和2年（ワ）29552号裁判所ウェブサイト〔28310232〕は、男女交際を禁止する校則違反を理由として自主退学勧告したケースについて、校則自体は高校の生徒を規律するものとして有効としつつ、「高校生が恋愛感情を持つことは至極自然なことであって、前述のとおり、男女交際は、それ自体が社会通念上許容されない行為であると理解されるわけではないから、本件校則の違反の態様として性交渉があったことのみをもって、本件交際が本件退学規定の掲げる退学処分事由に準ずる行為に当たるとはいい難い。」、「本件慣例によれば、生徒が本件校則の違反を真摯に反

省し、性交渉を伴う男女交際の事実を告白した場合、その他の事情にかかわらず、自主退学勧告を受けることとなるが、このような運用が、本件校則の趣旨・目的に沿っているとはいい難く、教育的措置としての懲戒処分等の公平の観点からも問題があるといわざるを得ない」、「本件校則の違反への対応において、本件高校内の秩序維持の観点から、性交渉の有無を重視することを前提としても、当該違反が他の生徒に与えた影響、反省の有無・程度等を全く考慮せず、性交渉があったことのみを理由として、自主退学勧告をすることは、社会通念上著しく妥当を欠き、本件の事実関係の下では、本件自主退学勧告は、本件校長が有する教育上の裁量の範囲を超えるものといわざるを得ない。」として、自主退学勧告を違法と判断している。教育的措置であるとの前提であっても違法と判断している点で、先進的な判決と評価できるのであって、教員の権威的地位や校則を理由とした不合理な対応について、より多様な訴訟提起がなされることが今後期待されるとともに、学校としても校則改正の契機となる点で良い傾向であるものと思料する。

---

(3) 主な弁護活動

　弁護活動としては、まず体罰に関する相談を受けた際に、具体的な行為態様、行為の目的、継続時間などを確認し、体罰への該当性を検討する。とりわけ、外傷が生じているかどうかは、懲戒処分の程度や損害額に直接影響する極めて重要なポイントであるため、診断書や外傷に関する写真の有無を必ず確認するとともに、仮にまだ受診していない場合には速やかに受診するよう相談者へ促す。また、明確な有形力の行使がない場合でも、肉体的苦痛を与える行為であれば体罰に該当する可能性があるし、たとえいずれの行為も体罰と評価できないとしても、暴言や無視、威圧行為など不適切な指導が存在する場合には、十分不法行為が成立し得る。もっとも、不適切な指導にとどまる場合における損害額は、仮に不適切な指導を原因として被害児童等が長期間の不登校へ陥り何らかの精神的疾患を発症していたとしても、行為態様の違法性を考慮するとどうしても低廉にとど

第4 その他

まらざるを得ない。そのため、受任するに際しては、体罰を原因として骨折など重篤な外傷が生じていない限り、最終的に費用倒れに終わってしまうリスクがあることを十分に説明したうえで、それでも弁護士へ依頼するかどうか判断させるのが肝要である。実際、経済的損得を度外視して依頼してくる依頼者は少なくないのであって、法的措置を通じて教員の責任を明確にすることで、被害児童等として前向きに人生を歩めるようになりやすい（この傾向は、学校案件全般にいえる）。

　また、体罰をめぐる法的措置に際し、損害賠償請求又は国家賠償請求に加えて、担任のクラス替えや懲戒処分の要請を行うことが多い。この点、懲戒処分については、後述するスクールセクハラとは異なり、体罰を理由とした懲戒は極めて緩やかな傾向があり、文部科学省が毎年公表している「体罰に係る懲戒処分等の状況一覧（教育職員）」によると、令和3年度に懲戒免職処分が1件あったものの、令和4年度及び令和5年度はいずれも全国で0件であって、この傾向は以前から変わらない。そして、その内訳をみても、骨折や捻挫、鼓膜損傷などいずれも重篤な外傷結果が生じているケースであって、軽微な外傷にとどまる場合には戒告処分すら下されないのが実情である。また、担任のクラス替えについても、前例がないとかクラス全体の運営に支障が生じるといった理由で拒絶されるケースが多く、被害児童等がクラスを変更するか、又は年度替わりのクラス編成で配慮するといった対応が現実的な手段となる。このように、不法行為責任の存在にもかかわらず、学校環境の改善をめぐる要請はなかなか実現するのが困難であって、被害児童等の不登校が長期化する要因にもなりやすい。そのため、かかる要請が実現されない見込みとなった時点で、被害児童等の教育を受ける権利を確保する観点から指定校変更又は自主退学の手続を行い、損害賠償請求訴訟の関連事実において学校として適切な安全配慮を怠った旨主張するのは、1つの戦略となる[3]。

3　担任替えなどを怠った事実をとらえて、訴訟物として安全配慮義務違反を主張するのも一案ではある。もっとも、教員による体罰などについてはいじめ防止対策推進法の適用がない関係で、学校の改善義務を直接根拠付ける法律上の規定が存在しないため、少なくとも不適切な指導にとどまる場合に義務違反とまで評価するのは難しいように思える。

⑷ 部活でのハラスメント

　なお、教員によるいじめ固有の問題として部活動顧問によるハラスメントがあるので、取り上げて説明する。

　この点、体育系、文化系を問わず、部活動顧問による暴言や暴力、レギュラー外しや無視といったハラスメントは長年にわたり全国的に散見されており、その執拗さも相まって通常の学校生活にも支障が生じるほどに心身の被害が生じるケースも少なくない。とりわけ、スポーツ特待生で入学している生徒の場合、入学時に当該部へ在籍することが条件として指定されていると、退部することも不可能であるため逃げ場が完全になくなってしまうおそれがある。その一方で、部活内におけるハラスメントは密室性が高く、発覚した場合でも熱意ゆえの指導として顧問を擁護するOB・OGが出てきがちである。また、教員ではない外部の部活指導員が関わっている場合もあるところ、教員との日ごろの情報共有がなされておらず、極めて深刻な被害が生じるまで学校としても事態を把握していなかったというケースが生じてしまう。

　部活動顧問によるハラスメントとしては、大分地判平成25年3月21日判時2197号89頁〔28210972〕が有名である。本件は、県立高校で剣道部の練習中に部員である被害者が熱中症等を発症して死亡したケースであるところ、顧問教諭につき「D〔被害生徒〕に意識障害が生じた後も、打ち込み稽古を続けさせようとした。その後にDがふらふらと歩いて壁に額を打ち付けて倒れた際にも、それがDによる『演技』であるとして、何らの処置も取らなかった。結局、Dに意識障害が生じた後の午前11時55分頃から実際に救急車の出動を要請した午後0時19分頃まで、救急車の出動を要請するなどして医療機関へ搬送するという措置を怠ったものであり、この点において、被告Y1〔顧問教諭〕には過失があったと認められる。」として過失責任を認めるとともに、熱中症による死亡との相当因果関係も肯定している。本件は、その後、大分県の顧問教諭に対する求償権不行使について、被害生徒の遺族が違法確認の訴えを起こしており、その控訴審（福岡高判平成29年10月2日判例地方自治434号60頁〔28253969〕）

第4 その他

において「参加人L〔顧問教諭〕は、熱射病による意識障害、したがって熱射病自体を疑うべき事態であるにもかかわらず、また、熱射病ではないと断定する合理的な事情はないにもかかわらず、これを演技だと決めつけて指導を続けたというのであるから、生徒の安全確保を図るべき教諭の立場にありながら、生徒の状況を見守ることなく、また、僅かな注意をすれば有害な結果の発生を容易に予見することが可能であったのにそれをすることもなくいたのであって、自らの職務上の立場において負うべき注意義務の内容範囲に照らして、重大な過失があるといわざるを得ない。」と、顧問教諭の重過失を認定している。

　部活動におけるハラスメントは、その密室性もあって立証に困難が生じやすく、とりわけ学校内部にて事実関係の調査報告が適切になされなかった場合、そのハラスメントを立証するのはかなりの困難を伴うのが実情である。そのうえで、外傷が生じた場合には早急に受診して診断書を取得するのはもちろん、顧問の暴言を秘密録音したり日記に残すといった継続的な活動が有効である。

　また、ハラスメント当時において証拠を作成しなかった場合でも、ハラスメントを目撃している他の生徒から証言を得たり、災害共済給付の申請に際し作成される災害報告書の内容を事前に確認したり、保護者説明会におけるやりとりを秘密録音するといった作業も、裁判において重要な証拠として評価される可能性があるので、諦めることなく地道に証拠を集める姿勢が重要である[4]。そのうえで、最終的には裁判における当該顧問への証人尋問を通じて、当時の事実関係を立証するのが最重要の弁護活動となろう。

　もっとも、時間の経過に伴い当該顧問が学校を離れていたり退職していたりするケースは少なくなく、学校又は教育委員会からの要請にもかかわらず、当該顧問を尋問期日に呼び出せないケースがある。この場合、校長など当時の管理職を代替的に呼び出して、当該顧問への懲戒処分の検討状

---

4 「〈インタビュー〉大分県立高校生熱射病死亡　二度と同じことを起こさないために」季刊教育法193号（2017年）14頁以下では、当時の学校が事故を隠ぺいするかのような動きをみせる中で、被害生徒の両親が地道に証拠を集めて訴訟提起した経緯が詳細にインタビューされており、適切な弁護活動を行ううえで大いに参考となる。

況などを尋問することで事実関係を明らかにするしかないが、部活動の密室性という特殊性から、その程度にはどうしても限界がある。

2. スクールセクハラ

(1) スクールセクハラとは

　教員による児童生徒へのわいせつ行為やセクシャルハラスメントについて、「スクールセクハラ」という表現が用いられる[1]。かかる表現は、法律上の規定こそ存在しないものの多くの自治体でも用いられており、文部科学省も「わいせつ行為等」という形で従前より強い問題意識を持って取り組んでいる。

　スクールセクハラは、必ずしもいじめの形で相談を受けるわけではないものの、教員による嫌がらせ行為の一環としてわいせつ被害を受けるケースは存在する。例えば、教員が特定の児童に対し無視などの嫌がらせを行いつつ、かかる嫌がらせをやめるための条件としてわいせつ行為に応じるよう強要したり、部活動において指導と称して生徒の身体に触るといった手口がしばしば散見される。かかる手口は、えてして教員の立場に基づく児童生徒との信頼関係を利用してなされており、「このことは絶対に誰にも言ってはいけないよ」、「拒否したら他の友だちが悲しむことになるよ」、「レギュラーになりたかったら俺の言うことに従え」といった発言を伴いやすく、被害児童等も自らの中に抱え込んでしまい事態が表面化しにくい。とりわけ、長年にわたり複数の児童生徒に被害が生じていたにもかかわらず、発覚まで周囲からは善良な教師であると誤信されているケースが少なくなく、複数の目撃者が存在しがちな体罰とは異なる特殊性がある。また、部活動のような特殊な人的関係がない場合でも、放課後に教室へ居残りさせたうえで児童の性的部位を触ったり撮影するといった犯罪行為も散見されるところである。このようなわいせつ行為は、まだ幼い小学校定中学年の児童に対し、その教師としての立場を利用してなされるケースが目立つところであって、当然ながら犯罪であるとともに、本来信頼す

1　なお、広義では児童生徒間におけるセクハラなどもスクールセクハラに含まれる。

べき教師から性的被害を受けたことによる児童の心身に生じる傷は、生涯残り得るものである。そのため、代理人としても被害児童等が受けた心の傷を少しでも回復できるよう、法的観点から対応できる手段は毅然と講じる姿勢が望ましい。

(2) 主な弁護活動

　スクールセクハラに関する弁護活動としては、受任した段階で直ちに学校へ調査を要請するのが重要である。この点、体罰とは異なり、スクールセクハラについては学校法人又は教育委員会も毅然とした姿勢で臨むことがほとんどであって、各教育委員会においても、児童生徒の同意の有無を問わず懲戒免職を中心とした厳しい懲戒基準が設けられている。そのため、調査を要請することで学校による教員への聴き取りが期待できるし、かかる聴き取りの結果捜査機関へ告発されて刑事事件へ発展することも少なくない。そして、当該教員がパソコンに保存していた児童生徒に関するわいせつ画像なども証拠として差し押さえ得るし、学校による調査結果も報告書の形で被害児童等へ交付されることが多いため、証拠収集にはさほど困らないのが実際である。また、懲戒処分についても、被害児童等が要請するまでもなく懲戒免職処分が下されるケースが多いため、この点においても被害児童等の満足を比較的図りやすい。

　スクールセクハラにおいて留意すべき事項として、学校内での二次被害を防ぐ点が挙げられる。一般的には、被害児童等が要請する限り学校の調査及び捜査機関による捜査は内密に行われ、調査中における教員の休職についても「一身上の都合」、「体調不良」といった形で周知される。その一方で、わいせつ教員に対する世間の風当たりは年々強くなっているところ、被害児童等の意向にかかわらず教員の実名及び処分理由を公表する教育委員会が増加傾向にある。その結果、いくら学校が被害児童等のプライバシーに配慮する旨明言していても、児童生徒間におけるうわさ話から被

第4 その他

害児童等が特定されてしまうケースがどうしても生じてしまう[2]。代理人としても、児童生徒間のうわさ話を制限することは不可能であって、被害児童等の特定を確実に阻止する手段は存在しないものの、学年生徒へのお知らせの書面を事前に確認したり、懲戒処分後におけるクラスの様子をこまめに情報共有するなどして、被害児童等に関する特定の芽を摘んでいくのが重要となろう。

　また、損害賠償請求の進め方については、依頼者の意向を踏まえて柔軟に対応する必要がある。すなわち、多くの場合教職員は一定の資力を有していることが多く、相手方も弁護士へ委任のうえ早期の示談を働きかけてくるケースは少なくない。その場合、相手方弁護士としては、刑事事件回避を主たる目的として示談を持ちかけてくるケースがほとんどであって、その分示談金も訴訟になった場合と比べて高額に提示してくる傾向にあろう。その一方で、昨今は性犯罪に対する世間の処罰意識や経済のインフレに伴う慰謝料相場の増額も主張されているところであって[3]、実際には仮に刑事事件前の示談が決裂してもその後問題なく回収できている印象ではある（この点は、やはり教職員という安定的職業に基づく経済的余裕が大きいと思われる）。そして、当然ながら刑事事件での処罰感情など依頼者の意向も踏まえて判断しなければならないし、とりわけ相手方が否認しており刑事裁判にて証言する心理的負担が大きいといった事情がある場合は慎重な検討を要するものの[4]、基本的には安易に譲歩することなくしかるべき処分を求めていくことが、依頼者が将来振り返ったときにおける納得感にも繋がりやすいものと思料する。

2　学校としても公表に際し配慮するよう要請しているにもかかわらず、教育委員会が個別の特殊性を踏まえることなく雑に公表してしまうのが問題であって、教育行政における構造的な問題と評価できなくもない。

3　千葉県弁護士会編『慰謝料算定の実務〈第3版〉』ぎょうせい（2023年）6頁以下。

4　さらにいえば、被害児童等がまだ幼い場合、当時を思い出すことへの恐怖心から司法面接などにも応じられないケースは少なくない。その場合、そもそも刑事事件での立件を期待できないおそれがあるため、早期に示談して収束を図るインセンティブは被害児童等としても強くなるかもしれない。

(3) その他

　刑事事件においては、起訴罪名次第では被害者参加制度を利用できる。被害者代理人として刑事事件に参加する際には、被害又は弁論としての意見陳述や被告人質問、仮に示談が成立していない場合には損害賠償命令の申立てなどが考えられる。この辺りは、他の性犯罪類型と大きく変わるものではないが、児童の年齢や教師生徒の関係性を利用した犯罪であることを意識しつつ、少しでも被害児童等の心の傷が回復できるよう尽力すべきだろう。また、実務的な指摘になるが、既に述べたとおり教員は社会的身分が安定していることもあって、損害賠償請求に対し減額交渉されることはあっても一銭も支払えない旨弁解されることはなく、筆者の経験上も強制執行を申し立てたケースは存在しない。その意味で、無資力の問題が生じ得る一般的な性犯罪とは異なる特殊性があり、経済的損得に限れば一定の採算を見込みやすいため、その旨受任段階で依頼者へ説明しても差し支えないように思える（もちろん、勝訴を保障することは絶対に許されない）。

　その他少し応用的な話になるが、教職員による児童生徒へのスクールセクハラにおいては、被害児童等が複数存在するケースにしばしば遭遇する。その際、当該教員が性的加害を自認している場合は問題ないものの、被害を訴えている児童生徒らのうち一部の児童生徒らについては性的加害を否認してくる展開がまま存在する。かかる展開は、多くの場合教育委員会における調査でも明確な証拠を取得できておらず弁護活動に難航し得るのだが（だからこそ否認している可能性はある）、性的加害を認めているケースの訴訟に出てきた証拠を用いることで、その手口の同種性などを通じて立証できる可能性はある。この点、民事の場合は刑事事件と異なり悪性格の立証なども関連性を有する限り許容されているため、最終的には裁判所の判断になるものの手段を尽くすべきではあろう。

3. 大学等におけるいじめ

(1) 総　論

　次に、児童生徒間のトラブルであるものの、いじめ防止対策推進法上の
いじめに該当しないケースを検討する。

　「第1・1. いじめとは何か」でも検討したとおり、いじめ防止対策推
進法における「学校」とは、小学校、中学校、義務教育学校、高等学校、
中等教育学校及び特別支援学校（幼稚部を除く）であると定められている
関係で、大学、高等専門学校、専修学校、幼稚園及び保育園におけるトラ
ブルは、一定の人的関係が存在するにもかかわらず「いじめ」には該当し
ない。これらの機関が「学校」から除外された経緯は、当時の立法経過を
みても必ずしも明確ではないものの、学年別にいじめの認知件数を比較し
た場合小学校1年生から徐々に増加し、中学1年生をピークとして以下減
少していくという統計的な実態を根拠として挙げている見解があり[1]、一応
の根拠のようにも思える[2]。また、民法改正に伴う成人年齢の引下げに伴
い、大学における学生間のトラブルについては一般社会に即して救済を図
るべきであるとの見解もあり得よう。しかしながら、大学や高等専門学校
等においても児童間のトラブルによる心身の苦痛は生じている以上、統計
的に減少傾向だからとの一事をもっていじめとして扱う必要がないという
結論には到底ならない。また、成人年齢が引き下げられても大学が広義の
教育機関であることに変わりはなく[3]、高等学校以下とはその学習環境が
大きく異なるとはいえ、その特性に応じた救済の必要性は存在する。とり

1　第二東京弁護士会子どもの権利に関する委員会編『どう使う　どう活かす　いじめ防止対策推進法
〈第3版〉』現代人文社（2022年）15頁。
2　もっとも、令和5年度「児童生徒の問題行動・不登校等生徒指導上の諸課題に関する調査結果」
において、小学校におけるいじめ認知率（1000人当たりの認知件数）が96.5と、平成25年度の
17.8から一貫して大きく増加傾向にあるのに対し、中学校では38.1と若干の増加傾向で、高等学校
ではわずか5.5とほぼ横ばいである。そのため、中学1年生をピークとするとの指摘は、少なくと
も現在においては当てはまらないように思われるのであって、その限度で立法事実の変化が認めら
れる。

わけ、高等専門学校については、その実質において高等学校とさほど変わらないのであって、あえて法35条を設けて異なる取扱いをする合理的理由は見当たらないといわざるを得ない。

そのため、本来的には、いじめ防止対策推進法にて定められた各種請求権を保障すべく、大学、高等専門学校、専修学校、幼稚園及び保育園についても「学校」の範囲に含めるよう法改正するのが望ましい。そのうえで、仮に小学校などと異なる特殊性が存在すると主張するのであれば（もっとも、少なくとも高等専門学校については異に扱うべき特殊性は存在しないものと思料する）、かかる特殊性に応じる形で請求権ごとの除外規定を別途設けるのが適切だろう。

(2) 弁護活動上の留意点

弁護活動として、まず大学でのいじめについては、ハラスメントガイドラインを自主的に制定している大学が多い関係で、ハラスメントに該当する旨主張することで、大学内部での調査や加害学生への処分を求めるのが有効となる。もっとも、かかるガイドラインは法的義務を直接根拠付けるものではないため、ハラスメント委員会における調査などが不適切である場合にはさらなる救済を期待できないという問題がある。また、多くのガイドラインでは客観的な不利益の発生を要件としているため、被害学生における心身の苦痛のみではハラスメントとして扱われないおそれがあり、不十分な側面は否めない。

また、高等専門学校については、当時の立法過程において、高等教育機関の一種として大学と同様に扱うべきとの与党意見に押される形で、最終的に法35条の努力義務に落ち着いたという経緯がある[4]。しかしながら、

3　この点、坂田仰編『いじめ防止対策推進法─全条文と解説〈補訂版〉』学事出版（2018年）121頁では、大学を中心とする高等教育機関には高度の自治権が保障されており、法律によって義務を課すことに慎重な意見が存在するとの理由が挙げられているが、高度の自治権が存在するからいじめを放置して差し支えないとの話にはならないのであって、調査請求などの権利を定めても大学の自治が侵害されるとは考えにくい。

4　前掲注3・坂田編121頁以下。

| 233 |

第4 その他

高等専門学校の生徒の大半が中学卒業後にそのまま進学している以上、高等学校に準じた教育を施していると理解するのが社会通念的にみても妥当であって、大学と同様の教育機関だから法の対象外とすべきであるとの当時の議論は、およそ非常識といわざるを得ない。むしろ、高等専門学校では寮を中心とする独自の教育システムが存在しており、他の生徒とのより緊密な人間関係が構築されることから、高等学校以上にいじめの温床となりやすいとの指摘すら存在する[5]。そのため、高等専門学校におけるいじめについても、法の類推適用が認められるとして、重大事態に基づく第三者委員会の設置などを請求することが考えられるが、かかる争点につき判断した下級審判例は見当たらなかった。

(3) 発達特性が関連するいじめ

最後に、発達特性が絡むいじめについて言及する。

いじめ防止対策推進法では、特別支援学校についても法が適用される旨規定するものの、発達特性（一般的には発達障害と呼ばれる）を有する児童等が関与するいじめについて、一切言及していない。そして、発達特性を有する児童等は、突発的に他の児童等を殴ったり執拗に付け回すことがあり、本人もどうしてそのような行動に及んだのか説明できないことが少なくない。そして、学校としても、発達特性の程度や発達特性が行動に及ぼす影響を適切に理解していないのが通常であって、むしろ医学的な診断を経ていないにもかかわらず安易に発達特性と決めつけるのは、極めて問題がある。また、法律論としても、障害者差別解消法に基づき不当な差別的取扱いが禁止されるとともに、仮に児童等に障害が存在する場合には、合理的配慮がなされなければならない。

その一方で、被害児童等からみた場合、何ら落ち度がないにもかかわらず暴力などの被害を受けているのであって、法律上も発達特性の有無はいじめへの該当性に影響しないため、法に基づく権利主張を行うのは当然で

5　前掲注3・坂田編122頁。

3. 大学等におけるいじめ

ある。その場合、加害児童等が発達特性を有するとの情報を、被害児童等へ伝えるべきかどうかという大きな問題が生じてしまう。この点、個人情報保護法又は条例との関係で、「児童の健全な育成の推進のために特に必要がある場合」に該当するとして、加害児童等の保護者の同意がなくても開示する余地があるとの見解がある[6]。しかしながら、発達特性が加害行為へ与えた影響について、教員の立場で明確に特定するのは通常困難であって、かかる特性の存在を安易に伝えることは、まさに発達特性に対する差別的認識を促すことにもなりかねない。また、いじめ防止対策推進法上も、あくまで被害者救済を実現するうえで必要な情報を提供すれば足り、支援的側面を有する発達特性に関する情報まで伝える必要がないし、何よりプライバシーの度合いが高いといわざるを得ない。このような理解は、「第2・1(2) 法23条に基づく措置」にて検討したとおり、法23条3項の「支援」という規定を中心に根拠付けることが可能であるし、文言解釈としても自然である。

そのため、発達特性に関する情報については、仮に被害児童等から特定されて開示請求された場合でも、学校としては特段の事情がない限り開示すべきではなく、発達特性の有無を推認されない形でいじめ解決に向けて対応するしかない。そのうえで、加害児童等への支援として、特別支援学級への通級や医学的ケアの必要性など、保護者との信頼関係を維持しながらその教育を受ける権利を確保しなければならないだろう。

なお、発達特性を理由として、その加害行為につき監督者責任が免責されるかという争点がある。この点、東京地立川支判平成30年10月2日平成29年（ワ）822号〔28292548〕は、「本件児童は、ADHDの疑いにより感情のコントロールが難しく、本件小学校に入学して以降、児童や教師又は物に対して暴力を振るうことが多数回にわたっていたのであるから、親権者である被告らにおいては、本件小学校において他人へ暴力行為を行うことを容易に予見し得たことは明らかである。殊に、本件児童が原告にした暴力行為は、その顔面を50cmの至近距離から殴って鼻骨骨折の傷害を

6 　神内聡著『スクールロイヤー──学校現場の事例で学ぶ教育紛争実務Q&A170』日本加除出版（2018年）340頁以下。

| 235 |

第4 その他

負わせるという危険なものであって、被告らには、親権者として本件児童に対して他人の身体を傷付ける行動を絶対にしてはならないよう指導すべき監督義務があり、被告らの対応によっても、結局、本件児童の他人への暴力が止んだり、減ったりすることがなかったのであるから、被告らにおいて、本件児童に対して他人の身体を傷つける行動を絶対にしてはならないという指導教育が十分に尽くされていたとは認められない。したがって、被告らは、民法714条1項の責任無能力者の監督義務者として免責されない。」と判示し、保護者の監督義務者責任を肯定している。発達特性を有している児童であっても、日ごろのしつけや服薬を通じてその衝動性を抑えているケースは一定数存在している以上、発達特性であるとの一事をもって保護者の監督義務が免責されるわけではない。そのため、被害者における損害回復の必要性を考慮すると、当該加害行為を予見し得ない特段の事情でもない限り、保護者が損害賠償責任を負うのはやむを得ないだろう。

> **コラム12 いじめ重大事態の調査に関するガイドライン**
>
> 本文でも若干言及しているが、平成29年に文部科学省が作成した「いじめの重大事態の調査に関するガイドライン」について、令和6年8月に改訂がなされた。かかる改訂の具体的内容について、コラムの形で概括的に検討する。
>
> 今回の改訂における改正の概要として、文部科学省が提示しているのは以下のとおりである。
>
> 1 重大事態の発生を防ぐための未然防止・平時からの備え
>
> 2 学校等のいじめにおける基本的姿勢
>
> 3 児童生徒・保護者らの申立てがあった際の学校の対応について
>
> 4 第三者が調査すべきケースを具体化し、第三者と言える者を例示
>
> 5 加害児童生徒を含む、児童生徒等への事前説明の手順、説明事

項を詳細に説明
6　重大事態調査で調査すべき調査項目を明確化

　上記6項目が、文部科学省が提示する改正の概要である。各項目の具体的内容についてはガイドラインを直接見ていただくのが便宜であるため割愛するが、今回改訂された主たる理由としては、いじめ防止対策推進法10年の経過を受けてこの間に収集された重大事態調査報告書を検討し、浮き上がってきた課題への対応が挙げられる。とりわけ、重大事態の申立てがなされており、法のどちらかの要件を満たしている（とりわけ二号事由）にもかかわらず、重大事態と認定せずに事態の収束を無理やり図ろうとする学校又は教育委員会は、筆者の経験上もこの間散見された次第である。また、重大事態として認定した後も、専ら学校又は教育委員会のメンバーで構成されるなど、およそ第三者性を有しているとは言い難い委員会が立ち上げられるケースも少なくなく、その調査報告についても、保護者及び代理人からの抗議にもかかわらず一方的かつ独りよがりになされる展開も、残念ながら見受けられたところである。
　今回の改訂は、このような問題あるケースを類型ごとに検討に、かかる類型に対応する形で改善策を提示したものであって、公布後ほぼ時間を経過していないものの、その検討量も相まって個人的には大きく評価できる内容となっている。そして、学校現場でも有効に活用できるよう、公立学校のみでなく私立学校にも対応する形でそれぞれチェックリストを新たに作成しており、今後は当該チェックリストを踏まえた関係者の対応が期待されるだろう。とりわけ、私立学校においては、そもそも法の存在を理解していない、又は法を把握しながら無視するかのごとき対応がなされるなど、公立学校に比べてはるかにその対応に差があり、法適以前の段階で紛争化するケースも少なくなかった事実を踏まえると、対応の均一化を図れる点で非常に望ましい。くわえて、チェックリストとして文部科学省より提示されたことで、当該流れに反する対応がなされた場合には、私立学校においてもチェ

第4 その他

ックリスト違背を1つの根拠として調査報告義務違反を追及しやすくなる展開が想定されるのであって、「いじめ対応における学校方針」などといった弁解を防ぐうえでも、活用されることが期待されるのである（そもそも、いじめ対応において公立と私立とで違いが生じるとは思えないのだが、学校紛争をめぐる訴訟全般において、「私学の校風」「（宗教や伝統的理念などの）学校が掲げる教育的特色」といったマジックワードをもって、学校が緩やかに救済されてきた経緯は残念ながら否定できない）。

　以上、まだ公表されたばかりであって、執筆時点において実務への影響を分析できる状況ではないため、専ら筆者の個人的意見を記載した次第であるが、これだけ詳細な改善策を文部科学省として示したのは、1つの目安として大きな前進であると理解している。今後、必ずしもガイドラインが盲目的に履行されるべきとは解さないが、1つのたたき台として活発な議論が展開されることを期待している。

著者プロフィール

高島　惇（たかしま　あつし）

　昭和58年東京都生まれ。平成19年中央大学法学部法律学科卒業。平成21年慶應義塾大学法科大学院修了。平成23年東京都内の事務所にて勤務。平成24年法律事務所アルシエン入所。平成27年同事務所パートナーで現在に至る。情報学教育研究会理事。東京弁護士会子どもの人権救済センター委員。東京都高等学校情報教育研究会正会員。日本部活動学会会員。著書に『弁護士「好きな仕事×経営」のすすめ』（共著、第一法規、2018年）。

サービス・インフォメーション

───── 通話無料 ─────

① 商品に関するご照会・お申込みのご依頼
　　　　　　TEL　0120(203)694／FAX　0120(302)640
② ご住所・ご名義等各種変更のご連絡
　　　　　　TEL　0120(203)696／FAX　0120(202)974
③ 請求・お支払いに関するご照会・ご要望
　　　　　　TEL　0120(203)695／FAX　0120(202)973

●フリーダイヤル（TEL）の受付時間は、土・日・祝日を除く
　9：00～17：30です。
●FAXは24時間受け付けておりますので、あわせてご利用ください。

いじめ事件の弁護士実務
―弁護活動で外せないポイントと留意点―
〈第2版〉

2022年1月5日　初版発行

2025年3月15日　第2版発行

著　者　高　島　　惇

発行者　田　中　英　弥

発行所　第一法規株式会社
　　　　〒107-8560　東京都港区南青山2-11-17
　　　　ホームページ　https://www.daiichihoki.co.jp/

装　丁　宮澤来美（睦実舎）

印刷・製本　株式会社光邦

いじめ事件弁2　ISBN978-4-474-04795-2 C2032（1）